한국 불교사

고려

A HISTORY OF KOREAN BUDDHISM
THE GORYEO DYNASTY

한국 불교사

고려

불교사학회 엮음

한울
아카데미

| 차례 |

2부 고려 시기 불교사상과 신앙

3장 고려 사회와 불교

보론

책을 펴내며 ●●

불교가 한국의 역사와 문화에서 중요하다는 사실은 새삼 강조할 필요가 없다. 불교는 유교와 함께 전통문화를 대표하며 다양한 학문 영역에서 연구 대상으로 다루고 있다. 그러나 불교는 한국 학계에서 하나의 학문 분야로서 온전히 학문적 시민권을 획득했다고 보기 어렵다. 이러한 상황은 전통적인 중화주의, 서구 근대주의의 편견이 여전히 학계에 작용하고 있는 현실과 무관하지 않다.

특히 불교사는 한국의 역사학계에서 연구자의 관심 밖에 놓여 있거나 소외된 연구 영역이다. 돌이켜보면 한국 불교사에 대한 관심은 근대 초기에 서구 문명과 일본 근대불교라는 타자에 어떻게 대응할 것인가라는 불교계의 문제의식에서 비롯되었다. 다만 이러한 관심은 자료 소개와 한국 불교의 아이덴티티 형성이라는 제한된 영역에 머물렀고, 근대 학문적 방법론에 입각한 본격적인 연구가 이루어지지 않았다. 이러한 한계는 불교의 사회적 위상이 낮고 학문 제도의 기반이 없었던 현실과 관련된다.

역사학계에서 불교사에 대한 관심은 1950년대에 고대사 연구의 일환으로 나타났지만, 일부 주제에 국한되었다. 이어 1970년대에 고려 불교사 연구가 본격적으로 시작되고, 1980년대에 대학원 진학 붐에 따라 연구자가 늘어나면서 연구 주제가 다양한 분야로 확산되었다. 이후 근대, 조선시대를 모두 포괄하는 한국 불교사 연구가 자리 잡게 되었고, 연구의 질적인 심화로 이어졌다.

이와 같이 불교사 연구자가 늘어났지만 역사학계에서 불교사학회가 결성된 적이 없었다. 오래전부터 연구자들 사이에 학회가 필요하다는 공감이 있었지만, 이런저런 사정으로 결실을 맺지 못했다. 2018년 12월에 필자가 이종수 교수와 우연히 만났을 때 학회 결성을 제의하여 전국의 동학에게 연락을 했고, 2019년 1월에 서강대 조범환 교수실에서 10여 명이 모여 학회를 출범시켰다.

아울러 당일 회의에서 '한국 불교사' 개설서를 출간하기로 뜻을 모았다. 이후 1년간 편집위원회 회의를 통해 개설서의 편집 방침을 논의했다. 그 결과 전체 구성은 고대, 고려, 조선·근대 편으로 하고, 각 권의 내용을 시기별 불교사의 흐름과 불교계의 동향, 사상과 문화, 사회와 불교 등 세 가지 주제로 일관된 체재를 갖추고, 나머지 글을 보론으로 묶어 구성하기로 결정했다. 그런데 원고 청탁과 집필을 본격적으로 시작할 무렵에 코로나19 팬데믹이라는 난관에 부딪혔다. 게다가 고대 편의 기획과 집필진 구성이 늦어지면서 결국 책의 순서와 상관없이 고려 편을 먼저 간행하게 되었다.

고려 불교사 연구는 1970, 1980년대에 역사학계에서 본격적으로 시작되어 적지 않은 성과가 축적되었지만, 여전히 해명되지 못한 분야가 남아 있다. 우리 학회에서는 각 주제를 대표하는 학자들로 필진을 구성하여 지금까지 이루어진 고려 불교사 연구의 성과를 집약하고 최신의 연구 성과를 아울러 책에 담았다. 또한 동아시아 불교사라는 범주에서 고려 불교사의 흐름과 특징을 부각하는 글을 비롯해 새로운 시각과 방법론에 입각한 성과를 수록하기 위해 노력했다.

누카리야 가이텐(忽滑谷快天)이 1930년에 제시한 『조선선교사』를 비롯한 몇 권의 개설서와 달리 이 책은 처음으로 학계의 역량을 집약해 제시한 개설서이다. 다만 몇 가지 주제가 포함되지 못한 데다가 집필자 개인에게 원고를 일임했기 때문에 내용의 편차가 없지 않다. 우리 학회에서 공동 연구를 수행한 경험이 없는 데다가 회원들 간에 견해차도 있어 공동으로 검토할 기회를 갖지 못했기 때문이다. 더욱이 몇 편의 원고가 늦어지고, 집필자가 교체되는 우여곡절을 겪으면서 여러 가지 진통 끝에 첫 번째 책을 간행하게 되었다.

책을 내면서 갖는 아쉬움은 향후의 과제로 남기고자 한다. 한국의 역사학계에서 불교사를 하나의 특수사로 취급하는 편견이 여전하지만, 불교사 연구자들이 사상사로서 불교사학을 어떻게 자리매김할 것인지에 대해 고민하고 새로운 역사상을 제시할 필요가 있다고 필자는 생각한다. 이러한 고민을 담은 연구 성과가 새롭게 축적되어 개정판이 이어지기를 기대한다.

마지막으로 몇 년간 인내심을 갖고 기다려준 집필진 여러분에게 거듭 감사를 드린다. 또한 어려운 출판계 현실에도 불구하고 이 책의 출판을 흔쾌히 결정해 준 한울엠플러스(주)와 원고를 꼼꼼하게 교정하고 좋은 책으로 편집해 준 편집부의 노고에 감사한다. 여러 분들의 노고로 한 권의 책이 깔끔하게 만들어져 독자와 만날 수 있는 인연이 이루어지게 되었다. 이 책이 부디 독자들의 기대에 부합하기를 바란다.

불교사학회를 대표하여

조명제

1부

고려 불교사의 흐름과 불교계의 동향

1 고려 왕조의 불교계 정책과 불교계의 재편

한기문 | 경북대학교 사학과 명예교수

신라 말 불교계의 동향

신라에서 불교를 공인하고 국교화하면서, 불교 이전의 다양한 신앙은 불교의 종속적 차원으로 흡수되었다. 불교는 제정일치적 경향에서 정교일치로, 나아가 '왕즉불(王卽佛)' 사상으로 발전해 고대사회의 구조를 좀 더 두드러지게 했을 뿐 큰 사회변화를 일으키지 않았다.

신라 통일기에는 정교 분리에 따라 불교식 왕명이 중국식 묘호(廟號)로 바뀌었다. 왕경에는 왕실 조상을 추모하는 대규모 성전사원(成典寺院)이 건립되었고, 개인 원찰 건립이 왕경 외곽으로 확대되었다. 지방에서의 사원 건립은 오악(五嶽)을 중심으로 퍼져나가 분포되기 시작했다. 왕실을 비롯한 지배층의 에너지가 집중된 정토(淨土)신앙, 추선(追善)과 관련된 불사(佛事)가 많았다. 수많은 경전이 유입되어, 불교의 철학적 이해를 중심으로 하는 학파불교(學派佛敎)가 성행했다. 『삼국사기』 직관지 무관조를 보면 신라 시기 승관(僧官)으로 국통(國統)·도유나랑(都唯那娘)·대도유나(大都唯那)·대서성(大書

省)·소년서성(少年書省)·주통(州統)·군통(郡統)·대사(大舍)·사(史) 등이 열거되어 있다. 자장(慈藏)이 대국통으로서 승려의 모든 규범을 주관했다는 것으로 보아, 국통이 도유나랑 이하 정관(政官)의 보좌를 받아 그 규범을 시행했다고 할 수 있다. 삼국 시기 국통은 황룡사(皇龍寺)의 사주(寺主)로서 전국 불교의 총수와 같은 존재였다. 하지만 중대에는 황룡사의 역할이 보이지 않아 사천왕사(四天王寺)나 봉덕사(奉德寺)가 그 역할을 하지 않았을까 추론하기도 하고, 승관제가 속관(俗官) 위주로 위축되었으리라 추측하기도 한다.

하대에는 황룡사에서 국통과 이를 보좌하는 정관(政官)이 주통(州統), 군통(郡統)을 통해 전국 불교계를 통제했을 것으로 보인다. 출가한 승려의 규제는 구주(九州)에 설치된 관단사원(官壇寺院)을 거점으로, 주통이 승려 자격을 심사한 뒤 정관에 보고하여 황룡사의 국통이 최종 결정했을 것으로 보인다. 하지만 신라 말 근시기구(近侍機構)와 문한기구(文翰機構)가 확장되면서 사원 소속과 탑비 건립 등에 그 구성원이 개입하는 사례가 있는데, 국왕이 이를 통해 승정의 일부를 장악해 간 것으로 짐작된다.

9세기부터 의상(義湘)의 제자들과 진표(眞表)의 실천적 사상의 등장과 변방 활동, 선종(禪宗)의 등장과 지방사회로의 분파적 전개, 경주에서의 신비주의 대중 불교 강조자의 등장 등이 지방 세력의 대두와 맞물리면서, 신라 경주 중심 불교계의 일원적 경향은 다원적으로 전환되어 갔다.

고려 초 불교정책

고려 초 불교에 대해 획기적인 조치가 있었던 태조·광종·현종 대의 주요 정책 방향을 살펴보겠다. 고려 태조의 불교 인식에 큰 영향을 준 것은 태봉의 궁예였다. 『삼국사기』에는 궁예가 미륵불을 자칭하며 머리에 금책을 쓰고 몸에 방포를 입었으며, 큰아들을 청광보살, 막내아들은 신광보살로 삼았다고 한다. 스스로 경전 20여 권을 지었으며 때로는 반듯하게 앉아서 강설했다. 하생 미륵불의 이미지로 볼 수 있다. 『고려사』를 보면 '미륵삼관법(彌勒三觀法)'으로 궁예가 하루에 반역죄로 100여 명을 죽이기까지 했다. 그는 미륵불로서 권능을 드러내고 엄격한 율령통치를 추구했으며, 호족을 억압하며 강력한 전제 왕권을 기도했다. 후삼국 시기 태봉의 궁예는 정교일치의 신정체제(神政體制)를 구축했다.

하지만 왕건을 비롯한 여러 장수와 불교 교단, 유교 관료들이 반발했고, 궁예는 몰락했다. 고려 태조는 궁예의 신정적인 미륵불 전제 왕권자와는 다른 이미지를 꾀했다. 지방 세력과 교단을 인정하면서 그들의 협조를 이끌어 내는 것으로 방향을 잡았다. 선승 현훈(玄暈)과의 문답 속에서 태조가 불교를 어떻게 이해했는지 알 수 있다. 왕권과 교권은 상호 '불교치국(佛敎治國)', '교단외호(敎團外護)'라는 면에서 밀접히 연계된다. 교단의 유지 기반과 교리는 각기 국왕의 부촉(付屬)에서 비롯된다. 대사는 생령(生靈: 생명)의 보호를, 국왕은 호법(護法: 불교 보호)과 자비(慈悲)를 베푸는 것이 의무로 이해되었다. 국왕권과 교권이 상호 보완했던 것이다.

국왕의 호법과 자비를 베푸는 이미지는 보살로 나타났다. 「개태사화엄법회소」에서 황제를 자칭하지 않고 "현토주군도독고려국왕(玄兎州郡都督高麗國王)"이라 하고 "보살계제자(菩薩戒弟子)"를 자처했다. 훈요에서는 제불의 "호위지력(護衛之力)"과 각 교단의 존립을 보장하는 "각치기업(各治其業)"을 강조했다. 제불의 호위지력을 강조함으로써 수도 개경에 궁궐을 건립하는 것보다 다양한 사원 창건에 먼저 힘썼다. 각치기업의 의미는 각 불교 교단의 존재를 인정하고, 그 소속 사찰을 서로 빼앗는 일을 금지하여 다양한 종파 불교의 길을 여는 것이었다. 이는 신라 말 다원화된 불교계의 여러 종파를 수렴할 수 있는 불교 정책 방향이었다.

광종은 자신을 "보살계제자 고려국왕 왕소(菩薩戒弟子 高麗國王王昭)"라고 하고, 개경을 '황도(皇都)'로 칭했다. 경종 대 자료에 보이는 "황제만세원(皇帝萬歲願)", "황제폐하조왈(皇帝陛下詔曰)"이라는 금석문은 고려의 왕이 황제를 자처했음을 보여준다. 고려 전기 '외왕내제(外王內帝)'는 황제국 체제와 대외관계를 반영한다. 이는 고려의 다원적 천하관으로 뒷받침된다. 『고려사』 악지 속악에 기록된 「풍입송(風入頌)」을 보면 국왕은 황제의 권위와 불교적 권위를 합친 위상을 갖는다. "해동천자 당금제불(海東天子 當今帝佛)"은, 곧 '제불(帝佛)', '황제부처'로서 부처님이 황제로 화현(化現)했다는 식이다. 국왕의 행차에도 호법의 경전인 『인왕경』을 받들어 앞길을 인도하도록 하는 '호법 국왕'의 성격을 띠었다.

광종은 일련의 왕위 계승전을 경험하고 즉위했으므로, 태조로부터의 정통성을 강조했다. 왕위 계승전을 치르면서 현실적으로 자신의 기반이 되었던 모계의 충주 유씨 세력에 대해서도 왕실 내 존재임을 나타내기 위해 조처했다. 부왕과 모후의 원당 창건을 도모해 개경에 봉은사(奉恩寺)와 불일사(佛日寺)를, 충주에 모후 추복을 위한 숭선사(崇善寺)를 지었다. 봉은사의 위치는 황성 남쪽이었다. 봉은사로 향하는 국왕의 행차 길을 추정하면 궁성문인 승평문을 나와 황성 남문인 주작문을 거쳐 대로를 따라 내려오다가 십자로에 이르면 다시 서쪽 길을 잡아 봉은사에 도착했다. 불일사는 동교(東郊)에 소재했는데, 현재 개성시에서 동북으로 12킬로미터 지점이다.

봉은사 진전에 봉안된 동상은 고려 태조의 상으로 알려지는데, 황제를 상징하는 금도금 통천관을 쓰고, 32대인상(大人相)의 특징인 분홍색 계통의 피부색을 두텁게 칠했다. 이는 부처와 전륜성왕의 형상적 특징이다. 봉은사를 창건하고 태조 진전을 건립한 광종 대 이후에 제작·봉안되어 고려 태조의 불교적 권위와 위상을 보여준다. 궁성에서 십자로를 거쳐 봉은사에 이르는 왕복로를 화려하게 장식했을 뿐 아니라 태조진(太祖眞)을 배알하는 연등회의 봉은행향 의식은 국왕이 민과 함께하여 태조에 대한 신성 관념을 고양하고, 국왕권의 존엄을 높이는 행위였다. 태조진을 배알할 때 왕이 신하복을 입었을 것이라는 추정을 근거로 하면, 국왕권(國王權)의 재생(再生)을 상징한다. 태조진에 대한 배알은 곧 태조의 신성을 이어받는 '접신성(接神聖)' 절차인 셈이다. 태조 왕건 동상에 형상화된 것처럼 태조상은 황제상을 넘어 부처의 경지로까지 신성화되었다.

광종은 왕권을 강화하고자, 기층민을 포용하기 위해 신비주의를 표방하는 화엄승 균여(均如)와 탄문(坦文)을 우대하는 한편, 여러 산파의 선승 또한 우대했다. 특정 산문에는 문도들이 계속 운영할 수 있는 부동사원(不動寺院)을 지정했다. 또, 고급 승려를 선발하는 승과제도와 신라 이래 나라를 대표하는 고승으로 국사 자리를 두었으며, 국왕의 스승으로 왕사를 두는 제도를 시행하여 이사(二師)제도를 갖추었다.

현종은 성종 대에 유교화 정책을 전개하면서 연등·팔관 의례를 정지했기 때문에 거란이 침입했을 때 민의 결속에 문제가 있었다고 생각해 연등회와 팔관회를 부활시켰다. 또, 현화사(玄化寺)를 창건하고 대장경을 간행했다. 현종은 태조의 아들 안종과 태조의 조카며느리인 경종의 비 사이에 태어났다.

성종은 당시 물의를 일으킨 안종을 사주(泗州)로 유배했고, 안종은 그곳에서 사망했다. 불우한 시절을 보내고 즉위한 현종은 자신의 정통성을 강화하기 위해 안종을 추숭할 필요가 있었다. 현종은 1016년(현종 7) 직산현에 교통 편의를 위해 홍경사(弘慶寺)와 그 부속 광연통화원(廣緣通化院)을 세웠다. 안종이 법화경 중도화성(中道化城)에 감동해 실천하려 했으나 이루지 못하자 현종 자신이 이를 계승한다는 내용의 홍경사비를 세워 안종의 이미지를 중도화성의 실천자로 끌어올렸다.

현종 8년(1017) 안종릉을 사주에서 개경 동북 30리에 위치한 금신산(金身山)으로 옮기고, 능호를 건릉(乾陵)으로 바꾸었다. 능에 가까운 영취산(靈鷲

山)에 현화사를 창건해 현종 12년(1021)에 완공했다. 현화사 서북쪽에 별도로 전각을 만들어 아버지와 어머니 진영을 봉안했다. 법상종(法相宗) 삼천사주(三川寺主) 도승통 법경(法鏡)을 왕사로 책봉해 주석하게 했다. 이곳에는 학승 1000여 명이 머물렀는데 전지 100경, 노비 100명, 소·말·공구 등을 시납해 상주(常住: 유지비)에 충당하도록 했다. 안서도(安西道) 둔전 1240결도 시주했고, 현종이 직접 조곡 2000석을 내리기도 했다. 여러 궁원에서도 각기 전지를 헌납했다. 현화사의 영험과 장엄을 위한 사리 봉안, 대장경 봉안, 매년 부모의 명복을 비는 의례, 그리고 진전(眞殿)을 찬하는 시편·노래 등을 현판에 올려 장엄했다. 주저(周佇)와 채충순(蔡忠順)에게 현화사비의 양기와 음기를 짓게 했다. 현종도 현화사비의 제액을 직접 썼다.

현종은 자신의 원당으로 중광사를 창건하는 한편, 불우하게 죽은 아버지 안종을 추숭하는 원찰 현화사를 대대적으로 창건하면서 효를 유교와 불교에서 중요한 관념으로 삼는다는 점을 현화사비에 새겨 강조했다.

불교계의 재편

각 종단별로 고려 왕조에서 재편되는 과정을 살펴본다. 먼저 선종에 대해 정리한다. 820년대에 신라에 남종선(南宗禪)이 본격적으로 전래된 이래 신라 왕실에서 적극 지원한 산문은 가지산문·실상산문·성주산문·봉림산문·굴산문 등이다. 신라 말에 국사로 예우받은 선승은 현욱(玄昱)·무염(無染)·수철(秀徹)·행적(行寂)·심희(審希)·개청(開淸) 등이다. 이 중에는 성주산문·실상산문·봉림산문·굴산문 출신이 있는데, 그 법손들이 신라 말에 지방호족과 고려 태조에 의지하는 행로를 보였다. 이 산문들의 사상적 경향은 다양한 사상적 편차가 있겠지만, 크게 남종선 계통의 홍주종(洪州宗: 마조 도일계)으로 알려졌다.

태조는 후삼국 통일 전쟁 중 지역 세력을 공략하기 위해 각 지역의 선문과 접촉하거나 선승들을 적극적으로 초치했다. 태조 대에 건립된 개경의 보제사(普濟寺)는 선종의 근거가 된 듯하다. 담선대회(談禪大會)가 보제사에서 3년에 한 번씩 있었기 때문이다. 전국의 주요 선종 사원에서 시행된 총림(叢林)을 통해 선발된 학승 가운데 이 대회에서 뽑힌 승려가 승과에 응시한 것으로 보인다. 보제사가 각 선문의 도회소 같은 역할을 한 셈이다.

태조는 지방 선문에 고승의 탑비를 세워주었는데, 현존하는 탑비 모두가 태조 20년(937) 곧 통일 직후에 건립되었다. 탑비는 모두 7개이며, 비를 세운 사원은 광조사(廣照寺)·보리사(菩提寺)·비로암(毗盧庵)·흥법사(興法寺)·정토사(淨土寺)·경청선원(境淸禪院)·지장선원(地藏禪院) 등인데, 탑비가 건립되면서 공인된 사원으로 위상이 높아졌다.

광종 2년(951)에 희양산문 긍양(兢讓)이 사자(師資: 스승과 제자)의 예를 받고, 4년에 희양원(曦陽院)으로 귀산(歸山)했다. 5년에는 내원당 양경(讓景)이 낭공대사 행적(行寂)의 비를 태자사에 건립하고 추숭했다. 행적은 굴산문 범일(梵日)의 제자이며, 양경은 행적의 제자였다. 그 후 봉림산문 찬유(璨幽)가 사자의 예를 받았다가 9년에 고달원(高達院)으로 귀산한 뒤 입멸(入滅)했다. 9년 무렵에는 사자산문 혜거(慧炬)가 국사의 지위에 있었던 것으로 추측된다. 따라서 사상적으로 선교일치(禪教一致) 경향을 지닌 긍양, 찬유, 혜거가 광종 초기 차례로 국사의 지위에 있으면서 승과를 시행하고, 지종(智宗)을 비롯한 36인을 선발해 중국의 법안종단에 유학하게 했다. 광종이 3대 부동사원(不動寺院)으로 지정한 긍양의 희양원, 찬유의 고달원, 혜거의 도봉원은 선교일치의 종풍을 지닌 사원으로, 그 문도의 안정적 기반으로서 위상이 확고했다.

광종 대에 산문을 재편하면서 고승비탑을 건립한 양상을 보면, 옥룡사에는 신라 효공왕에게서 요공선사(了空禪師) 시호와 증성 혜등(證聖慧燈) 탑호를 추증받은 도선(道詵)의 승탑이 건립되었다. 신라의 양조국사였던 행적의 비문과 그가 입적했을 때 승탑이 건립된 석남사가 아닌 태자사에 건립되었는데, 후일 이곳에 그의 제자인 양경의 탑비가 또 건립됨으로써 남종선 굴산문의 입지가 확고해졌다. 희양원의 경우 신라 말 건립된 신라 국사 도헌(道憲)의 비문과 승탑이 있었는데, 긍양의 비문과 승탑이 건립되었다. 고달원의 경우도 이와 유사한 과정을 밟고 있다. 신라 국사 현욱(玄昱)의 비문과 승탑이 건립되었지만, 그 법손(法孫) 찬유가 이곳에 하산해 입적하고 그의 비문과 승탑이 건립된 것이다.

사자산문의 경우에는 혜거가 도봉산 신정선사(神靖禪師) 문하에 출가했는데, 신정선사는 절중(折中)의 제자 중 한 명이었다. 그는 법안종단에 유학한 후 광종 대에 국사를 지냈으며 도봉산으로 하산하여 탑비가 건립된 것이다. 비록 신정선사의 탑비는 확인되지 않았지만, 신정은 신라 말의 선승이었다. 이처럼 신라에서 고려로의 전환기, 특히 광종 대에 선종 각 산문에서 왕조를 달리한 사제(師弟)의 탑비 건립을 통한 선문의 중심 사원의 성립 양상이 전개되었다.

광종 대의 선교 일치적 법안종풍의 계승자로는 지종(智宗)·영준(英俊)·석초(釋超) 등이 있다. 이들이 각기 하산소로 퇴거해 입멸한 시기는 왕사 지종 1018년(현종 9), 대선사 영준 1014년(현종 5)으로, 입멸 후 국사로 추증되었다. 석초는 964년(광종 15)에 입적했고, 981년(경종 6) 지곡사에 그의 비가 세워졌다. 이로 보면 지종이 입멸한 시기가 법안종 고승의 활동과 영향력이 줄어드는 시점이 된다. 바로 그해에 개경에 법상종의 본거이자 현종의 원당이 되는 현화사가 창건되었기 때문이다. 그 이후 불교계는 법상종과 화엄종이 주도했다. 법안종풍 사원 소속의 승려들은 의천의 천태종 창립 시에 천태오문(天台五門)으로 합류했다. 이때 합류하지 않은 법안종풍 외 선승으로는 굴산문의 담진(曇眞)과 탄연(坦然), 가지산문의 학일(學一)이 있다.

이렇듯 신라 말에 수용된 선종은 고려 초 선교일치적 법안종풍과 그 외 산문으로 나뉘었다. 광종에 의해 법안종풍이 대두했으나 현종 대를 기점으로 퇴조하고, 의천의 선교 통합에 동참했다. 예종 대에는 그 외 산문인 굴산문과 가지산문에서 국사와 왕사가 책봉되었다. 문벌사회에 대한 반발로, 이자현(李資玄)에 의해 능엄선(楞嚴禪)이라는 선과 교를 융합한 형태의 거사선(居士禪)이 유행하면서 선풍이 부흥했으나, 6~7할이 의천의 통합운동에 흡수되면서 위기를 맞았다.

의상(義相)이 신라에 전파한 화엄학은 부석사(浮石寺)를 중심으로 화엄 10찰이 성립되어 지방화를 이루었다. 특히 8세기 중엽에 성립된 화엄사(華嚴寺)와 9세기 초에 창건된 해인사(海印寺) 고승들의 활동이 주목된다. 화엄사 고승으로 경덕왕 대에 실존했던 것이 확인된 연기(緣起)가 있는데, 그의 사상은 의상이 주도한 화엄학과는 달랐을 것으로 추정된다. 이에 따라 화엄사가 있던 지리산(智異山)에서 활동한 연기계가 남악파로, 북악 곧 부석사가 위치한 태백산의 의상계가 북악파로 인식된다. 『균여전』에 따르면 신라 말 해인사에서는 관혜(觀惠)를 중심으로 한 남악파와 희랑(希朗)을 중심으로 한 북악파가 각기 견훤과 왕건을 단월 삼아 분열·대립하기도 했다. 바로 연기계와 의상계의 대립이 표면화된 것으로 보인다.

고려 초 광종 대에 균여(均如)가 북악파 중심으로 화엄교단을 통합했다. 균여는 화엄 교리 이해에 많은 노력을 기울여 지엄(智嚴), 법장(法藏), 의상(義相)의 저술에 대한 주석서를 내었다. 그는 중국 초기의 화엄학 곧 지엄과 법장의 그것을 그대로 받아들였다. 화엄학에서 그가 주안점을 둔 것은 성상융회(性相融會)였다. 당시에는 선종에 대응하기 위해, 실천적인 면이 반영된 『화엄신중경(華嚴神衆經)』이 중시되었다. 균여의 화엄학은 신라 시기의 것을 그대로 계승했다고 볼 수 있다.

그런데 문종 대에 완성한 흥왕사(興王寺)에 주석하며 화엄종을 일으킨 의천(義天)이 신라 화엄의 계승자인 균여 계통의 화엄학을 맹렬히 비난했다. 의천은 그 이유가 "교(敎)와 관(觀)을 겸수하지 못한 곳에 있다"라고 했다. 그는 『신집원종문류(新集圓宗文類)』를 편집해 화엄학의 근본책으로 삼게 하고, 교장 간행의 예상 목록집인 『신편제종교장총록(新編諸宗敎藏總錄)』에서 균여의 저술을 제외했다.

이렇게 된 배경에는 고려 초기와 고려 중기의 사상적 과제가 서로 달랐다는 문제가 있다. 화엄학이 조직될 때 과제였던 성상융회 문제가 아니라, 오히려 법상종과의 구별을 명확히 하는 대신 화엄학과 선종의 일치 및 화엄학과 천태학(天台學)의 조화 문제가 새로 대두한 것이다. 이를 위해 의천은 징관(澄觀), 종밀(宗密)의 화엄학을 높이 평가하고, 원효(元曉)의 불교 철학을 재발견했다. 특히 징관의 교선일치에서 한 단계 더 나아가 화엄 우위의 선을 포섭해 화엄 가운데 융회하려는 것이었다.

신라 중대에 융성했던 법상종은 원효 이래 활발한 유식 교학 연구를 바탕으로 미륵과 아미타정토를 신앙하면서 수도인 경주에서 발달했던 태현계(太賢系)와, 점찰법·참회를 행하고 미륵과 지장보살을 신앙하면서 여러 지방에 널리 전파된 진표계(眞表系)가 있었다. 양 계통은 조불(造佛) 양식에서도 각기 미륵(彌勒)과 아미타(阿彌陀), 미륵(彌勒)과 지장(地藏)으로 차이가 있다. 진표의 가사와 계간자(戒簡子)를 태조에게 올린 석충(釋忠)의 활동을 보면 진표계의 법상종이 태조 대 왕실과 연결된 듯하다. 그리고 태조가 도읍과 동시에 건립한 자운사(慈雲寺)와 미륵사(彌勒寺)는 법상종의 근거 사원으로 배려된 것이다.

하지만 고려 중기에 활약한 소현(韶顯)은 규기(窺基)의 장소 32부 353권을 수집·간행하고 석가(釋迦), 현장(玄奘), 규기 및 해동육조(海東六祖)의 상을 사찰에 모시게 했다. 해동육조에 원측(圓測)이 포함되지 않은 듯하다고 한다. 소현의 비문에 "효법사(曉法師)가 앞에서 이끌고 현대통(賢大統)이 뒤에서 따르고"라는 말이 있어 원효가 해동의 초조로 정해진 것으로 추측된다. 따라서 승장(勝莊)·혜경(惠景)·둔륜(遁倫)·도증(道證)·태현(太賢) 등 원측을 계승한 신라의 유식학 전통인 이른바 서명파(西明派)에서, 중국 법상종의 정통을 표방하는 자은파(慈恩派)로 선회하고 있는 것을 볼 수 있다. 법상종 계통의 고승 비문 8개를 검토하면 진표계의 흔적이 전혀 보이지 않는다. 이 역시 고려 초 진표계가 태조와 연결되는 기록과는 다른 면을 알 수 있다.

법상종은 소현의 활약으로 현장, 규기, 해동육조에 이르는 종단의 고승 계보를 확립했다. 그리고 본거 사찰로 현화사를 수리하면서 선리관(繕理官)을 두고 매년 두 번 종문의 제 사찰의 승려를 모아 승려대회를 개최하여 단합을 과시했다. 또한 금산사(金山寺)에 광교원(廣敎院)을 두고 교장(敎藏)을 간행했으며, 법상종의 사상적 주도를 위해 화엄학에도 관심을 가지고 있음을 볼 수 있는데, 광교원 내 금당 한 곳에 화엄경의 설주(說主)인 노사나불을 조성해 현장, 규기의 상과 함께 모셨다. 곧 종파 간의 경쟁 과정에서 종합된 교학을 통한 사상적 주도를 위한 것이었다. 소현 비문 음기에는 승계순으로 문도가 1400여 명이나 나열되었다. 이는 종단 불교가 고착되고 그 전형을 이루는 현상으로 주목된다.

아울러 이 시기 법상종 대두의 한 측면으로 호국신앙을 들기도 한다. 현화사 비문에 『금광명경(金光明經)』이 강조되었고, 정현·소현의 비문에도 그의 수행에 『금광명경』이 중시되었던 것을 기록하고 있다. 『금광명경』은 신라 통일기부터 수입되어 호국경으로 강조된 바 있고, 고려 시기 국가기원도량에서 독경하는 예가 많다.

신인종(神印宗)은 신라 시기에 유가계(瑜伽系) 양병(禳兵: 병난을 물리침) 밀교로 이해되기도 한다. 삼국통일 전쟁 시에 사천왕사에 문두루도량(文豆婁道場)을 설치한 승려들은 명랑계(明朗系)였다. 통일 후에는 성전사원들의 성격이 신인종과 관련되는 만큼, 신인종은 고려 중대 권력을 사상적으로 뒷받침하는 역할을 한 것으로 보기도 한다. 이러한 신인종은 신라 말에 돌백사(堗白寺)의 광학(廣學)·대연(大緣) 등이 태조를 따라 수가분수(隨駕焚修)하면서 군심을 추스르는 역할을 한 것과 그들의 기반을 마련해 준 개경 현성사(現聖寺)가 있으므로 고려로 계승될 수 있었다.

하지만 그 후 현성사에서의 의례나 기능은 인종 대에 가서야 나타난다. 그 사이 기록의 미비일 수도 있으나 침체된 것 같다. 이는 인종 대에 선종의 부흥이나 법상종, 화엄종에서 고려 초 신라 시기의 사상을 다시 조명하기 시작하던 분위기와 짝한 것으로 보인다. 특히 강화 천도기에 현성사에 왕이 빈번히 행차했는데, 여기서 행한 의례는 몽골 침략을 물리치기 위해서였다. 신라 시기의 양병 밀교로서 사천왕사에서 행했던 문두루도량이었을 것으로 추측된다.

신라 불교는 고려 불교로 재편되는 과정에서 두 가지 성격이 드러난다. 첫째, 신라 시기 학파적 성격의 유식학·화엄학 등이 고려 시기에는 종파로 확립되었다. 사자상승(師資相承)이 강한 선종이 신라 말부터 유행하면서 유식학파와 화엄학파에 자극을 준 것과 고려 시기 승정(僧政)이 관료 체계에 흡수된 것에서 비롯되었다. 둘째, 고려 초 여러 종단의 사상은 신라 시기의 것을 계승했으나, 곧이어 법상종·화엄종·선종·신인종 등은 공히 신라 불교의 잔재를 청산하는 전환성을 보였다. 고려 전기에 문물제도 정착 및 문벌 형성과 국왕권 확립에 따른 불교체제화가 반영된 것이라 할 수 있다.

2 고려 전기 불교계의 동향과 천태종 개창

박용진 | 국민대학교 교양대학 교수

고려 초기 태조와 광종 대 불교계 동향

태조 왕건은 불교 종파를 초월해 교종과 선종의 어느 승려와도 연결했다. 왕건은 승려를 통해 그들과 결합 관계에 있는 지방 호족과의 결연을 의도했다. 왕건의 후삼국 통합은 호족연합책으로 이루어졌는데, 그중에서도 승려와의 결속이 큰 역할을 했다. 그는 교종과 선종에 대해 균형을 유지하려는 태도를 보였다. 통일 후에는 「훈요십조」에 제시한 바와 같이 교선 체제를 통한 불교 치국의 이념을 천명했다.

고려 초기 교종 불교계의 동향을 살펴보면, 신라 하대에 왕실과 연결된 화엄종은 후삼국 시대에도 이어져 해인사에 희랑(希朗)과 관혜(觀惠)라는 화엄종장이 있었다. 그 이후 고려 광종 대에 북악의 희랑계인 균여에게 법통이 계승되었다. 고려 통일 이후 태조 23년(940)에는 개태사를 창건해 화엄법회를 개설했고, 혜종과 정종 대에는 『화엄경』을 사경하는 등 화엄종에 대한 관심과 종세가 유지되었다. 유가종에서는 석충(石沖)·융철(融哲)·혜명(慧命) 등이 활동했는데, 여기에 궁예(弓裔)를 포함할 수 있다. 그 이후 고려 태조부터 광종 초기에 이르는 시기, 유가종 승려의 활동이나 사상은 기록에 잘 나타나지 않는다.

선종의 경우에는 신라 하대에 크게 대두한 호족 세력과 결합하면서 그 사상이 유행했다. 실제로 신라 민애왕 대부터 고려 광종 대까지 선종계에서 국사가 배출되었다. 나말여초에 존립한 선종 산문으로는 해룡왕산문 이외에도 뒷날 선종구산파로 정립되는 과정에서 제외된 많은 산문들이 있었고, 왕건의 선대와 연결된 순지, 청도 운문산문의 보양, 기타 하동 쌍계사의 혜소 진감 등이 있었다. 이 가운데 왕건과 연결되지 않았던 산문 세력은 고려시대에 구산문으로 정립되지 못한 것으로 추정되는데, 이는 고려 통일 이후 국가권력의 불교계 재편과 무관하지 않다.

한편, 법화나 천태 사상과 관련해서는 고려 초에 후삼국을 통합하려는 흐름과 연관해 왕건에게 회삼귀일(會三歸一)사상을 전한 능긍(能兢)에 의해 일심삼관법(一心三觀法)이 유포되어 있었지만, 종파의 성립과 활동은 분명치 않다. 그 외 태조 12년(930)에 천축국 삼장 마후라와 태조 21년(939)에 마가타국의 홍범(弘梵)대사가 온 적이 있고, 태조 14년(932)에는 신인종에 귀의한 광학과 대연 대덕이 있었다.

이상과 같이 고려 초기 불교는 교선 체제로 운영되었고, 통일기의 불교사상은 그 안에 다른 종파의 사상을 융합하는 경향이 있는데, 이는 호족연합책과 연관된 시대적 소산으로 볼 수 있다.

광종은 재위 7년(956) 이후 전제정치를 뒷받침할 제도 개혁을 단행해 노비안검법과 과거제 실시, 군부 개편 등이 이루어졌다.

교종의 화엄종은 고려 통일을 전후해 태조의 개태사에서 설행된 화엄법회, 혜종과 정종 대에는 『화엄경』 사경의 불사 등을 통해 화엄종의 모습을 찾을 수 있다. 광종 4년(953)에는 화엄종의 겸신이 국사가 되었고, 신라 말

해인사의 북악파를 형성한 희랑의 법손인 균여는 남악의 사상을 융합해 화엄교단의 통합을 시도했다. 그 이후 귀법사는 균여 대신 화엄종의 탄문이 광종 19년(968)에 왕사, 광종 25년(975)에는 국사가 되어 불교계를 주도했다.

균여의 성상융회사상은 교종 내부의 모순을 해결하려는 융합사상이지만, 광종 당시 토착적 사조의 등장과 연결되어 신이한 성격을 띠게 되면서 성속무애(聖俗無碍)사상으로 나타났다. 균여의 화엄사상은 법장의 화엄사상을 흡수해 법상종 사상을 융회했으며, 그의 성속무애사상은 불교계의 융합은 물론이고 세속계를 아울러 융회하려는 사상인데, 성상융회사상을 기반으로 성립되었다. 앞서 목종 9년(1006)에 천추태후 황주 황보씨는 김치양과 함께 금자로 대장경을 사경했으며, 진관사를 원찰로 삼았다. 목종 3년(1000)에는 유가종의 숭교사를 원찰로 하는 등 화엄종과 유가종의 분기(分岐)가 확인된다. 한편, 김치양은 통주에 성수사와 시왕사를 세웠는데, 앞서 황주 황보씨가 지원한 광종 대 균여의 신이성과 토착적 신앙을 흡수한 화엄사상과 유사성이 보인다. 이러한 화엄종의 계승은 고려 중기 예종 원년(1105)에 서경 출신의 혁련정(赫連挺)이 『균여전』을 편찬하는 것으로 나타났다.

광종 대 유가종의 활동은 잘 나타나지 않는데, 유가종과 관련해서는 광종 19년(970)에 혜명이 관촉사의 석미륵상을 조성했다는 기록 외에 유가종의 활동은 거의 확인되지 않는다. 광종 대 이후에 활동한 것으로 추정되는 법천사에 주석한 관웅(寬雄)은 목종 2년(999)에 지광국사 해린에게 계를 내렸다. 또한 혜소국사의 스승인 융철은 칠장사에 주석했고, 성상(性相)에 통했다고 한다. 경종 대의 정치는 광종 대 전제정치에 대한 반동적 성격을 띠었는데, 성종이 최승로를 등용한 이후에는 유학이 집권적 귀족사회의 이념으로 채택되면서 불교의 체제 이념으로서의 기능은 축소되었다. 균여의 '성상융회'사상도 배척을 받았지만, 유가종은 그대로 발전해 광종 말년에 활약한 융철의 제자들이 현종 이후 유가종을 진작했다.

선종은 고려 초기 이래 꾸준히 종세를 유지했다. 광종 대에는 법안종의 전래와 3부동문의 설정이 주목된다. 희양산문의 긍양은 광종 2년(951)에 왕사가 되었다가 광종 4년(953)에 희양원으로 귀산했고, 봉림산문의 찬유는 광종 2년(951)에 국사로 책봉되었으며 광종 9년(958)에 고달원으로 귀산했다. 광종 대의 개혁정치는 재위 후반기에 귀족 세력의 반발로 후퇴하는 가운데, 광종 19년(968)을 전후해 법안종이 등장했다. 앞서 광종은 오월국 영명 연수 문하에 36명을 보내어 교류케 했다. 광종 19년(968)에 국사와 왕사를 두는 이사(二師) 제도가 시작되면서 법안종과 교류한 사자산문 신정의 법사(法嗣) 혜거가 국사가 되어 도봉원에 주석했고, 화엄종의 탄문이 왕사가 되었다. 광종 22년(971)에는 찬유의 고달원, 긍양의 희양원, 혜거가 주석한 도봉원의 세 개 사원을 부동문으로 지정했으며, 혜거의 법사인 영준은 972년에 영명 연수와 교류하고 귀국했다. 이같이 광종 말년에는 법안종의 전래와 3부동문의 활동을 중심으로 선종이 종세를 유지했다.

고려 초기 법화와 천태 사상을 살펴보면, 선종 승려 현휘나 찬유가 천태사상을 접했다. 신라 말 의통은 오월국에 가서 의적의 법을 이어 중국 천태종의 제16조가 되었다. 광종 12년(961)에는 오월왕 전숙(錢俶)이 천태 교전을 구하기 위해 사신을 보내자, 제관을 파견해 전해주었다. 의통이나 제관은 능긍을 배출했던 고려 초기 천태교학의 분위기 속에서 성장했다. 능긍보다 약간 시대가 앞서는 순지(順之)의 사상은 법화사상을 포용하고 있다. 또한, 희양산문 형초(逈超)의 법사인 지종은 광종 10년(959)에 영명 연수의 심인(心印)을 받은 뒤 국청사의 의적과 교류했으며, 찬영의 요청으로 전교원에서 『대정혜론』과 『법화경』을 강의했다. 지종은 광종 21년(970)에 귀국했으며, 법안종과 법화 및 천태 사상을 보급했다. 신라 중대 이래로 비교적 성행했던 법화사상의 전통과, 광종 대에 지종(智宗)과 진관 석초(釋超)가 수입한 천태교학은 고려 초기의 천태교학을 일으켰을 것이며, 후대 의천의 천태사상은 이러한 불교학의 전통 위에 전개되었다.

현종~선종 대 불교계 동향

현종 3년(1012)의 정국은 경주계 문신 중심으로 개편되었으며, 유교적 왕도정치에 입각해 왕권강화를 추진했다. 문종부터 선종 대에는 문벌귀족의 연립과 상쟁이 뚜렷하게 부각되는 시기였다. 인주 이씨와 안산 김씨 등 문벌귀족들이 서로 혼인관계를 맺는 한편, 왕실과 중첩혼을 하면서 대문벌화하는 경향을 보였다. 이렇듯 정치지배 세력을 구성했던 왕실과 문벌귀족은 불교의 호법자이자 수혜자이기도 했다. 왕실이나 문벌귀족 출신 승려들이 활동하면서 통치권과 밀착되었으므로 귀족불교로서의 특징이 여러 면에서 나타나고 있었다.

교종인 화엄종의 동향을 살펴보면, 탄문 이후 활동한 원융국사 결응(決凝)은 정종 7년(1041)에 왕사로 봉해졌으며, 문종 1년(1047)에 국사가 되었다. 한편 균여의 계승자로는 창운이 있었다. 그는 문종 27년(1074)에 균여의 전기를 혁련정에게 전해주었으며, 이를 토대로 혁련정은 『균여전』을 완성했다. 경덕국사 난원(爛圓)은 문벌귀족인 안산 김씨였으며, 의천은 난원의 문하로 출가하여 불교계를 주도했다. 문종에서 선종 대에는 화엄이나 유가종 등 교종 중심으로 선종을 융합하려는 불교사상이 논리적으로 심화되고 있었다. 그중 현종 대에 부상한 유가종보다는 국왕과 왕실에서 지원한 의천의 화엄종이 주류로 등장했다. 그 이후 왕실과 인주 이씨 사이에서 벌어진 정치적 주도권 다툼은 불교계로 확산되어, 일시적으로 의천이 해인사로 퇴거하는 등 정치적 부침과 교단의 운명이 함께하기도 했다. 문종 대에 국사와 왕사를 화엄종과 유가종의 승려로 동시 임명했던 것은 당시 불교계에서의 양종의 위치를 시사하는 것이고, 이러한 점은 문벌귀족과의 관계가 작용했음을 추측케 한다. 선종 대는 국사와 왕사의 책봉이 확인되지 않는 시기이다. 선종 대의 불교 정책은 문종 대 이래 큰 변화 없이 지속된 것으로 판단된다.

유가종의 활동을 살펴보면, 현종 대에 현화사가 개창되면서 유가종이 부각되었다. 현종은 천추태후의 핍박을 받아 12세에 유가종인 숭교사에 출가했고, 이후 유가종계 사찰인 삼각산 장의사와 신혈사에서 머물렀다. 현종의 왕위 계승은 유가종 사찰과 연계된 후원 세력과 관련되었을 것이다. 현종은 한강 유역의 토호인 안산 김씨와 인주 이씨와 혼인 관계를 맺었는데, 문벌세력으로 성장하여 왕실의 외척이 된 인주 이씨는 대대로 유가종 승려를 배출했다. 현종은 성종 대에 폐지한 연등회와 팔관회를 다시 열고, 현종 9년(1018)에는 현화사를 창건하고, 현종 11년(1020)에는 삼천사 주지였던 유가종의 법경(法鏡)을 왕사로 임명했으며, 고려대장경을 조성했다. 현종 이후 왕사나 국사를 배출한 유가종은 고려 초의 유가종과 달리 일시 화엄종의 세를 능가하기도 했다. 청주 김씨 혜소국사 정현(972~1054)은 문종 2년(1048)에 왕사, 문종 8년(1054)에 국사로 봉해졌다. 정현 다음의 현화사 주지는 지광국사 해린(984~1070)이었고, 문종 2년(1048)에는 이자연의 아들인 소현이 그의 제자가 되면서 유가종 교단은 대문벌 귀족인 인주 이씨의 후원을 받게 되었다. 소현은 문종 8년에 현화사 주지, 문종 10년에 왕사, 문종 12년에 국사가 되어 유가종을 천양(闡揚)했는데, 고려의 유가종이 법맥을 갖추면서 융성하게 된 것은 소현에 의해서이다. 소현은 금산사에 광교원을 창건하고 당대 법상종 규기가 찬술한 장소(章疏) 32부 352권을 간행했으며, 현화사에 주석하면서 유가종 사찰을 통솔하고 관리하기 위해 선리궁을 설치했다. 또한 해동 6조를 설정하여 유가종의 법맥을 재정비하면서 교단을 확립했고, 송나라 화엄종 정원의 화엄 7조설에 대해 화엄 9조설을 전개한 의천의 화엄종과 함께 종파 의식을 갖추어 나아갔다. 왕실 출신으로는 문종의 여섯 째 아들인 왕탱

(王寵)이 문종 24년(1070)에 현화사 소현의 문하로 출가했다. 한편, 수주 최씨도 유가종과 연결될 수 있는데, 최사위의 증손인 승통 상지(尙之)와 현손 관오(觀奧)가 있었다.

선종의 동향을 살펴보면, 현종 즉위년(1009)에 영준을 대선사로 제수하여 내제석원에 주지케 했고, 현종 4년(1013)에는 지종을 왕사로 임명했다. 이들은 광종 대에 오월국 법안종의 영명 연수와 교류하고 귀국한 인물로 그 이후 왕실과 연결되었는데, 전대의 목종은 홍법·영준·지종 등 법안종 승려를 우대했다. 국사로는 유가종의 담휴가 임명되었고, 왕사로는 선종의 홍법국사가 임명되어 활동했다. 목종 대에는 화엄종과 유가종이 대두하는 가운데 지종은 선사가 되었고, 현종 즉위년(1009)에 대선사에 제수되어 광명사에 주석했고, 현종 4년(1013)부터 7년(1016)까지 왕사를 역임했다. 이로 보면 목종대와 현종 즉위 초에는 홍법, 영준이나 지종 등 선종계가 왕사 또는 국사로 불교계를 주도한 셈이다.

숙종~의종 대 불교계 동향과 천태종 개창

숙종(1095~1105)은 이자의(李資義) 세력을 누르고 왕위에 올라 왕권을 강화하는 정책을 실시했고, 의천을 중심으로 한 화엄종과 천태종을 통한 불교계의 재편을 추진했다. 의천은 이자의와 흥왕사 대사 지소 세력에 밀려 1095년에 해인사에 퇴거했다가 숙종 1년(1096)에 개경의 흥왕사로 돌아와 불교계를 주도했다. 숙종 2년(1097) 5월에는 흥왕사 주지를 겸하면서 국청사에서 천태종을 개창했다. 의천은 흥왕사를 중심으로 화엄교관을 폈으며, 대표적인 문도로는 원경왕사 낙진, 무애지국사 계응과 교웅(1078~1153), 숙종의 아들 징엄이 있다. 그렇지만 예종 대에는 의천 입적 후 30여 년간 화엄종이 점점 쇠퇴했다. 또한, 인종 즉위 이래 이자겸이 권력을 행사하면서 그의 아들인 유가종의 현화사 승 의장이 불교계를 주도했다. 의장은 이자겸의 난에 승병을 동원했다. 당시 화엄종의 징엄은 1125년을 전후해 이들의 세력에 밀려 전라도 김제 귀신사에 은거하기도 했다. 인종은 이자겸의 난을 정리한 이후 화엄종을 중심으로 불교계 재편을 시도했으며, 1131년에는 징엄을 초치하여 홍왕사의 주지로 삼았다. 인종 대 징엄이 오교도승통이 되어 불교계를 주도하면서, 은거했던 의천의 적사인 태백산 각화사 계응 등을 초치하고, 국가적 불교 의례인 화엄법회를 개설했다. 계응에 의해 천거된 교웅은 홍원사 주지로 활동했으며, 그의 문하에는 영통사 주지 지칭(1112~1192)이 있었고, 의천계 화엄종은 12세기 후반까지 종세를 유지하면서 전승된 것으로 보인다.

유가종은 11세기에 혜덕왕사 소현이 주도했고, 문종의 여섯 째 아들인 왕탱은 소현의 문하로 출가해 법주사와 금산사 주지를 역임했지만, 예종 7년(1112) 반란 사건에 연루되어 거제현에서 생을 마쳤다. 기타 중대사 천상과 삼중대사 순진이 있었고, 우상·상지·세량 등이 있었다. 인종 즉위년(1122)에는 유가종의 덕연(德緣)과 선종의 학일(學一)이 각각 국사와 왕사로 책봉되었으며, 화엄종의 징엄이 불교계를 통할하는 오교도승통에 제수된 것은 인종이 그의 숙부인 징엄을 배려한 측면과 함께 불교계의 종파 안배를 의도한 것이었다. 유가종의 덕연은 예종 12년에 왕사, 인종 즉위년에는 국사가 되었다. 앞서 언급했듯이 이자겸 아들인 의장은 이자겸의 난에 승도를 동원하기도 했다. 당시 덕연과 그의 법통을 계승한 것으로 추정되는 덕겸은 의장에 동조하지 않았다. 덕겸은 의종 초에 현화사 주지로 활동했으며, 그의 문도 각관은 명종 초에 승통으로 현화사에 주석했다.

선종의 동향을 살펴보면, 고려 중기 문벌귀족사회가 동요하는 가운데 선종세가 회복되고 있었다. 예종은 선종에 관심을 가져 선종 승려를 지원하거나 선종 사찰인 안화사 등을 중수했다. 그뿐만 아니라 예종이 이자겸 일파를 견제하기 위해 의도적으로 지원했던 한안인과 윤언이 등 신진 세력은 선종과 친밀한 관계에 있었다. 선종 승려의 활동이 비교적 활발해졌는데, 예종 2년(1107)에는 90년 만에 선종 출신의 담진이 왕사에 임명되었고, 예종 9년(1114)에는 국사로 책봉되었다. 담진은 1076년에 당진(黨眞)·여현(麗賢) 등과 함께 송나라의 항주와 수도인 개봉에서 송 불교계와 교류 후 1080년에 귀국했다. 이때 담진은 송 신종으로부터 법원대사라는 법호를 받았으며, 송의 수도에서 운문종의 대각 회련을 이어 정인사(淨因寺)를 주관한 정인 도진(淨因道臻, 1014~1093) 등과 교류했고, 임제종과 운문종의 선풍을 수용했다. 담진을 잇는 선종 굴산파는 탄연(坦然), 지인(之印), 영보(英甫), 그리고 영보의 법사로 뒤에 용문사를 중창한 조응(祖應), 조응의 법사인 자엄(資嚴)이 있다. 탄연은 인종 24년(1146)에 왕사가 되었으며 입적 후에 국사로 추증되었다. 혜조국사에게 선법을 전수받은 탄연의 저술로는 『사위의송(四威儀頌)』과 『상당어구(上堂語句)』가 있었는데 송의 선사 개심(介諶)이 이를 보고 찬탄하여 인가했다. 그의 비문에는 임제의 9대손이라고 새겨 임제종을 계승했음을 표방했다. 혜조국사의 문인인 광지대선사 지인은 예종의 아들로 인종과 의종 대에 활동했으며, 종친으로서 선종을 진작했다. 이들과 비슷한 시기에 활동한 원응국사 학일은 가지산파의 법맥을 이었다. 인종 즉위년(1122)에 왕사에 봉해졌으며, 인종 22년(1144)까지 왕사직을 유지한 것으로 보인다. 학일에 의해 중흥된 가지산파는 일연에 의해 그 종세를 떨쳤다.

한편, 당시 불교가 크게 융성한 고려 사회에서는 불교와 관계를 맺지 않은 문인이나 관료가 없을 정도였다. 그들 가운데 불교에 심취한 나머지 거사로 일생을 보내거나 심지어는 출가한 경우도 적지 않았다. 고려 중기 문벌귀족 출신 가운데 거사를 자처한 인물로는 이자현·이오·윤언이·곽여 등이 있다.

의천의 천태종 개창은 그의 국내외 불교계 활동과 불교 인식, 그리고 숙종대 정치 동향과 불교 정책을 통해 살펴볼 수 있다. 의천의 천태종 개창은 고려의 법화신앙 및 천태교학의 전통을 기반으로 이루어졌고, 특히 선종과 천태종을 중심으로 전개되는 송나라의 불교계 동향과 관련이 있다. 의천은 국내에서 화엄교관과 천태교관의 상통성을 찾는 한편, 송나라에 가서 천태종을 비롯한 불교계의 여러 종파와 교류했다. 당시 의천은 화엄종의 교전(敎典)을 전해 화엄종을 재흥케 했고, 천태종의 교관을 전수받고 천태지자탑에서 고려에 천태종을 개창할 것을 서원했다. 의천은 선관 중심으로 전개되는 송의 불교계 동향에 대해 교학과 관행을 겸수하는 천태종의 개창을 통해 고려 불교의 외연을 확장하는 한편, 교학이나 선관의 어느 한쪽에 편중된 불교계의 경향을 바로 잡고자 했다. 이러한 의천의 천태종 개창은 숙종 대에 왕권을 강화하여 문벌귀족을 개혁하려는 정국 동향과 이를 반영한 불교 정책으로 불교계를 재편하여 천태종을 개창했다.

의천은 일찍이 천태교학에 관심을 가졌으며, 천태종을 개창하려는 시도는 선종 대에 이미 시작된 것으로 확인된다. 선종 6년(1089)에 국청사의 공역을 시작했고, 선종 9년(1092)에는 의천의 모친인 인예태후가 천태종 예참법을 견불사에서 설행하는 등 천태종 개창을 준비하고 있었다. 그러나 의천은 선종 11년(1094) 5월 선종의 사망을 전후하여 화엄종을 위주로 천태종을 개창하려는 노력이 좌절되자 해인사에 은거했다. 그 이후 숙종 1년(1096)에 개경의 홍왕사로 돌아와 불교계 활동을 재개했다. 의천의 천태종 개창은 숙종 2년(1097) 5월 국청사를 낙성하고, 국청사 교단을 중심으로 교학·의식·신앙 면의 체계를 갖추었으며, 1101년에는 천태종 승과 대선을 실시했다.

의천의 천태종 개창은 불교계의 재편을 통해 이루어졌는데, 선종의 여러 산문의 문도를 선발했다. 의천의 문하에 바로 들어온 덕린·익종·경란·연묘 등 직투문도가 있었고, 이 외에 왕명에 의해 편제된 5개 법문 거돈사·신광사·영암사·고달사·지곡사의 권속들인 오문학도가 있었다. 이 5개 법권에서 약 700여 명을 선발해 천태종을 개창한 것은 불교계를 재편하겠다는 의

도와 함께 사상적 경향이 부합했기 때문으로 파악된다. 이 산문들 가운데 거돈사·영암사·지곡사는 법안종에 속한 사원이며, 여기에 주석한 지종·영준·석초 등은 모두 고려 초기 법안종을 흥성시킨 승려로 천태사상에도 관심을 기울인 인물들이다. 신광사는 어느 계통이었는지 잘 알 수 없고, 고달사는 봉림산문 소속으로 태조 왕건과 결합한 증진 찬유가 주석한 사찰이다. 찬유는 당나라 대동 자상의 문하에서 천태사상을 접했다.

의천 사후 불교계가 재편되면서 화엄종과 천태종 문도들은 분열했다. 의천의 천태종은 법안종 계열의 오문학도와 선종 산문 출신의 직투문도를 중심으로 개창되었는데, 의천이 입적한 후에는 직투문도로 법통이 계승되었다. 또한 숙종 사후 예종 초기의 불교계는 급속히 재편되어 선종이 주도하면서 기존 천태종단은 위축되었다. 이에 따라 의천의 적사 교웅은 예종 초에 홍주 백암사로 은거했다. 교웅은 예종 10년(1115) 의천계 화엄종 인물인 징엄의 추천을 받아 개경으로 돌아와 국가 불교 의례를 주관하는 등 활동을 재개했다. 인종 대에는 천태종이 왕권과 밀접히 연관되어, 의천계 화엄종과 천태종 문도가 왕권 강화에 조력하고 인종의 불교계 재편에 부응했다. 교웅은 인종 13년(1135) 국청사로 옮겨 대선사가 되었으며, 그의 법사인 덕소(德素)는 천태종풍을 선양했다. 덕소는 무신집권기인 명종 원년(1171)에 왕사가 되어 국가 불교 의례를 주관하면서 국왕 및 무신 집권자들과 연결되었다. 덕소 이후 의천계 천태종이 어떻게 계승되었는지는 분명치 않다. 또한 고려 후기 백련사 결사를 주도하며 천태종을 일으킨 요세(1163~1245)의 비명에는 의천과 지종 등이 기록되었지만, 그 법계가 기록되지 않아 사자상승 관계를 잘 밝힐 수 없다.

3 무신정권의 등장과 불교계의 변화

조명제 | 신라대학교 역사문화학과 교수

무신정권의 불교계 정책

의종 24년(1170)에 일어난 무신정변은 좁게 보면 무신 차별에 대한 반발에서, 넓게 보면 12세기 이후 고려 사회의 변화에서 기인한다고 할 수 있다. 무신정권이 들어선 후에 정중부·이의방·이고 등이 권력을 장악하기 위한 투쟁을 이어갔다. 그러나 명종 26년(1196)에 최충헌(崔忠獻)이 이의민을 제거하고 집권한 후에 권력 기반을 공고하게 하면서 최우[崔瑀, 최이(崔怡)로 개명]·최항(崔沆)·최의(崔竩) 등 4대 60여 년 동안 최씨 정권이 지속되었다. 무신정권은 최의가 고종 45년(1258)에 김준에게 제거된 뒤 임연·임유무 등으로 명맥이 이어졌지만, 원종 11년(1270)에 막을 내렸다.

무신정권의 등장은 고려 사회에 커다란 영향을 미쳤는데, 불교계도 예외는 아니었다. 무신정변 이전에는 화엄종·유가종 등 교종이 불교계를 주도했다. 왕실과 귀족은 불교계의 최대 후원자였고, 특히 교종 사원과 밀접한 관계를 맺었다. 아울러 주요 사원은 승병을 보유했기 때문에 독자적인 무장력을 갖추고 있었다.

무신정권은 개경의 주요 사원이 누려온 기득권을 침해했기 때문에 사원 세력과 무신정권 사이에 무력 충돌이 일어나게 되었다. 1174년에 귀법사 승려 100여 명이 봉기했고, 이의방이 군을 동원해 진압하는 과정에서 수십 명의 승려들이 희생되었다. 이어 중광사·홍호사 등 여러 절의 승려 2000여 명이 이의방 정권과 무력 충돌을 일으켰다.

이와 같은 충돌은 최충헌 정권이 등장하면서 더욱 확대되었다. 최충헌은 집권한 후에 「봉사(封事) 10조」를 명종에게 올렸는데, 그 내용 중에 승려가 정치에 관여하는 폐단과 사원 난립 문제가 포함되어 있었다. 최충헌이 자신의 정권 장악을 합리화하고 권력 기반을 강화하기 위해 당시의 정치사회적 문제를 지적한 「봉사 10조」에 거론될 만큼, 사원 문제는 당시의 정치적 현안이었다.

그리하여 최충헌은 사원 세력을 억압하면서 불교계에 대한 개편 작업을 실시했다. 이에 대한 사원 세력의 반기는 개경뿐만 아니라 지방까지 확산되었다. 홍왕사·홍원사 등의 승도들이 최충헌을 없애기 위해 봉기했다가 800여 명이 살해되었다. 또한 부인사·동화사 승려들이 운문산의 저항 세력과 함께 최충헌 정권에 반발했다.

최충헌 정권은 반기를 든 사원 세력을 무력으로 진압하고, 불교계에 대한 개편을 추진하면서 선종을 부각시켰다. 1204년에 정혜결사를 수선사로 사액하고, 1213년에 지겸(志謙, 1145~1229)을 왕사로 책봉했다. 또, 최충헌은 자신의 아들을 지겸의 문하에 출가시켰다. 이어 집권한 최이는 수선사와 균여를 계승한 화엄종 계열, 그동안 소외되어 온 소수 종파 등을 후원해 불교계를 재편하고자 했다. 이와 같은 무신정권의 불교계 정책과 함께 불교계 내부의 변화가 맞물려 고려 불교는 교종에서 선종 중심으로 재편되었다.

수선사, 백련사 결사와 역사적 의의

한편 이러한 불교계의 변화 양상에 대해 무신정권의 후원에 초점을 맞추는 것보다 불교계 내부의 개혁운동에 주목한 신앙결사론이 1970년대 후반에 제시되었다. 신앙결사는 동아시아 불교사에서 어느 시기에나 나타났지만, 신앙결사론적 관점에서는 불교계가 자기모순을 인식하고 개혁하려는 의도에서 출발한 자각·반성 운동으로 사회운동의 성격을 띤다고 이해한다. 그 대표적인 결사가 보조국사(普照國師) 지눌(知訥, 1158~1210)의 수선사(修禪社)와 원묘국사(圓妙國師) 요세(了世, 1163~1245)의 백련사(白蓮社)이다.

수선사를 개창한 지눌은 당시 불교계의 타락상을 비판하며, 뜻을 같이하는 승려들과 거조사(居祖寺)에서 정혜결사(定慧結社)를 결성했다. 정혜결사는 신종 3년(1200)에 송광산 길상사로 결사의 근거지를 옮겼다. 정혜결사는 최충헌 집권기에 주목을 받았으며, 최이가 집권하면서 정권의 적극적인 지원을 받았다. 수선사는 선종의 승가 공동체로서 청정한 수행 풍토를 유지했을 뿐만 아니라 정토신앙을 포용했기 때문에 지방의 향리층, 기층민의 지지를 받았다. 수선사가 주목을 받자, 최이 정권은 불교계를 통제하고 지지 기반을 확대하기 위해 수선사에 적극적으로 후원했다. 아울러 최이가 수선사를 지원한 또 다른 배경에는 인근 지역의 식읍을 비롯한 자신의 경제 기반을 원활히 관리하고자 하는 현실적인 의도도 있었다.

수선사는 지눌 이후에 2세 진각국사(眞覺國師) 혜심(慧諶, 1178~1234), 3세 청진국사(淸眞國師) 몽여(夢如, ?~1252), 4세 진명국사(進明國師) 혼원(混元, 1191~1271), 5세 자진원오국사(慈眞圓悟國師) 천영(天英, 1215~1286), 6세 원감국사(圓鑑國師) 충지(冲止, 1226~1293)로 이어지며 선종을 주도했다. 다만, 이들 대부분은 사후에 국사로 추봉되었으며, 여기에는 최씨 정권의 정치적 후원이 있었다. 특히 혜심 시기부터 최씨 정권의 지원을 받으면서 정권과 유착되었다. 최이는 아들 만종(萬宗)과 만전(萬全)을 혜심 문하에 출가시키고, 수선사를 본격적으로 지원했다. 혼원은 강도(江都)에 세워진 최이의 원찰이자 대몽항쟁의 구심점 역할을 수행한 선원사(禪源社)에 머물면서 몽골 항전에 협력했다. 천영은 고종 35년(1248)에 최이의 지원으로 선사(禪師)에 제수되었고, 최이가 창건한 창복사(昌福寺)의 낙성법회를 주관했다.

백련사는 천태종의 요세가 고종 3년(1216)에 만덕산에서 지방 토호의 후원을 받아 결성한 결사이다. 요세는 『천태지관(天台止觀)』을 바탕으로 참회 수행과 아미타정토신앙을 실천 수행으로 강조했다. 그는 중국 천태종을 개창한 지의(智顗)의 천태사상과 저술, 송의 천태종 산가파(山家派)를 대표하는 사명지례(四明知禮)의 『관무량수경묘종초(觀無量壽經妙宗鈔)』 등에서 이론적인 근거를 찾았다. 요세가 개창한 백련사는 고종 19년(1232)에 보현도량(普賢道場)을 설치하고, 4년 후에 천책(天頙)이 「백련결사문」을 짓고 세상에 널리 알렸다. 백련사는 최이 정권의 관심을 받으면서 요세가 '선사' 승계를 받았고, 보현도량에서 최이가 발문을 쓴 계환해(戒環解)의 『법화경』을 간행했다.

요세에 이어 정명국사(靜明國師) 천인(天因, 1205~1248)이 백련사 2세가 되어 결사를 주도했다. 그는 고종 30년(1243)에 공덕산 미면사(米麪社)를 중수하여 동백련사(東白蓮社)를 열었다. 이어 4세인 진정국사(眞靜國師) 천책(天頙, 1206~?)은 이장용·유경 등 최고위 관료를 비롯해 임계일(林桂一)·정가신(鄭可臣)·김구(金坵) 등과 폭넓게 교류했다. 천책은 시문집 『호산록(湖山錄)』과 법화 영험담을 모은 『해동전홍록(海東傳弘錄)』을 남겼다.

한편 수선사의 혜심·충지, 백련사의 천인·천책 등은 모두 과거에 합격한 유학자 출신으로 출가했다는 공통점이 있다. 또한 이들은 귀족 출신이 아니라 지방 향리층, 문인층 출신이었다. 이들이 과거에 합격한 뒤 출가한 것은 무신정권 아래에서 문신 관료가 갖는 한계와 당시 유학에 대한 회의 등이 복합적으로 작용한 것으로 보인다.

이와 같이 신앙결사론은 무신정권기의 불교사를 이해하는 주요한 흐름으로 이해되고 있다. 그러나 신앙결사론의 시각과 내용은 문제점이 적지 않으며, 근본적인 한계가 있다. 신앙결사론은 1970년대 후반에 채상식이 역사적 성격을 본격적으로 제시했는데, 그의 주요한 논지를 요약하면 다음과 같다.

결사는 이상적으로 생각하는 신앙과 사상을 추구하기 위한 결집체이며, 사회변혁운동의 성격을 지닌다. 신앙결사를 통해 고려 불교가 소수의 문벌귀족이나 왕실이 독점하던 사상계의 주도권을 지방사회의 향리층과 독서층, 나아가 서민 대중까지 공유할 수 있는 단계로 전환되었다. 수선사와 백련사 결사는 당시 사회적 기능을 수행할 수 없을 만큼 한계에 이른 불교의 자기모순을 인식하고 이를 개혁하고자 한 출발한 자각·반성 운동이며, 불교 개혁 운동이었다.

이와 같은 신앙결사론의 시각은 기본적으로 고려 불교사의 흐름을 보수 대 진보라는 이분법적인 시각에서 귀족불교 대 민중불교라는 이항대립적 도식으로 이해하는 한계가 있다. 또한 신앙결사는 사회변혁적인 성격으로 볼 수 없고, 불교계의 개혁운동으로 평가할 만한 근거가 없으며, 개혁의 실체도 뚜렷하지 않다. 신앙결사의 배경과 동기에 대해서는 지눌의 『권수정혜결사문(勸修定慧結社文)』을 근거로 제시했다.

그러나 『권수정혜결사문』에는 당시의 사회모순이나 고려 불교계의 근본적인 문제가 무엇인지를 구체적으로 거론하지 않았다. 지눌은 당시 불교계의 타락상을 수사적인 표현으로 지적할 뿐이지, 신앙결사론에서 강조하는 불교개혁론의 방향이나 구체적인 내용을 전혀 제시하지 않았다. 오히려 지눌은 비구승 중심의 수행 공동체를 회복하고자 했으며, 불교 개혁의 방향을 제시한 사실이 없다. 실제 수선사뿐만 아니라 백련사도 마찬가지인데, 신앙결사가 불교 교단의 개혁이나 사회변혁을 꾀한 적이 없다.

신앙결사가 고려 후기 불교사에서 획기적인 전환이라고 주장하지만, 이러한 주장 역시 사상사의 흐름을 제대로 반영한 것으로 보기 어렵다. 실제 신앙결사론은 운동사 내지 사회사 차원에서 강조하는 경향이 강하다. 그러나 수선사, 백련사의 사상사적 의의는 결사보다 송대 불교의 수용이라는 사실에 주목할 필요가 있다. 수선사에서는 송대 공안선의 수용이 중시되었고, 백련사에서는 송대 천태종의 사상적 흐름과 신앙이 주목을 받았다.

또한 신앙결사론은 일반적인 결사와 다른 차별적인 성격을 강조하지만, 실제 차이가 무엇인지 뚜렷하지 않다. 신라 중대 이후 고려 사회에서 결사는 다양하게 결성되었다. 또한 12~13세기에 화엄종의 반룡사(盤龍社) 및 수암사(水嵓寺) 결사, 유가종의 수정사(水精社) 결사 등의 결성 과정에서 드러나듯이 결사는 종파와 관계없이 지속적으로 이어졌다. 결사는 신앙공동체로서 통시대적으로 존재했으며, 동아시아에서 일반적인 현상이었다. 따라서 수선사 및 백련사 결사가 고려 불교사에서 획기적인 전환을 이루었다고 평가할 수 없다.

기존 연구에서는 수선사가 등장한 이후에 불교계를 주도한 것으로 이해하거나 조계종을 개창한 것으로 보기도 한다. 그러나 수선사는 혜심이 최우 정권의 비호를 받으면서 사세가 확대되었지만, 불교계를 주도했다고 단언할 수준은 아니다. 더욱이 조계종은 고려에서 선종을 가리키는 관용적인 표현이며, 수선사가 조계종이라는 종파를 개창했다는 것도 사실이 아니다.

수선사를 중심으로 한 신앙결사론으로 이해하면, 오히려 고려 선종사의 흐름과 사상적 경향이 단선화되는 한계에 직면하게 된다. 고려 선종은 의천의 천태종 개창으로 크게 타격을 받았지만, 12세기 이후에 교단을 재정비하면서 새로운 기반을 형성했다. 이러한 움직임은 원응국사(圓應國師) 학일(學一, 1052~1144)을 중심으로 한 가지산문과 대감국사(大鑑國師) 탄연(坦然, 1070~1159)을 중심으로 한 사굴산문에 의해 주도되었다. 또한 이자현(李資玄, 1061~1125)으로 대표되는 거사선(居士禪)의 흐름이 문인층을 중심으로 이어졌다.

나아가 수선사가 부각된 13세기의 선종은 지겸, 원진국사(圓眞國師) 승형(承迥, 1187~1221)을 중심으로 한 희양산문, 보각국존(普覺國尊) 일연(一然, 1206~1289)을 중심으로 한 가지산문 등 다양한 선문이 존재했다.

한편 12세기 이후, 송대의 선이 본격적으로 수용되면서 고려 선종 사상에 폭넓은 영향을 미쳤다. 송대 선은 공안선으로 대표되며, 문자선과 간화선으로 나뉜다. 특히 공안의 비평과 재해석을 통해 선리(禪理)를 탐구하는 문자선이 먼저 성행했고, 북송 말에 목판인쇄술의 발전과 맞물려 방대한 선적(禪籍)이 편찬·간행되었다. 고려는 송과 장기간 외교관계가 단절되었기 때문에 송의 상인에게서 선적을 구입하여 송대 선종의 사상적 동향에 대한 정보를 얻었다. 12세기 이후 고려에서는 송의 선적이 다양하게 수용되었고 문자선이 성행했다. 13세기에는 송판본 선적을 복각해 간행하거나 고려 선문에서 독자적으로 문자선의 이해와 관련된 선적을 편찬·간행하는 양상으로 전개되었다.

이러한 경향은 13세기에 간행된 송대 선적이나 고려 선종계에서 저술·편찬된 문헌을 통해 확인할 수 있다. 『육조단경(六祖壇經)』·『정법안장(正法眼藏)』·『종경촬요(宗鏡撮要)』·『간화결의론(看話決疑論)』·『종문원상집(宗門圓相集)』 등이 수선사에서 간행되거나 관련된 문헌이다. 이는 수선사가 선적 판각에 필요한 비용을 부담할 수 있는 사회경제적 기반을 갖추었을 뿐 아니라 선적에 대한 이해와 정보 습득 등 사상적 기반을 두루 갖추고 있었기 때문이다. 선적 간행은 수선사를 비롯한 선종과 사대부를 비롯한 다양한 계층에서 선적에 대한 사회적 수요가 폭넓게 존재했음을 보여준다.

이러한 선적 저술과 간행에 대해 수선사 중심으로 이해하기보다 고려 선종의 전반적인 동향으로 이해할 필요가 있다. 13세기 고려 선종에서 독자적으로 저술되거나 편찬된 선적이 수선사뿐만 아니라 가지산문을 비롯한 다양한 갈래에서 확산되었기 때문이다. 『선문염송집(禪門拈頌集)』·『선문삼가염송집(禪門三家拈頌集)』 등이 수선사에서 편찬된 대표적인 선적이지만, 가지산문에서도 13세기 후반 이후 『선문염송사원(禪門拈頌事苑)』·『조정사원(祖庭事苑)』·『중편조동오위(重編曹洞五位)』·『중편염송사원(重編拈頌事苑)』 등이 지속적으로 저술·편찬되었다.

송대 선의 수용과 선적의 간행

한편, 이와 같은 선적 편찬과 간행을 통해 12~13세기에 송대 선의 수용과 이해에 관심이 집중되었던 고려 선종의 경향을 알 수 있다. 아울러 송대 선의 수용은 당시 고려 선종의 주요한 관심사였으므로 특정한 선문이 독점하지 않았다. 수선사가 13세기 전기에 송대 선의 수용을 주도했다면, 13세기 후반에는 가지산문이 이러한 흐름을 주도했다.

한편, 무신정권기에 몽골이 침략하여 장기간 계속된 전쟁은 불교계에도 커다란 영향을 미쳤다. 1206년 칭기즈칸이 몽골을 통합하고, 이어 서하·금 등으로 정복 전쟁을 확대했다. 이에 따른 국제 정세의 변화는 고려에도 영향을 미쳤다. 1218년에 몽골군에 쫓긴 거란족이 고려에 침공했다. 고려는 다음 해인 1219년 몽골군과 함께 강동성에 있던 거란족을 물리쳤다. 이때 고려와 몽골은 형제의 맹약을 맺었으나 몽골이 공물을 과도하게 요구한 데다가 몽골 사신의 피살 사건 등으로 인해 국교가 단절되었다. 마침내 1231년에 몽골의 1차 침입이 시작되었고, 다음 해인 1232년 최이 정권은 강화로 천도했다.

그런데 강화 천도는 몽골에 대한 항전이라는 명분보다 최이 정권 유지라는 목적이 더 크게 작용했다. 최이 정권은 일반민에게 산성과 해도로 들어가도록 했지만, 실제적인 대책을 마련한 것이 아니기 때문에 민의 고통과 피해가 대단히 컸다. 몽골군은 고려 본토를 철저히 유린하는 전략을 구사했으며,

특히 1235년부터 1239년까지 이어진 몽골의 3차 침입에 따른 피해는 전국에 미칠 정도였다. 그 이후 1247년에 몽골군의 4차 침입이 있었으나 몽골 내부의 사정으로 곧 철수했고, 1253년에 5차 침입이 있기까지 소강상태를 유지했다.

이와 같은 몽골의 침략은 고려의 존립을 좌우하는 대외적인 위기인 데다가 최이 정권이 강화에서 호사를 누리면서, 몽골군이 전국적으로 민을 유린하도록 방치했기 때문에 내부 불만을 잠재울 수단을 강구해야만 했다. 몽골 침략 초기에는 무신정권에 저항했던 농민, 초적이 대몽 항쟁에 나섰다. 그러나 강화 천도 이후에는 민이 동요해 개경과 충주·서경 등 각지에서 저항이 이어졌다. 다시 말해 침략 초기에 몽골에 항전하며 무신정권에 대한 저항을 멈추었던 농민, 초적 세력이 강화 천도 이후에는 다시 대규모 민란을 일으켰다.

따라서 최이 정권은 강화로 천도한 뒤 나타난 기층민의 저항과 반발을 누그러뜨리기 위해 관료를 지방에 파견해 인심을 안정시키고자 했다. 이러한 방안과 함께 최이 정권은 민심을 수습하기 위해 불교를 이용하는 다양한 정책을 구사했다. 대표적인 정책이 각종 불교 의례를 개최하고, 대장경을 조성하는 사업 등을 추진하는 것이었다.

고려 정부에서는 건국 초기부터 자연 재해와 사회적 재난을 물리치거나 막기 위해 다양한 불교의례를 개설했다. 몽골 침략기에는 기존의 불교 의례가 줄어든 대신 몽골의 위협과 침략이라는 국가적 위기에 대응하기 위한 의례가 늘어났다. 담선법회(談禪法會)·신중도량(神衆道場)·인왕도량(仁王道場) 등이 대표적인 의례로 개설되었다.

담선법회는 본래 고려 초기에 3년마다 보제사(普濟寺)에서 선종을 진작시키기 위한 목적으로 열린 행사였다. 그러나 무신정권기에 담선법회는 보제사·서보통사·광명사·창복사·대안사 등에서 개최되었으며, 거란·몽골 등의 침략을 물리치고 민의 안녕을 기원했다. 신중도량은 화엄신중도량(華嚴神

衆道場)·천병신병도량(天兵神衆道場) 등 다양하게 개최되었으며, 역시 몽골의 침략이라는 국가 위기에 대응하는 의례로 열렸다.

이러한 불교 의례는 종파와 관계없이 설행되었다. 정권과 거리를 두고자 했던 수선사가 이 시기에는 적극적으로 의례에 참가했듯이 종파를 가리지 않고 불교계 전체로 확산되었다. 수선사의 혜심은 1차 몽골 침입이 시작되자 세 차례나 진병법회를 개최했다. 또한 수선사에는 만 석을 밑천으로 조성한 상주보(常住寶)에 '진병(鎭兵)과 축성(祝聖)' 용도로 사용된 자금이 있었다. 이는 수선사에서 몽골에 대한 항전 의식을 고양하기 위한 의례가 상설되었음을 보여준다.

다음으로 고려대장경의 조성 문제에 대해 간략하게 살펴보기로 한다. 몽골의 침략으로 고종 19년(1232)에 초조대장경이 불에 타서 없어졌다. 고려 조정에서는 대장도감을 설치하고, 고종 24년(1236)부터 고종 35년(1251)까지 대장경을 다시 조판했다. 재조대장경을 조성한 배경으로는 흔히 몽골의 침략에 따른 국가적 위기와 모순을 불력(佛力)으로 극복하고자 했다는 의도가 거론된다. 이러한 설명은 이규보가 쓴 「대장경 경판을 새기고 왕과 신하가 비는 글(大藏刻板君臣祈告文)」에 서술된 수사적인 표현을 그대로 따른 것이며, 당시의 정치, 사회적 배경을 단순화하는 한계가 있다.

최이 정권은 체제를 유지하기 위하여 강화도로 천도함으로써 대몽 항전을 독려할 명분이 없었다. 또한 몽골의 3차 침략이 소강상태로 접어들자 정권을 안정시키고 민의 불만을 잠재우기 위해 대장경 조성 사업을 국가적인 이벤트로 활용했다. 곧 무신정변 이후에 끊임없이 일어났던 농민과 천민의 저항이라는 내부 모순과 피지배층의 불만을, 몽골 침략이라는 대외적 모순으로 돌리기 위한 정치적 의도가 깔려 있었다. 다시 말해 대장경의 조성은 고려 내부의 모순을 몽골의 침략이라는 대외적인 위기에 대응한다는 명분을 충족시키기 위한 국가사업으로 추진되었다.

또한 이 사업에는 최이 정권에 대립적인 정치 세력과, 그와 연결된 사원 세력을 통제하기 위한 의도도 포함되었다. 다시 말해 무신정권과 대립되던 종파를 달래거나 최씨 정권의 불교계 정책에 소외되었던 불교 세력을 대장경 조성 사업에 끌어들임으로써 불교계를 회유하거나 통제하기 위한 의도가 깔려 있었다.

그러므로 대장경 조성은 몽골 침략이라는 대외적인 위기와 강화 천도에 따른 고려 사회 내부의 불만을 해결하고 지배층과 피지배층을 결속할 뿐만 아니라 최이 정권이 주도하는 대몽 항쟁과 정권 안정을 구현하기 위한 수단으로 제시된 국가적인 이벤트였다. 불교가 고려의 국가적인 종교이므로 대장경 조성이라는 신앙적인 이벤트는 정치·사회적 갈등을 완화하는 결속의 매개로 작용했던 것이다.

그리하여 최이는 사재를 희사하여 대장경 조성에 모범을 보였다. 또한 최이와 긴밀한 관계를 맺은 정안이 절반의 경비를 부담했다는 기록이 있을 정도로 대장경 조성에 커다란 역할을 했다. 한편 왕족, 귀족, 관료부터 아래로 기층민까지 다양한 계층이 대장경의 각판 조성에 참여했다. 아울러 종파를 가리지 않고 모든 불교계가 대장경판 조성에 참여했다.

따라서 오늘날 고려대장경을 이른바 '국난 극복'을 위한 사례로 이해하거나, 불교문화의 구체적인 내용에 대한 이해보다 세계적인 문화유산이라는 단면만을 내셔널리즘의 시각에서 과도하게 앞세우는 태도는 지양해야 한다. 고려대장경은 송의 개보칙판 대장경을 토대로, 거란 대장경을 활용해 교감함으로써 고려 불교의 사상적 역량을 집대성한 것이다. 다만 재조대장경에는 개보칙판 이후 송에서 이루어진 대장경에 증보한 문헌이나 선종의 문헌이 거의 수록되지 않았다는 문헌적 한계가 있다.

한편, 대장경 조성 사업에는 의천의 비판을 받았던 균여 계열이 주도적으로 참여했다. 특히 수기(守其)는 고려대장경 초조본과 송의 개보칙판 대장경,

거란대장경 등을 대교(對校)하여 경문의 오자·탈자·이역 등을 바로잡는 등 교감한 기록을 『고려국신조대장교정별록(高麗國新雕大藏校正別錄)』으로 남겼다. 또한 그는 『석화엄교분기원통초(釋華嚴敎分記圓通鈔)』를 비롯한 균여의 저술을 고려대장경 보유판으로 간행했다.

보유판 문헌은 균여 저술보다 선적(禪籍)이 적지 않게 간행되었고, 문헌적 가치와 사상적 경향이 주목된다. 『조당집(祖堂集)』·『종문척영집(宗門摭英集)』·『종경록(宗鏡錄)』·『대장일람집(大藏一覽集)』·『중첨족본선원청규(重添足本禪苑淸規)』·『남명천화상송증도가사실(南明泉和尙頌證道歌事實)』·『선문염송집(禪門拈頌集)』 등이 남아 있다.

이 가운데 특히 『조당집』, 『종문척영집』은 현재 세계 유일본이다. 『조당집』은 952년에 편찬된 선종 역사서이며, 중국 선종사와 중국어학을 연구하는 데 가치 있는 자료로 높은 평가를 받고 있다. 또한 고려 선승들이 『조당집』의 두 번째 편집을 하면서 신라 말 구산선문의 개조들을 수록했는데, 13세기 고려 선종의 선종사 인식이 어떠한지를 이해할 수 있다.

『종문척영집』은 1038년에 송의 운문종 선승인 유간(惟簡)이 편찬한 공안집이다. 『남명천화상송증도가사실』·『선문염송집』 등은 고려 선종에서 저술하거나 편찬한 문헌으로, 모두 공안선의 유행과 관련된다. 또한 기존의 불교사 이해와 달리 12, 13세기의 고려 선종에서 송의 운문종, 조동종, 임제종에서 저술·편찬된 선적이 다양하게 수용되었음을 알 수 있다.

4

고려 말 사상계와 불교

강호선 | 성신여자대학교 사학과 교수

원 간섭기 불교 교단의 변화

14세기에 고려의 지식인들이 적극적으로 수용하기 시작한 성리학과 임제 간화선풍은 조선시대 유교사상과 불교사상이 전개되는 데 바탕이 되었다. 안향-이제현-이색-정몽주·정도전으로 이어지는 고려 말 유학자들은 원에서 성리학을 수용해 고려 사회를 개혁하고자 했고, 마침내 조선 건국으로 이어졌다. 그리고 조선시대 성리학자들은 주희에서 여말선초 성리학자들로 이어지는 학통에 자신들의 학문적 연원이 있다고 여겼다. 불교의 경우에도 조선시대 승려들은 고려 말 선승들의 법통이 중국 임제종 승려로부터 바로 이어져 자신들에 이른다는 법통설을 내세웠다. 조선시대에 보이는 학통과 법통의 역사적 사실성 여부는 차치하더라도, 조선시대 유교와 불교는 여말선초의 사상계 변화의 산물이었다.

13세기 전개된 고려와 몽골의 지난한 전쟁은 양국 간의 강화로 끝나게 되었다. 고려와 몽골(원) 대표로 강화회담을 이끌었던 고려 태자와 원의 황제의 아들은 각각 고려 국왕(원종)과 원의 칸(쿠빌라이칸)으로 즉위했다. 원과의 강화로 고려는 정치적 자주권은 잃었지만, 왕조는 유지할 수 있었다. 고려는 원의 부마국이 되면서 기존의 다원적 국제관계와는 다른 일원적 국제관계를 맺게 되었다. 여기에는 기존의 내제외왕(內帝外王)의 천하관에 입각한 고려 내부의 국왕의 위상과 정치질서의 변화도 수반되어, 국왕 및 왕실의 호칭과 각종 관제가 격하되었다. 불교의 경우 원의 국사(國師)와 명칭이 겹친다 하여 국사호를 국존으로 바꾸기도 했다.

원 간섭기에 변화한 고려의 정치·사회적 환경은 불교에도 영향을 주었다. 원은 기존의 고려 불교의 전통을 인정하는 가운데 담선법회(談禪法會)와 같은 항몽적인 성격의 불교는 경계했다. 그 대신 원 황제를 위해 기도하는 축성도량에는 경제적인 혜택을 주었다. 원 간섭기 고려 불교계는 고려 왕실뿐만 아니라 원 황실에 대한 불사도 담당하게 되었다. 고려의 사찰 중에는 원 황실을 위한 원찰이 되어 원 황실로부터 직접 후원을 받거나 원에서 출세한 고려인들의 후원을 받는 경우도 있었다. 원 세조와 제국대장공주를 위해 개경에 지은 묘련사가 대표적인 사찰이다. 이러한 분위기 속에 고려 불교계에서는 친원적인 성격의 불교가 부상했다. 그리고 불교계의 주류가 바뀌면서 충렬왕 대 이후 가지산문(선종), 묘련사 계통(천태종), 법상종에서 주로 왕사와 국사가 책봉되었다. 교학불교가 다시 부상하기는 했지만, 불교계 전반에는 참회와 같은 실천신앙이나 공덕신앙이 주를 이루게 되면서 학문적인 발전을 이루지는 못했다.

법상종은 원에 사경승을 파견하며 다시 부상했다. 혜영(惠永)이 충렬왕 16년(1290) 사경승 100명을 인솔해 원에 가서 금으로 『법화경』을 사경한 것이 계기가 되었다. 충렬왕 34년(1298) 왕은 법상종 승려 미수(彌授)를 왕사에 임명하면서 참회부(懺悔府)를 설치하고 승정을 맡겼다. 화엄종에서는 화엄교학에 대한 탐구보다는 실천적 관음신앙이 전개되었다. 체원(體元)은 『백화도량발원문약해(白花道場發願文略解)』를 지었다. 의상이 낙산 관음을 친견하고 지었다고 전하는 「백화도량발원문(白花道場發願文)」에 대한 해설서로, 『화엄경』의 관음상주신앙과 『법화경』의 현실 구제 신앙을 융합했다. 법상종 승려 혜영도 관음에 귀의하여 『백의관음예참문(白衣觀音禮讖文)』에 주석을 달아 『백의해(白衣解)』를 지었다. 천태종에서는 백련결사를 대신해 묘련사를 중심으로 한 세력이 등장했다. 이들은 강진의 백련사가 아닌 개경의 묘련사와 국청사를 중심으로 활동했다. 개경에 새로 창건된 묘련사는 원 황제를 위한 축수도량이자 충렬왕과 제국대장공주의 원찰이었다. 묘련사 창건 후 경의(景宜)나 정오(丁午) 등 백련사 출신 승려들이 묘련사 주지로 임명되었다. 이들은 대각국사 의천의 고려 천태종 개창을 중시하며 국청사를 새로 중창했지만, 요세의 백련결사를 계승했다는 의식은 별로 보이지 않는다. 특히 역관으로 성공한 대표적인 권문세족 조인규 집안에서는 조인규의 형인 혼기(混其)와 조인규의 아들 의선(義旋)을 비롯해 4대에 걸쳐 묘련사계 천태종에 출가하여 천태종의 교권을 장악했다. 묘련사계 천태종에서는 법화경에 대한 교학을 강조했고, 요원(了圓)의 『법화영험전(法華靈驗傳)』 편찬에서 볼 수 있듯 영험을 중시했다.

선종에서는 사굴산문에 속한 수선사를 대신해 가지산문이 부상했다. 국존에 책봉된 일연이 대표적인데, 일연은 간화선뿐만 아니라 조동선과 같은 다양한 선의 흐름을 포용했다. 이러한 일연의 선적 경향은 『조동오위(曹洞五位)』·『조정사원(祖庭事苑)』·『계환해 능엄경』 등 그가 중시하여 편찬한 선서에서 잘 드러난다. 이뿐만 아니라 『삼국유사』를 편찬해 우리의 오랜 역사와 전통, 백성들의 신앙을 집대성했다. 이러한 일연의 활동은 원 간섭기 초기 선종의 동향뿐만 아니라 고려 이전 역사적 전통에 주목하거나 불교 사서가 간행되었던 고려 후기의 역사서 편찬 경향을 잘 보여주는 것이기도 하다.

이처럼 원 간섭기 초반 대몽항쟁기와는 다른 새로운 세력이 불교 교단 전면에 대두했던 것은 달라진 고려와 원의 관계 때문이었다. 이와 함께 무신정권의 붕괴와 왕정복고도 교단의 변화에 영향을 주었다. 법상종의 혜영이나 가지산문의 일연 등은 왕정복고에 참여한 대표적인 문신관료인 유경(柳璥)이나 박송비(朴松庇) 등의 후원을 받는 세력이었기 때문이다.

몽골과의 강화 및 왕정복고 과정에서 수선사 세력이 약해지는 것과 6세 사주 충지(冲止)의 활동상은 이와 같은 정황을 잘 보여준다. 13세기 후반 개경 환도 이후 고려 조정의 변화는 수선사의 교단 내 위상뿐만 아니라 재정 면에서도 위기가 되었다. 수선사는 혼원(混元)·천영(天英) 등 4~5세 사주를 거치며 최씨 정권의 후원으로 안정된 경제적 기반을 확보했다. 그러나 몽골과의 강화와 왕정복고 과정에서, 왕실에서는 최씨 정권과 상대적으로 관계가 소원했던 불교 세력들을 후원했으므로 수선사는 경제적 지원이 축소되어 어려움을 겪었다. 아울러 원종 12년(1271) 원이 둔전경략사(屯田經略司)를 설치하는 등 일본 원정에 필요한 군량·함선·군사 등을 고려에 요구했는데 이 과정에서 경상도와 전라도 지역이 가장 큰 피해를 입었다. 수선사의 주된 경제적 기반이 전라도와 지리산 일대였기 때문에 이는 수선사 재정에 악영향을 주었다. 게다가 일본 원정에 필요한 군량미 확보를 위해 면세(免稅) 혜택을 받고 있던 수선사의 토지에 전세(田稅)를 징수한 것은 수선사 재정을 더욱 어렵게 했다. 결국 수선사뿐만 아니라 인근의 수선사계 사찰인 정혜사도 황폐화되는 지경에까지 이르렀다.

당시 정혜사주로 있던 충지가 수선사의 위기를 극복하기 위해 수선사를 대표해 원 세조에게 간절한 표문(表文)을 올렸다. 이에 수선사는 원의 축성도량이 되는 조건으로 다시 면세 혜택을 받게 되었다. 이후 충지는 원에 들어가 세조(쿠빌라이)를 만나는 등 원의 지원을 받으면서, 원 황제를 위해 축성소를 쓰거나 원의 일본 원정을 칭송하고 승리를 기원하는 글을 짓는 등 친원적인 모습을 보였다. 현재 송광사에 소장된, 티베트 문자로 기록된 원나라

문서는 수선사 측의 요구로 원나라 불교의 최고 지도자이자 승정의 책임자였던 제사(帝師)가 직접 발급한 문서이다. 사찰을 보호할 것을 명한 이 문서는 원 간섭기에 원이 고려 불교에 미친 영향력을 잘 보여주는 자료이다.

한편 원 간섭기 고려와 원의 자유로운 왕래가 가능해지면서 직접적인 인적 교류가 발생했다. 이러한 직접 교류는 고려와 원 불교계에 서로 영향을 주었다. 고려와 몽골 지배층 간의 혼인을 비롯한 여러 가지 사유로 고려에는 몽골인들이, 원에는 고려인들이 생활하고 있었다. 고려에 시집 온 원나라 공주와 그 수행원을 비롯해 관료나 상인 등 고려를 왕래하던 몽골인들은 티베트불교를 믿었고, 원에서 활동하던 고려인들은 대도 지역에서 살았기 때문에 원 황실의 종교였던 티베트불교를 자연스럽게 접할 기회가 있었다.

원 간섭기 고려 사회는 티베트불교와 다양한 경로를 통해 자연스러운 접촉이 있었음에도 불구하고 티베트불교는 고려 불교에 사상적으로는 큰 영향을 주지 못했던 것으로 보인다. 하지만 앞서 설명한 것처럼 고려 사찰이 원을 위한 축성도량이 되거나 원 황실의 원찰이 되었고, 원에서는 이러한 사찰을 중창하거나 지원했다. 이때 공사를 감독할 관리와 공사에 참여할 장인들이 원에서 오기도 했고 불사에 사용할 불구(佛具)가 들어오기도 했다. 이 과정에서 티베트불교의 영향을 받은 불교 미술품들이 고려에 들어와 그 자취를 남겼다. 라마탑 모양에서 영향을 받은 사리기(舍利器), 마곡사탑 상륜부의 동탑, 불·보살살상에서 보이는 새로운 양식 등이 그 예인데 이러한 변화는 조선시대에 조성된 불교미술에도 영향을 미쳤다. 불교 의식의 경우에는 원나라 출신 왕비가 중심이 되어 행하던 불교 행사는 티베트 불교의 의식을 따랐던 것으로 보인다. 또한 담무갈보살(曇無竭菩薩)의 상주처로 알려져 있던 금강산이 중국에까지 알려지며 명성을 얻은 것도 이 시기의 일이다.

고려 불교는 원에서 영향을 받기도 했지만, 앞서 사경승 파견 사례에서 볼 수 있듯 고려 불교계도 원의 불교사상과 문화 전개에 영향을 주었다. 원에서는 대장경 사경과 관련된 공덕신앙이 유행해 원은 여러 차례 고려에 사경 제작을 요청하거나 사경승의 파견, 사경지(寫經紙)의 공급 등을 요구했다. 또한 원에 들어가 생활하던 고려인들은 원의 불교 교단이나 사찰을 후원하며 원나라 불교계의 중요 단월이 되었다. 고려인들은 경전을 간행하여 사찰에 기증하거나 토지나 금전을 시주하기도 했으며 직접 사찰을 중수했다. 고려인이 세우거나 중창한 사찰의 경우 주로 고려 출신 승려들이 주지가 되었다. 고려 승려들이 원에 갈 때는 해로를 이용하는 경우도 있었지만 대개 대도로 들어간 뒤 대도에서 활동하거나 강남 지역으로 내려가 선승들에게 인가를 받곤 했다. 고려인이 후원하던 대도의 사찰은 원에 들어간 고려 출신 승려들이 머물 수 있는 공간이 되었다.

원에 머물며 원나라 불교를 후원한 대표적인 인물로 충선왕이 있다. 충선왕은 남송 말 이래 금지되었던 백련종(白蓮宗)이 원 인종(仁宗, 아유르바르와다) 대에 복교되는 데 영향을 끼쳤고, 항주 혜인원을 적극적으로 지원했다. 또한 중봉 명본(中峰明本)의 재가제자가 되어 깊이 교류하는 등 중국 강남 지역의 불교에 대한 후원도 아끼지 않았다.

몽산 덕이와의 교류와 그 영향

원 간섭기 고려와 원의 불교 교류에서 한국 불교에 사상적으로 가장 큰 영향을 미친 것은 임제 간화선풍이었다. 원 간섭기 이전, 이미 고려 불교는 송과 교류하며 간화선풍을 접했고, 공안선(公案禪)에 익숙한 분위기가 형성되어 있었다. 고려 중기에 활동한 담진(曇眞)이나 탄연(坦然) 등은 북송 선의 영향을 받았는데, 이러한 분위기 속에 북송 선종에서 유행하던 공안선과 선사들의 어록이 고려에 소개되었다. 이 시기에 전래된 새로운 선풍과 선서(禪書)

는 고려 후기 간화선 수용의 토대가 되었고, 수선사에서는 지눌과 혜심이 제시하고 정립한 간화선이 중요한 수행법이 되었다. 그러나 원 간섭기라는 시대적인 변화 속에 수선사의 선풍이 쇠퇴하면서 중국에 들어가 중국 승려들과 직접 교류를 할 수 있게 된 고려 선승들은 중국 강남 지역에서 남송과 원의 선풍을 직접 수용했다. 이처럼 13세기 말 이후 고려 선승들 사이에서는 고려에서의 공부와는 별도로 중국 강남 임제종 승려를 찾아가 자신의 깨달음에 대해 인가를 받고 돌아오는 것이 유행했다.

13세기 말 이후 불교계에 불었던 새로운 흐름은 남송 출신 승려 몽산 덕이(蒙山德異, 1232~?)와의 교류에서 시작되었다. 충렬왕 21년(1295) 수선사 승려인 요암 원명을 비롯한 8명의 고려 승려가 휴휴암(休休庵)에 은둔하고 있던 몽산 덕이를 찾아가 만난 이후 염승익(廉承益)·김방경(金方慶)·이승휴(李承休) 등을 비롯한 고려의 관리들과 가지산문 출신의 내원당 주지인 혼구(混丘), 수선사 10세 사주가 된 혜감국사 만항(萬恒) 등 고려의 지배층과 고승들은 몽산 덕이와 직간접적으로 교류했다. 만항은 1300년 몽산 덕이가 서문을 쓰고 재편집한 『육조단경(六祖壇經)』을 강화도 선원사(禪源寺)에서 간행했다. 그 이후 『육조단경』은 『몽산화상육도보설(蒙山和尙六道普說)』 및 『몽산화상법어약록(蒙山和尙法語略錄)』과 함께 조선 전기에 가장 많이 간행된 불서가 되어 이후 한국 불교계에서 널리 읽히는 대표적인 선서(禪書)가 되었다.

또한 무자화두(無字話頭)에 대한 강조도 덕이와의 교류 이후 나타난 변화였다. 이전에도 간화선에서는 문자화두를 강조하기는 했지만, 혜심의 사례에서 볼 수 있듯 수행자들에게 다양한 화두를 제시했다. 그러나 원 간섭기 이후 고려 불교에는 무자화두를 중심으로 소수의 화두만을 전수하는 흐름이 강해졌으며, 그중에서도 무자화두를 특별히 강조했다. 이러한 경향은 몽산이 무자화두 위주의 간화선 수행을 강조했던 것과 관련이 있다. 아울러 몽산 덕이가 「무자십절목(無字十節目)」 등을 통해 간화선 수행을 단계적으로 제시한 것도 실제 수행자들이 편리하게 수행할 수 있도록 한 것이어서 몽산의 선풍이 성행하는 원인이 되었다.

무엇보다도 고려 후기 고려 선종의 양대 산문인 가지산문과 사굴산문을 각각 대표하던 혼구와 만항이 덕이와 교류하며 인가를 받고자 했던 것에서 볼 수 있듯 이후 몽산 덕이의 불교는 고려 불교계에 큰 영향을 미쳤다. 우선 덕이와의 교류 이후 고려 불교계에는 화두를 참구하는 간화선을 통해 깨달음을 얻은 후 스승을 찾아가 자신의 깨달음을 확인받는 것이 필수적인 분위기가 되었다. 원 간섭기 이전까지만 하더라도 깨달음 이후 스승을 찾아가 반드시 인가를 받아야 함이 강조되지 않았기 때문에 원 간섭기의 간화선과 인가의 보편화는 많은 고려 승려들이 덕이를 찾았던 것에서 비롯되었다.

원 간섭기 인가가 보편화되는 가운데 중국 임제종 승려에게서의 인가, 즉 임제 의현(臨濟義玄)의 법통을 계승한 종사(宗師)로부터의 인가가 각광받았다. 현전하는 원 간섭기~고려 말 승려들의 행장이나 비문을 보면 중국 강남지방에 유학을 가서 중국 임제종 승려를 만났던 일을 특별히 기록할 만큼 인가는 중요해졌다. 고려시대 고승 비문의 경우 대개 출생-출가-수행 등의 순으로 기록하는 것이 일반적이나 생애에서 특별히 강조할 순간을 비문의 가장 서두에 기록하기도 했다. 고려 말 화엄종 승려로 국사를 지낸 설산 천희의 비문이 대표적인 사례이다. 천희는 화엄종 승려임에도 불구하고 중국 강남 지방으로 유학을 간 뒤 몽산 덕이가 머물렀던 휴휴암을 방문하고, 간화선사로부터 인가를 받은 일을 그의 비문 가장 앞에 기록하며 강조했다.

이처럼 무자화두를 참구할 것과 깨달음을 이룬 뒤 임제종 종사를 만나 인가받는 것을 강조하는 점은 임제선의 일반적인 경향이기는 했으나, 특히 몽산 덕이가 강조한 것이었다. 그리고 몽산 덕이의 영향으로 고려에서는 깨달음의 경지에 이른 승려들이 자신의 깨달음에 대한 확인을 위해 중국에 들어가 임제종 종사를 만나 문답을 통해 인가를 받고 귀국했는데, 그것이 주요 경력이 되어 명성을 얻고 당대 고승으로 활동하는 데 영향을 주었다. 또한 인가를 통해 고려의 선승 대신 원 임제종 승려에게 자신의 법맥을 잇는 풍토는 조선 중기 형성된 법통설의 중요한 근거가 되었다. 태고 보우(太古普愚), 나옹 혜근(懶翁慧勤), 백운 경한(白雲景閑) 등 고려 말의 대표적인 선승들은 원에 들어가 휴휴암 등 몽산 덕이의 유적지를 방문하며 몽산을 기렸고, 석옥 청공(石屋淸珙)이나 평산 처림(平山處林)과 같은 임제종 승려에게 직접 인가를 받고 돌아와 스스로를 임제법손이라 했다.

이처럼 몽산 덕이를 비롯한 중국 임제종 승려들의 직접적인 영향력이 고려 승려들에게 미쳤던 것은 원 간섭기라는 시대적 상황에 기인했다. 고려와 원 간의 자유로운 왕래가 가능해지면서 고려 승려들은 직접 원에 들어가 당시 세계 제국이었던 원에서 새로운 사상과 문화를 경험할 수 있었다. 이러한 분위기 속에 임제 간화선을 중심으로 한 다양한 원의 불교가 고려에 소개되기도 했다. 원에 들어가 새로운 학문을 배우고 들어오는 분위기는 불교뿐만 아니라 사대부들 사이에서도 유행했다. 고려의 유학자들은 원나라 수도인 대도에 들어가 성리학을 배웠고, 원에서 실시하는 과거에 급제해 원에서 관료로 지내다가 귀국하기도 했다. 원나라에 들어가 인가를 받는 것이 불교계에서 명성과 권위를 확보해 주었던 것처럼, 유학자들 사이에서는 원에서 유학하고 원나라 과거에 급제하는 것은 또 다른 입신의 길이었다. 이처럼 고려 말은 새로운 사상과 권위가 사회와 사상계를 풍미하며 새로운 시대를 준비하던 세기말을 지나고 있었다.

고려 말 임제선의 확산

고려 중기 불교계에 전래된 후 수선사를 거치며 고려 선종계에 주요한 수행법으로 자리 잡은 간화선은 원 간섭기 몽산 덕이의 영향을 받아 고려 불교계의 가장 영향력 있고 보편적인 선풍(禪風)이 되었다. 아울러 당시 특수한 시대적 분위기 속에서 많은 사람들이 원에 들어가 선이나 성리학을 다양한 경로로 접하고 익힐 수 있었다. 이처럼 새롭게 임제선을 배울 뿐만 아니라 원에 들어가 인가를 받고 돌아온 유학승들에게 주목한 이는 공민왕이었다. 공민왕의 후원으로 왕사나 국사 등을 지내 불교계의 주류가 되었던 이들은 대개 유학을 다녀온 선승들이었고, 화엄종 승려인 천희도 마치 선승처럼 중국에 들어가 선승에게 인가를 받은 뒤 공민왕에게 발탁되었다. 공민왕은 정치개혁을 위해 개혁을 주도할 세력들을 발탁했는데, 유학을 다녀온 선승들을 중심으로 불교계에 변화를 주려고 했던 것으로 보인다. 고려 말의 선승인 백운 경한, 태고 보우, 나옹 혜근이 대표적인 인물들이다. 이들은 기본적으로는 간화선을 수용했고, 중국으로 유학을 가서 인가를 받았다. 중국 유학 이후 임제종 승려로부터의 전법을 중시했지만, 각각의 선풍을 살펴보면 고려 말 간화선이 주류를 이루는 속에서도 구체적인 내용에서는 매우 다양한 선풍이 전개되고 있었음을 알 수 있다.

백운 경한은 54세이던 충정왕 3년(1351) 원에 들어가 석옥 청공과 지공을 찾아가 수학하고 인가를 받았다. 이듬해 귀국한 뒤 신광사(神光寺) 주지 등을 지냈고, 공민왕 대에 개최된 공부선에 참여했다. 백운 경한도 이 시기 많은 고려 선승들처럼 임제 간화선을 수행했으나 무심무념(無心無念)의 무심선(無心禪)의 경지를 가장 우위에 두었다. 또한 석옥 청공에게서 받은 『불조직지심체요절』을 상하 2권으로 증보하여 편집했고, 경한 입적 후 그의 제자들이 금속활자로 간행했다. 『불조직지심체요절』은 현전하는, 세계에서 가장 오래된 금속활자 인쇄물이다.

태고 보우는 충선왕 5년(1313) 가지산문 승려인 광지선사(廣智禪師)의 문하에서 출가했다. 그러나 이후 화엄학을 공부해 화엄선에도 합격했으나 다시 선종으로 돌아와 수행했다. 그는 고려에서 만법귀일(萬法歸一), 무자화두(無字話頭) 등 중요한 간화선의 화두를 참구하며 수행했고, 깨달음을 얻은 뒤에는 충목왕 2년(1346) 인가를 받기 위해 원나라로 갔다. 보우는 약 1년 정도 원에 머무르며 석옥 청공에게 인가를 받았다. 고려로 귀국한 뒤 공민왕에게 발탁되어 왕사와 국사를 역임했으며 임제선을 중심으로 불교 교단을 통합하려 했다. 그는 불교 교단을 쇄신하기 위한 방법으로 공민왕에게 구산선문의 통합을 제안하기도 했다. 공민왕은 왕사 보우를 위해 원융부(圓融府)를 설치했다. 보우는 무자화두 중심의 간화선 수행을 중시했고, 또한 유심정토(唯心淨土)와 자성미타(自性彌陀)의 관점에서 정토신앙을 수용해 염불선(念佛禪)을 주창했다. 이는 간화선의 입장에서 수행의 방편으로 염불도 화두로서 받아들인 것으로, 고려 선종이 정토신앙을 선 수행이라는 측면에서 수용하고 있음을 보여준다.

나옹 혜근은 사굴산문의 요연선사(了然禪師) 문하로 출가한 뒤, 회암사에서 수행하다가 깨달음을 얻었다. 그리고 충목왕 3년(1347) 중국으로 떠나 10여 년을 원에 머물며 대도와 강남 지방에서 여러 선사를 만나 수행했다. 특히 대도 법원사에서 지공의 문하에 있으면서 그의 전법제자가 되었고, 강남 지역을 유력(遊歷)하던 중 항주 정자사에서 평산 처림을 만나 인가를 받았다. 이처럼 혜근은 지공의 계승자이면서도 한편으로는 임제종의 정통을 계승한 평산 처림을 계승했다는 이원적 법통을 갖게 되었다. 혜근도 무자화두를 강조했고, 몽산의 「무자십절목」의 영향으로 「공부십절목」을 편찬해 수행 단계를 구체적으로 제시했다. 자성미타의 입장에서 칭명염불을 수용해 선 수행의 입장에서 정토를 받아들였다. 한편 혜근의 선에서는 그가 지공의 사상을 계승했음을 강조하기도 하지만, 무엇보다도 방할(棒喝)을 강조하며 임제선의 본분으로 돌아갈 것을 주장하고 임제선을 선양했던 것이 주목된다. 혜근 입적 후 문도들은 혜근의 선풍을 "방할지풍(棒喝之風)"이라 표현했다.

혜근은 원에서 유학을 마치고 귀국한 이후 공민왕에게 발탁되어 불교 교단의 중심인물이 되었다. 공민왕 19년(1370) 선종과 교종의 모든 승려가 참여한 공부선을 혜근이 주관하고, 이어서 송광사 주지를 거쳐 왕사가 되고, 회암사를 중창하면서 여말 불교의 대표적인 승려로 떠올랐다. 특히 여말선초 혜근의 문도들은 당시 정계를 이끌던 이색과 이색의 제자들과도 친밀한 관계를 유지했고, 무학 자초는 조선을 건국한 이성계의 귀의를 받으며, 조선 전기 불교계는 나옹 혜근의 문도와 그 제자들이 주도했다.

고려 말 간화선 중심의 선종이 불교계의 주류가 되고 원에서 유학하고 돌아온 선사들이 불교 교단을 이끌며 활동했던 배경에는 입원인가의 사회적 영향력과 함께 공민왕의 불교 교단 개편에 대한 의지도 영향을 주었다. 공민왕은 원 간섭기 이래의 사회경제적 모순을 바로잡기 위한 개혁을 실시하면서 불교 교단도 개혁의 대상으로 삼았다. 고려 말 불교 사원의 농장 운영이나 사찰 소유를 둘러싸고 종단 간에 분쟁이 벌어지고 있었고, 승정이 흔들리고 사적으로 출가하는 이들이 증가하면서 승려들의 자질도 문제가 되었고, 이에 대한 비판이 계속되었기 때문이다.

공민왕은 즉위하면서 불교를 진흥하는 한편 사찰의 무분별한 설립을 방지하고, 도첩제를 시행하여 불교를 바로잡겠다는 의지를 표명했다. 공민왕이 정치개혁을 진행하며, 개혁을 주도하는 세력을 교체할 때 불교계에서도 왕사나 국사가 교체되는 변화가 있었다. 무엇보다도 공민왕은 원에서 유학하고 온 승려들을 중용했다. 백운 경한, 태고 보우, 나옹 혜근과 같은 선승뿐만 아니라 화엄종 승려였던 천희도 원에 들어가 임제종 승려에게 인가를 받은 이후 비로소 국사에 임명될 수 있었다. 이처럼 원에 유학하여 중국의 선종 승려로부터 인가를 받아온 승려들이 불교계를 주도하는 것은 공민왕 대 나타난 변화였다. 특히 신돈 몰락 이후 사굴산문에 속하는 혜근을 왕사, 가지산문의 보우를 국사에 임명하면서, 공양왕 대까지 고려의 왕사와 국사는 가지산문과 사굴산문에서 배출되었다. 또한 화엄종 승려인 천희가 국사가 된 배경에는 원에 들어가 선종 승려에게 인가를 받았다는 사실이 있으므로, 역시 선이 강조되었음을 알 수 있다. 이는 왕사와 국사를 임명하면서 종단별로 안배하던 기존의 전통과 크게 달라진 것이었고, 선종 특히 간화선이 불교계의 주도권을 쥐게 되었음을 드러낸다.

공민왕 대 불교 교단 내에서도 자정을 위해 노력하고 있었으나, 외부에서 비판하는 지점인 사회경제적인 측면의 개혁이라기보다 불교 교단 내부의 문제에 한정되어 있었다. 태고 보우나 나옹 혜근, 백운 경한 등은 사찰 내의 규율을 정비하고, 계율을 지키며, 청규를 실천함으로써 불교 교단과 사찰의 질서를 바로잡고자 했다. 이들은 승려의 승려다움을 회복하여 종풍을 일신하려 했다. 당시 교단의 병폐를 승가의 순수성, 즉 승려들의 수행과 승단 화합의 회복으로 극복할 수 있다고 보았던 것이다. 그 방법으로 공민왕 대에는 청규의 실천이 강조되었고, 공민왕도 역시 청규에 주목했다. 그러나 이러한 불교 개혁은 선종에 집중된 것이었고, 불교 교단 전체에 대한 관심으로 이어지지 못했다.

2부

고려 시기 불교사상과 신앙

5

고려시대의 화엄종과 화엄학

최연식 | 동국대학교 사학과 교수

통일신라 초기 의상에 의해 전래된 화엄학은 8세기 중엽 이후 불교계의 주요한 흐름으로 대두했다. 왕실을 비롯한 상층 귀족들의 화엄학에 대한 관심과 후원이 증대하는 가운데 다수의 화엄 전문 사찰이 등장했으며, 화엄학은 불교계의 기본 소양으로 널리 퍼져갔다.

하지만 신라 말에 선종이 크게 유행하면서 화엄학의 위상은 위축되었다. 9세기 중엽 본격적으로 수용되기 시작한 선종은 당시 새롭게 대두하고 있던 지방 세력들의 후원을 받아 경주를 제외한 전국 각 지역으로 널리 퍼져간 반면, 화엄학은 기존의 후원 세력인 왕실과 중앙귀족의 영향력이 약화되는 가운데 어려움을 겪고 위상이 추락되었다.

사상적으로도, 경전의 해석에 집착하는 기존 불교의 한계를 지적하며 교학적 이론에서 벗어나 자기 마음을 주체적으로 깨달아야 한다는 선종의 주장에 대해 전통을 부정하는 이단사설이라고 비판하기에 급급했고, 기존 교학의 한계를 극복할 수 있는 새로운 사상을 제시하지 못해 지식층들의 관심에서도 멀어졌다. 불교계 내부에서는 선종의 위상이 점점 높아졌으며, 화엄학을 공부한 승려들 가운데 선종으로 전향하는 사람도 늘어갔다.

통일신라 불교의 주류였던 화엄은 이제 새로운 흐름에 뒤떨어진 낡은 사상의 대표 격으로 여겨졌다. 이처럼 신라 말기에 크게 위축되었던 화엄학은 고려 건국 후 왕실의 후원 속에 사상 체계를 새로 정비하면서 세력을 다시 회복하여 고려 말까지 불교계의 주요한 흐름으로 자리 잡았다. 이 글에서는 고려시대 화엄학의 흐름을 초기(태조~광종)와 전기(무인정권 이전), 후기(무인정권 이후)로 나누어 개략적으로 살펴보려 한다.

고려 초기 화엄의 부상과 균여의 화엄사상

신라 말기 선종의 대두로 위축되었던 화엄학은 고려 건국 이후 왕실의 후원을 받으며 새롭게 체제를 정비해 갔다. 송악의 유력 집안 출신인 고려 태조 왕건은 일찍부터 선종 승려들과 긴밀한 관계를 맺고 있었는데, 왕위에 오른 뒤에는 선종뿐 아니라 다른 교학 불교에 대해서도 적극적으로 후원하는 태도를 보였다. 화엄학의 경우, 왕건은 신라 하대의 대표적인 화엄학승 희랑(希朗)에게 존경을 표하면서 그의 가르침을 적극적으로 수용하게 했다. 후백제 병합 직후에는 이를 기념하여 개태사를 창건하고 화엄 승려가 주도하는 화엄법회를 개최했으며, 이곳에 화엄 승려들이 주석하며 수행하게 했다.

태조의 후원을 받아 세력을 회복해 가던 화엄학은 제4대 광종(재위 950~975) 대에 이르러 탄문(坦文, 900~975)과 균여(均如, 923~973) 등 유력한 승려들의 활동에 힘입어 불교계의 주요 종파로 부상했다. 고봉(高烽, 경기도 고양) 출신의 탄문은 어려서 북한산 장의사에서 화엄을 수학한 후 개경 구룡산사에서 화엄을 강의했는데, 934년에는 태조의 지시를 받들어 희랑의 문하에 나아가 그의 가르침을 계승했으며, 그 이후 왕실과 긴밀한 관계를 맺으며 활동했다.

희랑은 본래 신라 하대 화엄학의 중심 도량인 해인사에서 활동하다가 태조의 요청으로 고려 경내로 이주했다. 태조가 탄문에게 희랑의 가르침을 계승하도록 한 것은, 자신을 지지한 해인사 북악파의 전통을 고려 화엄의 주류로 확립하고자 의도한 것으로 생각된다.

황주 둔대엽촌(遁臺葉村) 출신의 균여는 어린 나이로 고향에 있는 부흥사(復興寺)에 출가해 화엄을 수학했지만 그에 만족하지 못해 북악의 가르침을 계승한 개경 영통사 의순(義順)의 문하로 옮겨 가서 화엄학을 공부했다. 그 이후 북악파의 시각으로 신라 화엄학의 주요 논의를 정리해 체계화하는 한편 이를 토대로 주요 화엄학 문헌의 내용을 해설했고, 신라 말에는 남악파와 북악파의 이론적 차이를 회통하고자 노력했다.

탄문은 광종 출생 당시 순산을 위한 기도를 담당했고, 균여는 광종이 즉위하기 전 광종의 초청을 받아 법회를 주관했다. 광종은 즉위 이후 두 사람을 중용해 화엄학을 적극적으로 후원했다. 특히 963년, 자신의 원찰인 귀법사를 개경에 창건한 후 탄문과 균여를 이곳에 머물게 하여 화엄의 중심 사찰로 발전시켰다. 모친의 명복을 빌기 위해 모친의 고향 충주에 창건한 숭선사 역시 화엄 사찰이었다. 광종은 귀법사를 창건한 직후, 탄문을 왕사로 책봉해 불교계를 주도하게 했다. 균여는 귀법사에 머물며 화엄학을 홍포하다가 973년 6월에 입적했고, 탄문은 975년 정월 젊어서 수학한 보원사로 물러나 머물다가 3월에 입적했다.

탄문과 균여 등 고려 초기의 주요 화엄학승들은 해인사 북악파의 사상을 계승했는데, 균여는 단순히 신라 화엄학의 전통을 계승하는 데 그치지 않고 중국 화엄학의 논의를 폭넓게 수용해 화엄학의 이론 체계를 새롭게 정리했다. 이론 탐구보다 실천 수행을 강조하는 의상의 사상을 계승한 신라 화엄학에서는 개별 주제에 대한 논의는 활발했지만, 화엄학 전반을 아우르는 폭넓은 교학 체계 수립에 대해서는 큰 관심이 없었던 것으로 보인다. 균여는 주요한 화엄학 문헌들을 폭넓게 검토해 화엄학의 기본적 내용과 성격을 새롭게 정리하고자 했다. 그의 교학적 입장은 현존하는 그의 강의록에서 엿볼 수 있다.

균여는 의상의 『법계도』를 비롯해 지엄의 『수현기』, 『공목장』, 『오십요문답』, 『입법계품초』, 법장의 『탐현기』, 『교분기』, 『지귀장』, 『삼보장』, 그리고 의상 문도들이 정리한 『십구장』 등에 대해 강의했는데, 이 중 『법계도』와 『교분기』·『지귀장』·『삼보장』·『십구장』 등에 대한 강의록이 전해지고 있다.

이 강의록들을 보면 균여는 화엄학의 주요한 이론들을 다양하게 논의하고 있는데, 특히 화엄학의 정체성과 우월성에 많은 관심을 기울이고 있다. 그는 화엄의 가르침과 그 밖의 경전들의 가르침을 각기 별교일승(別教一乘)과 동교(同教)로 구별한 후 전자는 부처의 깨달음 그 자체를 전한 것인 반면, 후자는 그것을 중생들의 근기에 맞게 조절한 불완전한 가르침이라고 했다. 아울러 일승의 깨달음을 얻기 위한 수행법으로, 명상을 통해 자신의 몸과 그 작용을 분석해 화엄교학에서 이야기하는 열 쌍의 보법(普法)과 십현문(十玄門)을 터득하는 관법(觀法)의 실천을 주장했다.

이처럼 화엄교학을 다른 경전과 구별해 절대시하는 이론은, 의상 이래 신라 화엄학의 전통을 계승하면서 더욱 심화시킨 것으로 화엄학의 정체성과 정당성을 모색하던 고려 초 화엄학의 분위기를 반영한다고 볼 수 있을 것이다. 또한 모든 존재의 상호 의존 및 상호 동일을 강조하는 보법과 십현문 등을 명상 수행 이론으로 발전시킨 것은 화엄학을 비롯한 교학 불교에 대하여 실제 깨달음과는 거리가 있는 단순한 이론에 불과하다는 선종의 비판에 대응하려 한 것으로 평가된다.

화엄교학의 핵심 주장인 법계연기(法界緣起)를 설명하는 주요 이론인 보법과 십현문 등이 단순히 지적인 이해를 위한 이론이 아니라 직접적으로 깨달음을 얻게 하는 수행 이론임을 보여줌으로써, 화엄교학이 단순한 이론적 이해의 영역에 그치는 것이 아니라 진리에 대한 직접적이고 실천적인 깨달음에 이르기 위한 가르침임을 주장한 것이다.

한편 균여는 교학에 대한 강의와는 별도로 화엄신앙 실천을 권장하는 사뇌가(향가) 「보현십원가(普賢十願歌)」(11수)를 지어 일반에 유포하기도 했다. 향가의 내용은 40권본 『화엄경』의 마지막 부분에 나오는 보현보살의 열 가지 서원들을 간결하게 요약하고 이 서원들을 실천하겠다고 다짐하는 것인데, 균여는 이 향가의 서문에 사람들이 쉽게 보현보살의 행원을 알고 이를 실천하도록 하기 위해 지었다고 하면서, 이러한 행원을 다 실천하지 못하더라도 이 노래를 열심히 부르는 것만으로 원하는 바를 이룰 수 있다고 적었다. 그가 교학에 대한 연구뿐 아니라 대중 교화에도 많은 관심을 기울이고 있었음을 알 수 있다. 신라 말에는 화엄경에 대한 신앙을 고취하기 위해 화엄경에 나오는 불보살과 신들의 이름을 독송하는 화엄신중신앙이 출현해 유행했는데, 「보현행원가」는 그러한 대중적 화엄신앙을 보다 순수한 형태로 발전시키려 한 시도로 볼 수도 있을 것이다.

왕실의 인정을 받은 균여의 교학 체계는 곧바로 화엄학의 주류적 견해로 자리 잡았다. 광종은 승과를 시행하면서 균여의 주장을 정통적 견해로 높이고, 다른 견해들은 배척하도록 했다. 따라서 승과를 통해 배출된 화엄학승들은 대부분 균여의 견해를 계승했고, 이들이 화엄종의 중심인물로 성장했다. 균여는 이른 나이로 입적하여 왕사나 국사로 책봉되지 못했고, 따라서 행적을 기록한 탑비도 건립되지 못했다. 하지만 입적 후 한 세기 뒤에 편찬된 전기인 『화엄수좌원통양중대사균여전(大華嚴首座圓通兩重大師均如傳)』을 통해 그의 행적과 고려 초기 화엄종의 동향을 자세히 살펴볼 수 있다.

고려 전기 화엄학의 융성과 의천의 화엄사상

화엄학은 광종 대에 주요 종파로서의 위상을 확보했지만, 광종 말년 균여와 탄문이 잇달아 입적한 이후 주목할 만한 화엄 승려들의 활동 모습은 오랫동안 확인되지 않고 있다. 경종 대에 광종과 가까웠던 정치 세력이 실각하고 광종 대에 실시한 정책들이 번복되던 상황을 고려하면, 광종과 관계가 긴밀했던 화엄 승려들의 활동 역시 위축되었을 가능성이 있다. 또한 유학을 숭상한 성종 대에는 불교계 전반에 대한 왕실의 관심이 높지 않았고, 목종과 현종 대에는 왕실의 관심과 후원이 법상종에 집중되었으므로 이 기간에 화엄종의 활동과 위상은 전체적으로 정체되었을 것으로 생각된다.

화엄 승려들의 활동이 다시 나타나는 것은 정종 대에 왕사, 문종 대에 국사로 책봉된 결응(決凝, 964~1053)부터이다. 결응은 개경의 관료 집안 출신으로 어린 나이에 화엄종 사찰에 출가해 수학했고, 28세에 승과에 합격했다. 현종 때에 수좌, 정종 때에 승통이 되었고, 정종 7년(1041)에 왕사, 문종 3년(1049)에 국사로 책봉되었다. 왕사로 책봉된 이후에는 부석사로 은퇴하여 머물면서 의상 이래의 화엄학 전통을 선양했다. 화엄 승려가 왕사 및 국사로 책봉된 것은 탄문 이후 60여 년 만의 일로, 이때부터 화엄은 다시 불교계의 주류로 부상한다. 문종 12년(1058)에는 난원(爛圓, 999~1066)이 왕사로 책봉되었고, 문종 19(1065)에는 국왕의 넷째 아들인 의천(義天, 1055~1101)이 난원의 문하로 출가했다. 왕자인 의천이 난원의 문하로 출가한 것은 난원이 당시 왕사로서 불교계를 대표할 뿐 아니라 국왕인 문종의 모친 원혜태후(元惠太后)의 동생이기 때문으로 생각된다.

의천의 본명은 후(煦)인데 송나라 황제의 이름과 같아서 자(字)인 의천으로 이름을 대신했다. 그는 출가 이후 화엄을 비롯한 불교 교학 연구에 몰두하는 한편, 주변 나라들의 불교계 동향에도 관심을 가지고 적극적으로 교류하면서 불교계에 새로운 흐름을 불어넣고자 했다. 교학 발전을 위해 없어진 문헌들을 널리 수집하고자 했고, 그 과정에서 조정의 반대를 무릅쓰고 송나라에 유학해 새로운 사상을 배워오기도 했다.

그는 화엄 승려로서 화엄학 연구와 발전에 특별히 관심이 많아, 신라 이래의 전통적 화엄학과 송나라의 화엄학을 종합한 이론 체계를 수립하려 노력했다. 의천의 활동을 계기로 화엄학은 왕실의 적극적인 후원을 받으며 불교계의 가장 중요한 흐름으로 자리 잡았다. 의천의 형 선종은 부친인 문종이 창건한 홍왕사의 초대 주지로 의천을 임명하여 이곳을 화엄종의 거점으로 삼았고, 자신의 원찰로 창건한 홍호사(弘護寺)도 화엄종에 속하게 했다.

역시 의천의 형으로 열렬한 후원자였던 숙종은 아들 징엄(澄儼)을 의천 문하에 출가시켜 그의 업적을 계승하게 했고, 숙종의 아들 예종과 손자 인종도 각기 조카 종린(宗璘)과 아들 충희(冲曦)를 화엄종 승려로 출가시켜 의천의 계보를 잇게 했다.* 이처럼 문종부터 인종까지 역대 국왕의 아들 혹은 조카가 잇달아 화엄종으로 출가하면서 화엄종의 위상은 한층 더 높아졌고, 화엄학에 대한 연구도 활발해졌다.

의천의 동생 탱(竀)도 모친 인예태후(仁睿太后)의 동생 소현(韶顯, 1038~1096) 문하로 출가해 법상종 승려가 되었지만, 의천과 달리 불교 승려로서 주목할 만한 행적을 보이지 못했을 뿐 아니라 만년에는 역모에 연루되어 유배지에서 사망했다. 이로 인해 불교계 내에 그를 계승하는 계보는 만들어지지 못했고, 왕실의 법상종에 대한 관심과 지원 역시 두드러지지 못했다.

의천은 초기에는 균여가 정리한 화엄학 이론을 수학했지만, 송나라의 승려들과 교류하면서 점차 균여의 이론에 비판적인 태도를 취했다. 균여는 의

- 화엄종 승려가 된 왕자들은 입적 후에 각기 대각국사(大覺國師, 의천)·원명국사(圓明國師, 징엄)·현오국사(玄悟國師, 종린)·원경국사(元敬國師, 충희) 등으로 책봉되었다.

상을 비롯해 지엄과 법장 등 초기 화엄학자들의 이론을 중시하고 모든 존재들의 원융무애함을 드러내는 법계연기의 가르침을 강조했지만, 송나라의 화엄학은 징관(澄觀)과 종밀(宗密) 등 당나라 후기 화엄학자들의 이론을 계승해 중생의 마음이 본래 부처의 마음이며, 현상세계가 그대로 깨달음의 세계라는 입장에서 마음의 본성 회복을 더욱 강조했다.

균여는 교판론에서도 법계연기를 이야기하는 화엄교학을 다른 경전들의 가르침보다 우월한 절대적인 가르침으로 구별했지만, 송나라 화엄학자들은 중생의 마음이 본래 청정함을 주장하는 『대승기신론』이나 『능엄경』·『원각경』 등의 가르침을 화엄의 가르침과 동질하게 보았다. 후기 화엄학자들은 대승불교의 가르침을 중생의 마음이 곧바로 청정한 부처의 본성(佛性)이라고 이야기하는 성종(性宗)과, 부처와 중생들의 마음은 원래는 차이가 있지만 중생들이 수행을 통해 마음을 청정하게 변화시켜 부처가 될 수 있다고 보는 상종(相宗)으로 구분하며 전자가 온전하고 올바른 가르침이고, 후자는 불완전하고 방편적인 가르침이라고 했는데, 송나라 화엄학자들은 이를 계승하여 화엄과 다른 교학의 구별보다 성종과 상종의 차이를 강조했던 것이다[성상결판(性相決判)]. 송나라 화엄학자들은 또한 본래의 청정한 마음을 회복하기 위한 명상수행, 즉 관법(觀法)의 실천을 중시하면서 화엄교학의 연마와 관법 수행을 함께하는 교관겸수(敎觀兼修)를 주장했다.

의천은 어려서부터 불교 이론을 종합적으로 공부해 보겠다고 생각했고, 이를 위해 역대의 불교 문헌들을 모아 정리하고자 했다. 이미 19세 때인 문종 27년(1073) 국왕에게 올린 글에서 대장경에 수록된 경전과 논서들에 대한 주석서들을 모아 별도의 전집을 편찬하려는 계획을 이야기했고, 이후 국내는 물론이고 송과 요, 일본 등 주변 나라에까지 수소문하여 불교 문헌들을 수집하는 데 힘을 쏟았다.

이 과정에서 그는 송나라 상인들을 매개로 송나라의 학승들과 편지 및 책을 주고받으며 교류했는데, 특히 당시 송나라의 대표적 화엄학승인 진수 정원(晉水淨源, 1011~1088)과 긴밀한 관계를 맺었다. 진수 정원은 천주(泉州) 출신으로 어려서 오대산에서 화엄학을 공부하고 절강(浙江) 지방으로 가서 당시의 대표적 화엄학승인 장수 자선(長水子璿, 964~1038)의 문하에서 『능엄경』과 『원각경』, 『대승기신론』 등을 깊이 있게 수학했다. 그 이후 항주(杭州)와 주변 지역의 사찰에 머물며 화엄사상을 널리 퍼뜨렸다.

당나라 말기 이후 중국 불교계, 특히 남부 지방에는 선종이 크게 성행한 반면, 화엄학을 비롯한 교학 불교는 크게 쇠퇴했다. 특히 절강 지방은 오대(五代) 시기 이후로 선종과 천태종이 융성하고 화엄학은 미미했다. 정원이 자선의 사상을 계승해 화엄학을 널리 홍포하면서 절강 지방을 중심으로 화엄학에 대한 관심이 조금씩 높아져 가고 있었다. 화엄학의 부흥을 도모하던 정원은 없어진 화엄학 문헌들을 수집하는 데에도 많은 관심을 기울여 상인을 통해 해외에서 문헌들을 구하고자 노력했다.

의천과 정원은 항주와 고려를 오가던 상인들을 통해 서로에 대해 알게 되었고 이후 적극적으로 편지와 문헌을 주고받으며 교류했다. 두 사람은 서로 상대방이 원하는 문헌들을 구해 보내주는 한편, 서신으로 화엄사상의 여러 문제들을 논의하면서 사상적으로 깊이 교류했다. 정원은 의천에게 송나라 유학을 권유했고, 정원과 직접 만나 중국 화엄학의 전통을 전수하려는 마음이 강했던 의천은 왕실의 염려와 조정의 반대를 무릅쓰고 송나라로의 유학을 결심했다.

당시 정원이 정권을 잡고 있던 신법당 일파와 긴밀한 관계를 맺고 있던 점을 고려하면 정원이 의천에게 적극적으로 유학을 권유한 배경에는 당시 거란과의 대결에 고려의 협조를 이끌어내고자 했던 신법당 세력의 의도가 있었던 것으로 생각되기도 한다. 의천은 부친인 문종 때부터 유학을 계획했지만 왕실과 조정은 공식 수교국인 거란과의 관계를 고려해 완강히 거부했고,

결국 선종 2년(1085) 4월 밀항의 형태로 송나라 상인의 배를 타고 송에 들어갔다.

의천은 송 황제의 허락을 받아 정원의 문하에 1년 가까이 머물면서 송의 화엄사상을 적극적으로 수학했다. 의천은 송나라에 오래 머물며 화엄 이외의 불교 사상을 폭넓게 공부할 계획이었지만, 고려 정부의 거듭된 요청으로, 다음 해(1085) 6월 고려의 사신과 함께 귀국했다. 의천은 송나라에 머무는 동안 화엄 이외에 천태종과 법상종, 선종의 주요 승려들과 교류하면서 송의 불교 사상을 폭넓게 경험하려 노력했다.

귀국 이후 의천은 송나라에서 공부한 화엄사상을 토대로 기존 고려의 화엄학 경향을 개혁하려 했다. 그는 『화엄경』만의 절대적 우월성을 내세우기보다 중생의 청정한 마음을 강조하는『기신론』을 『화엄경』과 함께 중시하면서 성종(性宗)의 사상을 강조했고, 본래의 청정한 마음을 회복하는 관행(觀行)의 실천을 중시했다.

이런 입장에서 그는 당시 고려 화엄학의 토대를 이루고 있던 균여의 교학을 신랄하게 비판했다. 그의 주장이 중국의 주요 화엄학자들의 주장과 맞지 않을 뿐 아니라 외부 세계 사물들의 원융만을 강조하면서 중생들이 본래 가지고 있는 청정한 마음에 대한 이해가 부족했다는 것이다. 특히 균여의 교학에는 본래의 청정한 마음을 회복하는 관행이 보이지 않는다면서 화엄이 추구해야 하는 교관겸수(教觀兼修)에 어긋난 잘못된 가르침이라고 했다. 의천이 균여의 사상을 계승한 난원에게 수학했고, 초기의 글에서 균여를 대표적 화엄학자로 높였던 것을 고려하면 송나라 유학을 전후하여 사상적으로 큰 전환이 있었음을 알 수 있다.

이와 달리 의천은 『기신론』을 중시하며 중생의 본래 마음이 부처와 다르지 않다는 일심(一心)사상을 전개했던 원효(元曉)의 사상에 대해서는 신라 화엄학의 토대가 되었다고 매우 높이 평가하며 의상과 함께 신라 화엄의 조사로 존숭했다. 숙종 6년(1101)에는 의상과 원효를 각기 원교국사(圓敎國師)와 화쟁국사(和諍國師)로 추증하고 비석을 건립할 것을 요청해 국왕의 허락을 받기도 했다.

하지만 의천은 송나라의 화엄사상을 그대로 수용한 것은 아니었다. 정원과 그 스승 자선 등은 당나라 후기의 화엄사상을 계승하면서도 『화엄경』자체에 대한 해석에 집중했던 징관의 사상보다는 『원각경』과 『능엄경』을 중시하고 선종 사상도 적극적으로 수용해 선교일치를 주장했던 종밀의 사상에 보다 크게 영향을 받았던 반면, 의천은 종밀보다는 징관의 사상에 보다 깊이 공감했다.

이러한 차이는 의천이 정원과 다른 화엄종 조사설을 계승한 것에서도 나타난다. 정원은 일찍이 종밀이 주창했던 '두순-지엄-법장-징관-종밀'의 5조설을 토대로 하면서 두순 앞에 인도의 마명과 용수를 추가한 7조설을 제시했는데, 의천은 종밀을 제외하는 대신 인도의 천친[天親, 세친(世親)] 및 중국의 초기 지론학자 불타삼장(佛陀三藏)과 혜광(慧光)을 추가한 9조설을 제시했다. 『화엄경』의 주요 부분인 『십지경』에 대한 주석서 『십지경론』을 지은 천친, 그 『십지경론』을 연구하는 지론학자로서 『화엄경』의 초기 주석서를 지은 불타삼장과 혜광에 대해서는 화엄교학의 토대를 마련한 사람으로 높이 평가한 반면, 『화엄경』보다도 『원각경』과 『능엄경』 등을 중시하고 선종도 적극적으로 수용한 종밀에 대해서는 순수한 화엄종 조사로 보지 않았던 것이다.

또한 의천은 송나라 화엄학자들이 선종에 우호적인 선교일치 경향을 보인 것과 달리 선종에 대해 매우 비판적이었다. 그는 경전의 내용을 방편적 가르침에 불과하다고 하면서 불립문자(不立文字)를 주장하는 선종에 대해 부처님의 가르침을 훼손하는 것이라고 비판했다. 이런 입장에서 거란 도종(道宗)이 선종의 문헌들을 대장경에서 제외한 것을 옹호하고, 송나라 선종 승려들이 정토신앙을 홍포하는 『왕생정토집(往生淨土集)』을 불태운 것을 비난했다.

의천이 송나라에 머무는 기간에 정원은 신법당 관료의 도움을 받아 본래 선종 사찰이던 항주 혜인원(慧因院)의 주지가 되어 이곳을 교학을 연구하는 사찰로 바꾸고, 화엄학 연구의 거점으로 발전시켰다. 의천은 송나라에 머무는 동안 혜인원에 많은 희사를 했을 뿐 아니라 귀국 후에도 사찰의 유지와 중수를 위해 많은 돈을 시주하고 화엄학 문헌들도 갖추어 보내주었다. 또한 황제의 장수를 빈다는 명분으로 금니로 쓴 3본[진(晉)역, 주(周)역, 당(唐)역]의 『화엄경』 170권과 이것을 보관할 건물을 지을 비용을 보내주었다. 이러한 인연으로 혜인원은 명실상부한 화엄 사찰로 인정받았고, 그 이후 정원의 문도들이 주석하면서 송나라 화엄학의 중심 도량이 되었다. 고려 왕자 의천과의 교류를 계기로 정원과 항주 혜인원의 위상이 높아지면서 화엄종은 송나라 불교계의 주요한 일원으로 부상할 수 있었다.

한편 의천의 유학을 전후하여 송나라 화엄학에도 새로운 경향이 나타나고 있다. 고려와 달리 송나라 화엄학에서는 화엄경의 우월성을 강조하는 경향이 강하지 않았는데, 의천의 유학을 전후하여 화엄경이 다른 경전들의 가르침에 비해 여러 가지 측면에서 우월함을 주장하는 법장의 『오교장(五教章)』(=교분기)이 주목되기 시작했다.

제일 먼저 의천이 유학 중에 만났던 오흥(吳興) 보정사(普靜寺)의 도형(道亨, 1023~1100)이 『화엄일승분제장의원소(華嚴一乘分齊章義苑疏)』를 지었고, 이후 화엄사(華嚴寺)의 관복(觀復, 1102~1166)과 혜인원의 사회(師會)가 각기 도형의 견해를 비판하는 『오교장석신(五教章析薪)』과 이를 반박하는 『화엄일승분제장분신(華嚴一乘分齊章焚薪)』을 지어 논쟁했다. 사회의 제자인 선희(善熹)와 희적(希迪)은 『오교장복고기(五教章復古記)』와 『교의분제장집성기(教義分齊章集成記)』를 지어 스승의 견해를 보강했다.

이들은 『오교장』의 내용 중에서도 특히 별교(別教)와 동교(同教)의 성격을 둘러싸고 많은 논의를 전개했으며, 이는 송나라 이후 화엄학 연구의 주요 주제로 자리 잡았다. 도형이 의천과 교류했고, 의천에게 자신이 지은 『화엄일승분제장의원소』를 보내주었던 것을 고려하면, 그가 『오교장』에 대해 특별한 관심을 갖고 연구하게 된 배경에는 의천을 통해 고려의 새로운 화엄학 문헌과 화엄학 연구 경향을 접한 것이 중요한 계기가 되었을 가능성이 높다.

의천은 귀국 직후인 1088년에 화엄학의 이론을 체계화하고 화엄학 입문자들의 교학 연구를 돕기 위해 화엄 관련 주요 문헌의 핵심 내용을 모아 주제별로 정리한 『원종문류(圓宗文類)』를 편찬했다. 이 책은 송나라에서 편찬된 『천태문류(天台文類)』를 모델로 한 것으로, 현재는 전체 22권 중 3권(권1, 4, 22)만 전해지고 있다.

이어서 1090년에는 오랫동안 수집해 온 경전과 논서들의 주석서 전집인 교장(敎藏)의 목록으로 『신편제종교장총록(新編諸宗敎藏總錄)』을 편찬하고, 왕실의 후원을 얻어 교장도감에서 여기에 수록된 책들을 간행했다. 『원종문류』와 교장은 중국과 일본에도 전해져 두 나라의 불교학 연구 발전에 크게 기여했다. 특히 일본 불교계에서는 송나라 상인들에 의뢰하여 교장에 수록된 책들을 적극적으로 구했고, 이 책들을 토대로 각 종파의 교학 체계를 재정비했다.

의천 이후의 화엄학은 그의 문도들이 주도해 갔다. 본래 난원의 문도였다가 난원 입적 후 의천의 문도가 된 낙진(樂眞, 1050~1119)은 의천을 수행하여 송에 유학했고, 의천 사후 공식 계승자로 인정받았다. 그는 의천을 도와 교장의 편찬과 간행에 참여했고, 의천이 만년에 추진한 역대 불교계의 주요한 문장들을 수집하는 사업을 계승하여 250권의 『석원사림(釋苑詞林)』을 완성했다(권191~195만 현존). 예종 9년(1114)에는 왕사로 책봉되었다.

의천에게 직접 수학한 제자 가운데 계응(戒膺)이 수제자로 일컬어진다. 그는 승과를 치르지 않아 승직을 맡지 않았고, 의천 사후에는 태백산에 들어가 수행에 전념했다. 하지만 그의 가르침을 받고자 많은 사람들이 몰려들면서 그가 창건한 각화사(覺華寺)는 주요한 화엄 사찰로 발전했다.

의천의 연상의 제자인 이기(理琦) 문하에서 수학한 교웅(敎雄, 1079~1153)도 승과에 합격한 후 태백산에서 계응과 함께 수행했는데, 그는 인종 대에 승통의 신분으로 홍원사 주지를 맡았다. 계응은 여러 차례 왕실의 초청에도 응하지 않다가 인종 대에 화엄종을 이끌고 있던 왕자 출신 승려 징엄(원명국사)의 요청으로 개경에 나와 홍교원(弘敎院)에서 37일간 화엄법회를 열고 의천의 화엄 종풍을 드날렸다. 사후, 인종 대에 무애지국사(無㝵智國師)로 추증되었다.

계응의 문도 석윤(釋胤, ?~1173)과 그 제자인 운미(雲美)는 각화사 주지로 있으면서 각기 예천 용수사(龍壽寺)와 상주 용암사(龍巖寺)를 창건해 화엄학을 퍼뜨렸고, 석윤의 제자로 용수사 주지를 맡았던 확심(廓心)은 『원종문류』 중의 주요 문장에 대하여 해설한 『원종문류집해(圓宗文類集解)』를 찬술했다. 의천의 문도 중 혜소(慧素)와 혜선(慧宣)은 각기 시(詩)와 글씨로 유명했으며, 유학자들과도 긴밀하게 교류했다.

고려 후기 화엄학의 동향

의천 이후 크게 발전하며 불교계를 주도하던 화엄학은 무인정권기 이후 급속히 세력이 약화되었다. 적극적으로 후원해 주던 왕실의 위상이 약화되었을 뿐 아니라 왕실 및 문인 관료들과 긴밀한 관계를 맺고 있던 화엄종 승려들이 무인정권에 비판적 태도를 취하면서 핍박을 받게 되었다. 무인정권 초기인 명종 4년(1174) 집정자 이의방을 제거하기 위해 승려 2000여 명이 봉기했는데, 귀법사·홍호사·복흥사 등 화엄 사찰의 승려들이 참여자의 다수를 이루었다. 봉기는 무인들에 의해 진압되었고, 해당 사찰들은 크게 파괴되고 약탈당했다.

최충헌 정권 초기에는 당시 화엄의 대표적인 승려 요일(寥一)이 최충헌 제거를 시도했다는 의심을 받고 고령으로 물러나 반룡사를 창건해 은거했고, 태백산에서 계응의 가르침을 잇고 있던 운미(雲美) 역시 국왕의 폐행으로 몰려 축출되었다. 고종 4년(1217)에도 홍왕사·홍원사 등 화엄사찰 승려들이 중심이 되어 집정자 최충헌을 제거하려 시도했으나 실패하여 참여한 승려 대부분이 처형되었다.

무인정권 이후 왕자가 화엄 승려로 출가하는 사례는 더 이상 보이지 않는다. 이처럼 무인정권과의 대립으로 화엄학이 위축되는 가운데 화엄종 내부의 주류도 바뀌었다. 그동안 화엄학을 주도하던 의천의 문도들은 밀려나고, 그 대신 균여의 사상이 다시 중시되었다. 무인집권기 후반 홍왕사와 해인사, 개태사 등에서 화엄학을 강의했던 천기(天其)가 의천에 의해 비판받았던 균여의 저술들을 새로 간행하여 널리 유통시켰다.

균여의 저술은 그의 강의를 들은 사람들에 의해 방언(方言), 즉 우리말 어순을 반영한 변격 한문으로 기록되어 전해졌는데, 의천은 책의 내용과 문장이 모두 수준이 낮다고 비판하며 후학들이 보지 못하게 했고, 자신이 편찬한 교장에서도 제외했다. 이로 인해 균여의 저술은 학자들의 관심에서 벗어나 잊히고 있었는데, 천기가 여러 사찰의 경장을 뒤져 균여의 강의록 필사본을 구하고 문장을 정격 한문으로 바꾸어 간행했다.

그가 간행한 균여의 저술들이 재조대장경과 함께 판각되어 해인사에 보관되었음을 고려할 때, 천기는 재조대장경 판각을 주도한 수기(守其)와 가까운 관계였을 것으로 생각된다. 균여의 저술과 함께 의상의 『일승법계도』에 대한 신라와 고려 초기의 주석들을 모아 편집한 『법계도기총수록(法界圖記叢髓錄)』도 재조대장경과 함께 판각되었고, 얼마 후에는 의상의 제자 지통(智通)이 변격 한문으로 스승의 강의를 기록한 『추동기(錐洞記)』(『화엄경요의문답

(華嚴經要義問答)』)를 재가 신자인 이장용(李藏用, 1201~1272)이 정격 한문으로 윤색해 간행했다. 의천 이후 상대적으로 관심에서 벗어나 있던 신라 및 고려 초기 화엄사상에 대한 관심이 높아진 것으로 보인다.

무인집권기에는 화엄종 외부에서 기존의 화엄교학을 비판하는 새로운 화엄사상도 제시되었다. 선종 승려 지눌(知訥, 1158~1210)은 『원돈성불론(圓頓成佛論)』에서 법장과 징관 등의 정통적 화엄조사와 비주류 화엄학자인 이통현(李通玄)의 성불론(成佛論)을 비교하여, 전자는 중생과 부처가 서로 다르다는 것을 전제한 가운데 모든 존재들이 서로 막힘없이 융섭(融攝)하다는 사사무애(事事無碍)의 입장에서 중생과 부처가 하나라고 이야기하는 연기문(緣起門)인 데 반해 후자는 부처와 중생이 다 같이 근원적인 깨달음의 지혜[근본보광명지(根本寶光明智)]의 화현(化現)으로서 동일한 존재의 서로 다른 모습임을 밝힌 성기문(性起門)이라고 하면서 후자가 『화엄경』의 가르침을 올바로 밝힌 것이고 선종의 입장과 일치한다고 했다.

지눌은 이런 입장에서 이통현의 『신화엄경론(新華嚴經論)』의 주요 내용을 발췌한 『화엄론절요(華嚴論節要)』를 편찬하기도 했다. 의천 이후 화엄학자들의 선종에 대한 비판이 강화되는 가운데 선종의 입장에서 독자적으로 화엄경의 사상적 입장을 정리하고 이를 통해 화엄교학에 대한 선사상의 우월성을 주장하려 한 것으로 평가된다. 하지만 이에 대한 화엄학자들의 진지한 검토나 반론은 보이지 않고 있다.

원 간섭기에는 선종과 천태종이 크게 발전한 반면, 화엄종 등의 교학불교 세력은 더욱 위축되었는데, 이런 가운데 화엄종에서는 관음신앙을 중시하는 경향이 대두했다. 충숙왕 때에 고령 반룡사의 주법을 맡고 도승통을 지낸 체원(體元)은 의상이 낙산에서 관음보살을 친견하고 지었다는 「백화도량발원문(白花道場發願文)」을 해설한 『백화도량발원문약해(白花道場發願文略解)』(1328)를 저술했는데, 이 책에서는 관음보살이 상주하는 백화도량에 태어날 것을 갈망하며 수행하는 구도적 관음신앙을 이야기하고 있다.

그는 또한 40권본 『화엄경』 가운데 선재동자가 관음보살을 만나 법문을 듣는 부분을 발췌하고 여기에 징관의 주석 및 자신의 해석을 덧붙인 『화엄경관자재보살소설법문별행소(華嚴經觀自在菩薩所說法門別行疏)』와 같은 40권본 『화엄경』의 관음보살 법문 중 게송 부분만을 뽑은 『화엄경관음지식품(華嚴經觀音知識品)』 등을 간행했는데, 여기에서는 수행자의 구도와 함께 어려움에 처한 중생의 고난을 구제하는 관음보살의 공덕과 관음보살에 대한 귀의를 강조하고 있다.

체원의 가형(家兄)이자 동문 선배인 인원(忍源) 역시 관음보살을 염송하여 본인과 중생들의 관음정토 왕생을 희구했다고 하고, 당시 각화사의 주지였던 성지(性之)가 『화엄경관자재보살소설법문별행소』를 교감한 것으로 볼 때 당시의 화엄학자들에게 『화엄경』에 의거한 관음신앙이 크게 성행하고 있었음을 알 수 있다. 반면 이 시기에 화엄교학에 대해 논의하는 모습은 보이지 않는다.

고려 화엄종의 관음신앙은 의상이 낙산을 찾아가 관음보살을 친견했다는 전승에서 비롯된 것으로 보이는데, 「백화도량발원문」은 사용된 용어 등으로 볼 때 의상의 저술로 보기는 어려우며 동해안의 낙산이 관음의 친견 장소로 부각되면서 의상과 연결된 것도 고려 이후의 일로 보인다.

고려 말에는 선종, 특히 간화선이 크게 득세하면서 화엄종 승려들에게도 영향을 미쳤다. 본래 화엄종으로 출가해 승과에까지 합격했던 보우(普愚, 1301~1382)는 선종으로 전향하여 간화선사로서 공민왕 대 이후 선종을 주도했다. 반룡사에서 수학한 후 여러 화엄 사찰의 주지를 맡았던 천희(千熙, 1307~1382)도 만년에 중국 강남 지방에 유학해 간화선사의 인가를 받고 돌아왔다. 고려 말의 화엄 승려들은 이전과 달리 전통적인 화엄교학보다도 관음신앙과 간화선에 대해 관심을 가졌고, 나아가 선교일치 혹은 제종융합적 태도를 취한 것으로 보인다. 조선 초기 억불 정책으로 종파들이 통폐합되는 와중에도 승려들 사이에 사상적 갈등이 드러나지 않고 선종과 화엄교학이 융화될 수 있었던 배경에는 교학불교의 중심이었던 화엄종의 성격 변화가 중요하게 자리 잡고 있었다.

6 공안선의 수용과 전개

조명제 | 신라대학교 역사문화학과 교수

12~13세기 공안선의 수용과 확산

선종은 9세기 이후에 당에서 널리 확산되었다. 신라 승려들 사이에서는 선을 배우기 위해 중국으로 유학하는 것이 유행했다. 신라 선승들이 깨달음을 얻기 위해 찾아갔던 선사 대부분은 마조 도일(馬祖道一, 709~788)의 계보를 잇는 선지식이었다. 당대(唐代) 선을 대표하는 마조는 마음이 곧 부처(卽心是佛)이며, 수행에 의해 미혹한 마음을 부처의 마음으로 전환하는 것이 아니라 "일상의 있는 그대로의 마음이 도(平常心是道)"라고 강조했다. 이와 같이 수행이 필요 없고, 일상을 있는 그대로 긍정하는 사고는 그에 수반하는 실천의 형태로서 현실의 있는 그대로의 모습을 그대로 이상적 상태로 간주하는 평상무사(平常無事)사상을 도출했다.

그런데 당 회창 연간(841~846)에 불교 탄압 정책이 단행되자 유학승들은 신라로 돌아오지 않을 수 없었다. 신라 말부터 고려 초에 걸쳐 선승들이 주로 호족의 후원을 받아 각 지방에 선종 사원을 건립하면서 이른바 구산선문이 전국적으로 형성되었다. 그러나 고려 왕조가 후삼국을 통합하면서 호족은 지배질서에 편입되거나 해체되었고, 호족의 후원을 받은 각지의 선문도 예외가 될 수 없었다. 수도 개경을 중심으로 국가 의례를 담당하는 각종 사원이 건립되었고, 화엄종·법상종 등 교종이 다시 부상했다. 광종은 승록사를 설치하고, 승과 제도를 실시하는 등 불교 교단에 대한 정비 작업을 추진했다. 또한 광종은 중국 오월에 많은 선승을 유학 보내 영명 연수(永明延壽)의 법안종(法眼宗)을 받아들였다.

현종 이후에 법상종과 화엄종이 왕실과 귀족의 후원을 받으면서 불교계를 주도했다. 한편 화엄종 출신의 대각국사 의천(義天, 1055~1101)은 교종의 보수적 흐름과, 선과 교의 사상적 문제를 비판하며 교단을 재편했다. 그는 송에 유학하여 화엄교학과 천태사상에 주목했으며, 천태종을 개창하여 불교 교단을 통합하고 왕권 강화의 계기를 마련하고자 했다. 이와 같이 의천이 천태종을 개창하면서 선승들을 주로 포섭했기 때문에 선종은 최대의 타격을 입었다.

이후 12세기에 이르러 가지산문과 사굴산문을 중심으로 선문이 부흥하고, 이자현(李資玄)·윤언이(尹彦頤) 등 거사선이 확산되었다. 그런데 선종의 부흥은 사상적인 흐름에서 본다면 송대 선의 수용과 밀접하게 관련된다. 송대 선은 공안선으로 대표되며, 크게 문자선과 간화선으로 나뉜다.

공안이란 선종에서 제자와 스승이 묻고 답하는 깨달음의 체험을 담은 문답기록으로, 선문에서 수집·선택한 것이다. 문자선은 공안의 비평과 재해석을 통해 선의 이치를 밝히고자 하는 것이며, 대어(代語)·별어(別語)·송고(頌古)·염고(拈古)·평창(評唱) 등 다양한 수단으로 이루어지는데, 이러한 방식을 총괄해 착어라고 한다. 대어는 선문의 문답에서 누군가 말이 없을 때에 대신하여 답하는 말이다. 별어는 제3자의 입장에서 문답에 대해 진술하는 말이다. 염고는 산문에 의한 비평이고, 송고는 시에 의한 비평이다. 평창은 송고·염고를 사용한 강의·제창(提唱) 등을 이른다. 문자선은 북송 초의 분양 선소(汾陽

善昭)의 『분양송고(汾陽頌古)』에서 비롯되며, 그 정점에 이른 것이 설두 중현(雪竇重顯, 980~1052)의 『설두송고(雪竇頌古)』와 그것에 대한 원오 극근(圜悟克勤, 1063~1135)의 강의록인 『벽암록(碧巖錄)』이다.

이에 비해 간화선은 특정한 공안에 모든 의식을 집중시켜 극적인 깨달음을 얻고자 하는 방법이다. 『벽암록』의 평창에 간화선의 싹이 드러났으며, 원오의 제자인 대혜 종고(大慧宗杲, 1089~1163)가 간화선을 완성했다. 공안선은 공안 비평을 중심으로 한 문자선이 먼저 성행하면서 공안 비평과 관련된 공안집, 공안 주석서가 편찬되고 간행되었다.

고려 선종은 송의 상인을 통해 송판 선적(禪籍)을 구입하여 송대 선의 동향을 이해했다. 종래 지눌·혜심 등이 주도한 수선사가 간화선을 수용했다는 사실만을 강조한 것과 달리 12~13세기 고려 선종의 사상적인 흐름은 문자선의 수용과 이해에 집중되었다. 12세기 이후에 문자선이 고려 선문에서 서서히 확산되었고, 13세기에 이르면 송판본 선적을 복각하거나 고려 선문에서 독자적으로 공안집과 공안 주석서를 편찬·간행하는 양상으로 바뀌었다. 이러한 경향은 13세기 전반에 수선사에 의해 주도되었고, 13세기 후반에는 가지산문이 주도했다.

문자선의 성행과 공안집, 공안 주석서의 편찬

수선사를 중심으로 문자선이 널리 수용된 양상은 『선문염송집(禪門拈頌集)』에 잘 드러난다. 이 외에 대표적인 문헌은 『남명천화상송증도가사실(南明泉和尙頌證道歌事實)』(이하 『증도가사실』)·『선문설두천동원오삼가염송집(禪門雪竇天童圜悟三家拈頌集)』(이하 『삼가염송』)·『선문염송설화(禪門拈頌說話)』(이하 『염송설화』) 등을 들 수 있다.

이 가운데 『선문염송집』은 고려 선종에서 문자선을 수용했던 양상을 집대성한 문헌이다. 이 책은 1226년에 혜심이 제자들과 함께 당에서 북송까지 선문 조사에 관한 고칙 공안 1125칙과 그에 대한 송대 선승들의 착어를 방대하게 모은 공안집이다. 이 책은 초판이 소실되어 1243년에 수선사 3세인 몽여(夢如)가 고칙 공안 347칙과 그와 관련된 착어를 증보해 다시 편찬했다.

『선문염송집』의 고칙 공안은 석존, 인도·중국의 선문 조사 순서로 배치하고, 그에 대한 착어는 오래된 순서로 배열했다. 이러한 편집 구성은 기본적으로 『종문통요집(宗門統要集)』과 같다. 『종문통요집』의 영향은 편집 방침과 구성뿐만 아니라 염고의 수록에도 절대적인 영향을 미쳤다. 다만, 『종문통요집』은 본칙의 순서를 중시하지 않았기 때문에 법맥 관계가 모호하다는 문제점이 있다. 수선사는 이러한 문제점을 인식하고 본칙 배열의 순서를 일부 수정하여 나름의 독자적인 체계를 만들어 『선문염송집』을 편찬했다.

송고의 인용과 편집 방침은 『선종송고연주집(禪宗頌古聯珠集)』을 비롯한 공안집의 영향을 받았다. 또한 수선사는 송의 어록을 폭넓게 수집하여 송고를 정리·인용했다. 이 외에도 수선사는 어록의 공안화가 반영된 『연등회요(聯燈會要)』를 비롯한 송의 공안집을 다양하게 『선문염송집』의 저본으로 활용했다.

다음으로 『선문염송집』에 방대하게 수록된 착어는 공안집, 전등사서와 함께 송의 운문종·조동종·임제종 등의 선적을 폭넓게 활용했다. 운문종은 설두 중현의 설두 7부집을 비롯하여 법진 수일, 남명 법천 등 대표적인 운문종 선승들의 착어가 많이 수록되었다. 조동종은 굉지 정각(宏智正覺)의 착어를 비롯해 투자 의청, 부용 도해, 단하 자순 등을 비롯한 선승들의 착어가 적지 않게 수록되었다. 임제종은 운문종, 조동종보다 가장 많은 선승들의 착어가 수록되었는데 대혜 종고, 원오 극근이 가장 많다. 이 외에 북송의 임제종, 이후 분화된 황룡파와 양기파 선승들의 착어가 폭넓게 수록되었다.

이와 같이 『선문염송집』에 인용된 착어를 모두 분석한 결과에 따라 이 책은 공안 비평을 집성한 문헌이며, 고려 선종에서 12~13세기에 성행했던 문자선에 대한 관심과 이해가 집약되었다는 사실을 알 수 있다. 이 책은 종래 막연하게 간화선과 관련된 문헌으로 이해했지만 전혀 무관하다.

이러한 성격은 문자선을 비판하고 간화선으로의 방향을 제시한 원오 극근, 간화선을 완성한 대혜 종고의 착어가 『선문염송집』에 어떻게 수록되었는지를 통해 확인할 수 있다. 전체 177칙에 걸쳐 수록된 원오의 착어에는 무사선(無事禪)을 비판하는 내용이 없고, 『벽암록(碧巖錄)』이 전혀 인용되지 않았다. 또한 대혜의 착어는 전체 323칙으로, 착어 인용 횟수가 가장 많고 방대한 내용이 수록되어 있다. 그러나 대혜의 착어에는 간화선을 강조하는 내용이 전혀 없고, 전부 문자선과 관련된 내용만 수록되어 있다.

송의 선종에서는 수행도 깨달음도 필요 없다는 무사선의 풍조가 유행했다. 또한 송대 선에서 선문답이 탈의미적·몰논리적인 것으로 변화하여 남송 시대에는 안이한 통속화의 폐해가 확산되었다. 이러한 상황에서 원오는 『벽암록』의 착어와 평창을 통해 신랄하게 비평했고, 무사선에 반대하면서 학인에게 철저하게 깨달을 것을 요구하는 방향으로 나아갔다. 다만 『벽암록』에는 깨달음의 체험이 어떻게 해서 가능한지에 대해 명확히 제시하지 않고, 자각적인 하나의 방법에 집약되면 필연적으로 간화선에 귀결될 것이라는 요소가 원오의 평창에 싹트고 있었다. 따라서 『벽암록』은 북송의 문자선을 집대성하면서, 그것을 간화선으로 전환하는 단초를 연 문헌이었다.

그럼에도 불구하고 『선문염송집』에 전체 177칙에 이르는 공안에 인용된 원오의 착어에는 『벽암록』이 전혀 언급되지 않았다. 이러한 경향은 대혜의 경우에도 마찬가지다. 특히 『선문염송집』에 무려 12칙에 걸쳐 인용되어 있는 「진국태부인청보설(秦國太夫人請普說)」은 진국태부인이 간화선을 수행하면서 대혜의 지도를 받았던 구체적인 내용이 서술되어 있고, 특히 '무자(無字)' 화두가 강조되어 있다. 그럼에도 불구하고 『선문염송집』은 대혜가 인용한 공안과 착어를 나누어 단순하게 배열하는 데에 그치고 있다. 다시 말해 대혜가 강조하는 간화선을 전혀 언급하지 않는데, 이러한 양상은 『선문염송집』에 인용된 대혜의 착어 전체를 살펴보아도 마찬가지다.

『선문염송집』의 편찬·간행은 공안선이 사상계 전반으로 더욱 확산되고, 선적에 대한 수요가 변화하는 계기가 되었다. 송판본 선적의 수입이 송의 상인을 통해 이루어지고 있었지만, 현실적으로 비용 문제로 인해 원본을 입수하거나 사본을 통해 확산하는 방식은 대단히 제한적일 수밖에 없었다. 그에 비해 방대한 송대 선적을 입수하여 편집·정리한 『선문염송집』은 송대 공안선의 전체적인 흐름을 집대성한 문헌이므로 송의 선적을 직접 구입할 필요성이 상당히 줄어들게 되었다.

『증도가사실』은 서룡선로(瑞龍禪老) 연공(連公)이 송의 운문종 선승인 남명 법천(南明法泉)이 지은 『남명천화상송증도가(南明泉和尙頌證道歌)』에 대한 주석서로 편찬한 것이며, 1248년에 고려대장경의 보유판으로 간행되었다. 『증도가사실』의 각종 어구와 용어에 붙인 주석은 불전, 외전과 함께 다양한 선적이 가장 많이 활용되었다. 이러한 인용을 통해 『증도가사실』의 편찬 방식과 주석 내용에 『조정사원(祖庭事苑)』의 영향이 잘 드러난다. 『조정사원』은 북송 운문종의 목암 선경(睦庵善卿)이 1108년에 선문의 약 2400어구를 대상으로 훈고한 것이다. 따라서 『증도가사실』은 『조정사원』의 영향을 받아 고려 선종에서 문자선에 대한 이해를 돕기 위해 제시한 주석서이다.

『삼가염송』은 1246년에 구암 노선(龜庵老禪)이 『선문염송집』에서 송의 운문종, 조동종, 임제종을 대표하는 선승인 설두 중현, 굉지 정각, 원오 극근의 착어만을 뽑아 편찬한 문헌이다. 수선사에서 『선문염송집』이 증보·편찬된 지 3년이 지나지 않아 『삼가염송』을 펴낸 이유는 당시 선문의 문자선에 대한 수요와 관련된다. 『선문염송집』은 분량이 방대하기 때문에 문자선의 핵심을 이해하고 비교하기에 편리하지 않다. 이에 비해 『삼가염송』은 송의 대표적인 선종과 선승들의 공안 비평을 제시함으로써 문자선의 입문서 내지 지침서로 편리하다.

이와 같이 수선사를 중심으로 공안집, 공안 주석서가 편찬되면서 문자선이 더욱 확산되었다. 그리하여 13세기 후반에 이르러 문자선에 대한 주석서와 해설서가 훨씬 다양하게 제시되었고, 선의 이해 수준도 깊어졌다. 또한 일연(一然)·혼구(混丘) 등 가지산문이 이러한 흐름을 주도했다.

일연의 저작은 그의 비문에 『어록』(2권)·『게송잡저(偈頌雜著)』(3권)·『중편조동오위(重編曹洞五位)』(2권)·『조정사원(祖庭事苑)』(30권)·『조파도(祖派圖)』(2권)·『대장수지록(大藏須知錄)』(3권)·『제승법수(諸乘法數)』(7권)·『선문염송사원(禪門拈頌事苑)』(30권) 등이 있었다고 기록되어 있지만, 『중편조동오위』만이 유일하게 남아 있다. 일연을 계승한 보감국사(寶鑑國師) 혼구의 저술은 『중편염송사원(重編拈頌事苑)』(30권)·『가송잡저(歌頌雜著)』(2권) 등이 있었으나 현전하지 않는다.

이러한 문헌은 비록 전해지지 않지만, 저작의 명칭에서 대략 문헌의 내용과 성격을 짐작할 수 있다. 먼저 이러한 저작은 대부분 공안선과 관련된 문헌이라는 사실을 알 수 있다. 이 가운데 『조정사원』(30권)은 1108년에 편찬된 목암 선경의 『조정사원』(8권)의 문헌적 한계를 탈피하기 위해 일연이 편찬한 선적으로 보인다.

목암의 『조정사원』은 설두 7부집과 『운문광록』 등이 주된 훈고의 대상이므로 운문종 중심으로 편찬된 문헌이다. 더욱이 12세기 초에 편찬된 『조정사원』은 이후 송대 선종의 흐름을 반영하지 못한 문헌적 한계가 있다. 그러므로 일연은 목암의 『조정사원』이 지닌 한계를 인식하면서 12세기 이후 13세기까지 이루어진 송대 선의 흐름을 이해하는 데에 도움을 줄 수 있는 사전으로서 30권본 『조정사원』을 편찬한 것으로 보인다. 일연의 『조정사원』에는 운문종의 선적에 대한 주석뿐만 아니라 조동종, 임제종의 선적에 대한 폭넓은 주석과 이해가 반영된 것으로 짐작된다. 그것은 일연의 저술에서 송대 선의 다양한 흐름에 대한 문헌적 이해가 드러나기 때문이다.

마찬가지로 그는 『선문염송집』의 주석서 내지 해설서로 『선문염송사원』(30권)을 저술했다. 『선문염송집』(30권)이라는 방대한 공안집에 수록된 당송대의 공안과 착어 등을 이해하기 위해서 사전과 같은 성격의 주석서가 당시 선종에서 요구되었고, 일연이 『조정사원』 30권과 같은 주석서로 『선문염송사원』을 찬술한 것으로 보인다. 다시 말해 『선문염송사원』은 『선문염송집』에 수록된 선의 용어와 어구 등에 대한 이해를 돕기 위한 주석서였던 것으로 보인다.

이러한 경향은 일연을 계승한 가지산문의 선승들에게 이어졌다. 혼구의 『중편염송사원』은 제목으로 보아 일연의 『선문염송사원』을 보완한 문헌으로 짐작된다. 일연, 혼구로 대표되는 가지산문이 13세기 후반부터 14세기 초까지 선종을 주도했으므로 문자선이 고려 선문에서 공안선의 주도적인 흐름으로 존재했음을 알 수 있다.

한편, 당시 선승들은 송의 선승들이 남긴 공안 비평이 어떠한 의미이며, 어떠한 맥락에서 제시된 것인지를 이해하기 위해 그와 관련된 전적이나 다양한 유서·훈고서 등을 참고하지 않을 수 없었다. 이러한 경향은 구곡 각운(龜谷覺雲)의 『염송설화』를 통해 확인할 수 있다. 이 책은 『선문염송집』에 수록된 고칙 공안과 각종 착어에 대한 주석서 내지 해설서이다. 각운은 선의 용어에 대한 주석이나 공안 비평에 대한 해석에 전등사서·공안집·어록·평창록 등 다양한 선적을 활용했다. 나아가 그는 유교 경전과 도교를 비롯한 제자백가서, 각종 역사서와 시집, 『태평광기(太平廣記)』, 『태평어람(太平御覽)』을 비롯한 유서 등 외전을 다양하게 이용했다.

『염송설화』에는 다양한 선적 가운데 『조정사원』·『벽암록』·『종용록』 등이 가장 많이 인용되고 중시되었다. 『조정사원』은 『염송설화』의 구성과 주석 서술에 영향을 미쳤으나 두 선적은 교선일치론에 대해 시각을 달리하며 문헌적 성격에서도 차이가 있다. 또한 각운은 『벽암록』·『종용록』 등의 평창을 가장 많이 인용했지만, 『벽암록』에서 공안 비평의 폐단이나 무사선의 한계를 지적하는 내용은 수용하지 않았다.

선종문화의 수용과 확산

문자선이 유행하면서, 송대 선승들의 공안에 대한 비평을 이해하거나 공안 비평에 대한 새로운 견해로 염고, 송고와 같은 착어를 제시하기 위해 선승들에게는 시문을 짓는 능력이 필요했다. 그런데 이러한 작시 역량을 갖추기 위해서는 중국의 고전 교양에 대한 이해가 기본적으로 요구되었다. 더욱이 사대부 문인 계층과의 교류가 확산되면서 교류를 위한 매체로서 시문이 성행하면서 시가 선승의 기본적인 소양으로 요구되었다.

이와 같이 공안선의 유행과 함께 시문을 중심으로 한 사대부 문화가 선종에서 성행했던 양상은 12~13세기에 본격적으로 나타난다. 이러한 경향은 임춘이 지겸(志謙)의 시문이 매우 뛰어나다고 평가한다든지, 이규보가 혜문(惠文)을 뛰어난 시승으로 인정한 것에서 잘 드러난다. 한편, 선승과 사대부 문인과의 교류에서 시가 주요한 매개로 작용했던 양상에 대해서는 종래에는 유교와 불교의 교류라는 차원에서만 이해했지만, 고려 사상계에서 송대 사상과 문화예술을 폭넓게 수용하던 양상과 관련해 주목할 필요가 있다.

송대에 선종과 사대부 문화의 교류와 접촉이 일반화되었고, 사대부는 선의 세계에 깊이 참여하여 선승 못지않은 깨달음의 경지를 보였다. 아울러 사대부사회의 교유 도구로서, 또는 인맥 형성의 수단으로서 선에 접근하는 경우도 많았다. 나아가 사대부와 선승의 교류는 사대부 문화라는 공통의 토대에서 이루어졌다. 유교적 교양을 매개로 선의 깨달음이 추구되었고, 고전 시문의 소양을 통해 깨달음의 경지가 표현되었다. 송의 선종에서 공안의 비평과 재해석을 통해 선리를 탐구하는 문자선이 성행되었던 것은 이러한 흐름을 잘 보여준다.

한편 송대에는 고문부흥운동을 통해 구양수(歐陽脩)-소식(蘇軾)의 계보가 한당 고문을 포괄적으로 계승했으며, 특히 소식이 사대부가 배워야 할 모범이라는 인식이 확산되었다. 또한 소식의 문하에서 황정견(黃庭堅)을 비롯한 문인들이 다수 배출되어 시문학을 주도했다. 황정견의 후계자는 강서시파로 불리고, 하나의 그룹을 형성했다. 이들은 시문학뿐만 아니라 사대부가 교양으로 익혀야 하는 글씨와 그림, 곧 시서화를 비롯한 모든 문화예술 영역에 깊은 영향을 미쳤다.

이러한 송대 문화예술의 흐름은 고려 사상계에도 수용되고 확산되었다. 12~13세기에 고려의 사대부 문인층은 소식, 황정견을 중심으로 송의 문학을 적극적으로 수용했다. 소식·황정견 등의 작시법은 문인뿐만 아니라 불교계에도 폭넓은 영향을 미치고 있었다. 강서시파에서 강조하는 환골탈태론을 비롯한 작시법은 다른 작품이나 언어를 자기의 것으로 바꾸어 옮겨 재생시키는 방법이며, 독서에 의한 박식과 박학을 기반으로 한다.

그런데 환골탈태론을 비롯한 강서시파의 작시법은 각범 혜홍(覺範惠洪)이 탁월하게 해석했다. 각범이 저술한 『냉재야화(冷齋夜話)』·『균계집(筠谿集)』 등은 강서시파의 작시법에 대한 해설이 빼어날 뿐만 아니라 소식, 황정견의 작품을 적절하게 인용했기 때문에 고려의 사대부 문인과 선승들에게 폭넓게 수용되었다.

이러한 양상은 당시 선시의 유행과 밀접한 관계가 있으며, 그 사상적 배경으로는 문자선의 성행과 관련된다. 원감국사(圓鑑國師) 충지(冲止)의 시는 이러한 경향이 집약적으로 드러나는 대표적인 사례이다. 충지는 수선사 6세이며, 13세기 후반의 대표적인 선승의 한 사람이다. 그런데 그의 시에는 선의 깨달음을 형상화한 것이 거의 보이지 않으며, 화두 참구를 강조하는 내용이 전혀 없다. 충지는 아우 위문개(魏文愷)를 위한 시에 소식이 아우 소철에게 주었던 시를 인용하여 시를 짓는다든지, 소식의 「오도송」을 연상하는 시를 지었다. 이와 같이 충지의 선시에는 소식, 각범 혜홍의 영향이 깊이 드러난다.

한편 시문뿐만 아니라 서화를 비롯한 예술문화가 문인과 승려들에게 교류의 매체로서 기능했다. 송대에는 시화 일치가 표방되었고, 여기에 글씨를 더해 문인의 이상으로서 시서화 삼절(三絶)이 중시되었다. 이러한 송의 그림과 글씨는 예종·인종 대에 외교 사절을 통해 고려에 전해졌다. 문종 연간에 송과 문화 교류가 활발히 이루어지면서 소식의 문인화론이 전래되어 왕공과 문신들 사이에 문인화가 서서히 확산되었다. 이러한 흐름은 이규보가 소식을 중심으로 한 송의 문인화에 대한 깊은 이해를 바탕으로 그림을 보고 평가하는 안목이 높다고 자부했던 것에서 잘 드러난다.

나아가 송의 문인화는 선문에서도 유행해 문인과 함께 향유하는 현상이 나타났다. 예를 들어 요환(了幻)은 정홍진(丁鴻進)이 그린 묵죽 두 본을 족자로 만들어 감상했고, 죽재(竹齋)를 짓고 즐겼다. 수선사 3세인 몽여(夢如)도 정홍진의 묵죽 그림을 얻고, 이규보에게 찬을 짓도록 했다. 두 번째 찬에서 이규보는 풍죽의 동정을 선 수행의 깨달음 유무에 따른 마음의 동정에 비유한다든지, 『능엄경』에서 강조하는 반문문성(返聞聞性)의 이치를 구사하여 찬시를 지었다.

정홍진의 묵죽은 당시 빼어난 작품으로 인정을 받았으며, 그가 교류했던 이규보·최자뿐만 아니라 최우(崔瑀)·최종준(崔宗峻) 등 최고 권력층과 선승들이 감상했다. 이와 같이 선승과 문인들이 서로 어울려 그림을 완상하고 휘호하며 교유하던 경향이 확산되었다. 나아가 문인 사대부와 마찬가지로 선승이 직접 수묵화를 그렸다. 이규보가 사대부들이 애호하는 소나무 및 잣나

무와 유사한 전나무를 그린 귀일선사(歸一禪師)의 화풍을 높이 평가한 것에서 드러나듯이 선승이 그린 그림에 대해 작품성이 어느 정도 인정되었다.

이러한 경향은 서예에서도 확인된다. 이인로·이규보 등이 고려 중기 이후에 글씨로 명성을 떨친 인물을 거론할 때에 문인과 함께 승려를 거론했다. 승려들은 서예에 뛰어나 충희(冲曦)·도휴(道休)·오생(悟生)·요연(了然) 등의 글씨가 유명했다. 특히 이규보는 당대의 명필로 꼽은 네 명 가운데 탄연(坦然)의 행서가 뛰어나다고 높이 평가했다. 이들의 작품이 별로 남아 있지 않기 때문에 명확히 알 수 없지만, 시나 회화와 마찬가지로 송의 서론과 서예의 영향을 받았던 것으로 보인다. 특히 소식, 황정견을 중심으로 한 서풍(書風)이 12세기 이후 고려의 문인과 선승들에게 영향을 미쳤다.

문자선에서 간화선으로

12~13세기에 고려 선종은 송의 공안선을 수용했는데, 먼저 문자선이 사상계에 널리 확산되었다. 문자선의 성행은 『선문염송집』을 비롯한 선적 자료를 통해 풍부하게 확인할 수 있다. 또한 이러한 경향은 수선사뿐만 아니라 희양산문·가지산문 등 고려 선종의 전반적인 흐름이었다. 나아가 문자선의 성행은 선시의 유행이나 사상계 전반적으로 송의 시문학이 폭넓게 수용되던 흐름과 관련된다.

한편, 간화선은 13세기에 이르러 서서히 수용되는 양상을 확인할 수 있다. 지금까지 학계에서는 지눌(知訥, 1158~1210)이 간화선을 본격적으로 수용한 것으로 이해하고 있다. 지눌의 사상 체계는 단계적으로 형성되었는데, 흔히 「성적등지문(惺寂等持門)」, 「원돈신해문(圓頓信解門)」, 「경절문(徑截門)」이라는 삼문(三門)으로 요약할 수 있다. 성적등지문은 정혜쌍수(定慧雙修)를 가리키며, 원돈신해문은 이통현(李通玄)의 화엄사상을 선법에 수용하여 선교일치(禪敎一致)를 표방한 것이다. 경절문은 성적등지문과 원돈신해문의 한계를 극복하기 위해 간화선을 강조한 것으로서 『간화결의론(看話決疑論)』에서 잘 드러난다. 지눌이 제시한 간화선 수행론은 간화선을 완성한 대혜 종고가 주창한 '무자' 화두 참구법을 기본적으로 충실하게 따르고 있다. 다만 지눌이 표방한 간화선은 그의 말년에 제시된 것이며, 다른 수행 방법을 포기하거나 무시하지 않았다. 따라서 지눌이 간화선을 표방했지만, 선종에 어느 정도 영향을 미쳤는지 얼마만큼 확산되었는지를 구체적으로 알 수 없다.

오히려 수선사 2세인 혜심(慧諶, 1178~1234)에 이르러 간화선이 본격적으로 수용되었다. 혜심은 오로지 화두를 참구할 것을 강조했고, 간화선의 방법론이 집약된 『대혜서(大慧書)』를 수용했다. 또한 그는 화두를 참구할 때에 직면하는 문제점과 해결 방법을 『구자무불성화간병론(狗子無佛性話揀病論)』으로 제시했다.

종래 학계에서는 혜심이 간화선 일변도의 방향으로 나아갔다고 강조했지만, 이는 사실과 다르다. 앞서 서술한 바와 같이 혜심은 문자선을 이해하기 위한 공안집으로 『선문염송집』을 편찬했다. 그런데 『선문염송집』에는 간화선에 대한 내용이 전혀 없고, 무사선(無事禪)에 대한 비판이나 공안 비평에 안주한 경향에 대한 비판이 전혀 보이지 않는다. 더욱이 혜심 이후에 수선사를 계승한 3세 몽여(夢如), 4세 혼원(混元), 5세 천영(天英), 6세 충지(冲止) 등이 간화선을 표방하거나 강조한 사실은 찾아볼 수 없으며, 오히려 문자선에 대한 관심이 두드러졌음이 드러난다.

이러한 경향은 13세기 후반에 선종을 주도한 가지산문의 일연·혼구 등이 문자선에는 관심이 깊었으나 간화선을 강조하는 경향은 보이지 않는다는 점에서 드러난다. 따라서 13세기 고려 선종에서 간화선이 수용되었지만 선문 일반에 전면적으로 수용되지 않았으며, 오히려 문자선이 전반적으로 성행했다.

아울러 이러한 경향은 사대부 문인층을 대상으로 살펴보아도 마찬가지다.

그러나 14세기를 전후한 시기에 원의 선종과 직접 교류할 수 있게 되면서 간화선이 본격적으로 확산되었다. 이러한 경향은 몽산 덕이(蒙山德異)와 고봉 원묘(高峰原妙)–중봉 명본(中峰明本)으로 이어지는 법맥과 그들의 선적이 고려 선종에서 유행했던 흐름을 통해 확인할 수 있다. 몽산의 저술은 『몽산법어(蒙山法語)』, 덕이본(德異本) 『육조단경(六祖壇經)』, 『몽산육도보설(蒙山六道普說)』 등이 고려 말에 수용되어 조선 전기까지 많이 간행되었다. 한편 고봉의 어록인 『선요(禪要)』가 『몽산법어』와 함께 간화선 수행법을 담은 대표적인 선적으로 수용되었다.

몽산의 간화선 수행론은 『몽산법어』에 집약되어 있다. 몽산은 일관되게 '무자' 화두를 제시하고, 깨닫고 난 후에 반드시 선지식으로부터 인가를 받아야 한다고 강조했다. 『선요』는 화두 참구의 핵심인 의심을 쉽게 일으킬 수 있는 수행방법론을 제시함으로써 간화선의 확산을 도모한 선적이다. 또한 원묘는 간화선 수행의 기본적인 요건으로 큰 믿음(大信根), 간절한 마음(大憤志), 큰 의심(大疑情)이라는 공부 삼요설(三要說)을 제시했다. 아울러 원묘는 화두 공부에서 반드시 올바른 스승의 지도를 받아야 한다고 강조했다.

이러한 선적은 남송, 원의 간화선을 대표하는 텍스트이며, 간화선 수행론이 하나의 정형화된 스타일이나 대중화를 추구하는 매뉴얼로 제시된 것이다. 또한 이러한 선적이 성행했던 양상은 고려 선종에서 간화선 일변도의 방향으로 나아갔던 흐름을 보여준다. 이러한 흐름은 고려 말의 선종을 대표하는 태고 보우(太古普愚, 1301~1382), 나옹 혜근(懶翁惠勤, 1320~1376) 등이 간화선을 절대시하고, 사대부 계층까지 간화선이 유행했던 양상을 통해 확인할 수 있다. 태고와 나옹은 기본적으로 대혜가 제시한 간화선을 충실히 계승했는데, 『몽산법어』, 『선요』에서 제시된 화두수행론의 영향을 깊이 받았다.

나아가 선종이 불교계를 주도하면서 임제법통설(臨濟法統說)을 강조하고 유심정토설(唯心淨土說)을 표방하면서 선종의 종파적 우월성을 강조하는 선종 지상주의가 나타났다. 이러한 경향은 물론이고 선종이 불교계의 주도권을 장악하면서 스스로의 우월성과 정당성을 주장하기 위한 의도에서 표방한 구호였다. 그러나 간화선을 정점으로 새로운 선의 수행론이나 불교사상이 제시되지 못함으로써 불교는 사상적 한계에 직면하게 되었다. 불교계는 이러한 사상적 한계로 인해 사대부가 제기하던 불교비판론에 대해 현실적인 대응을 하지 못하고 사상적 주도권을 넘겨주게 되었다.

한편, 14세기에 간화선이 성행하고, 선종이 불교계를 주도하는 분위기가 이어지면서 사대부 사회에서 간화선이 유행했다. 사대부는 선승들과 활발하게 교유하고, 선에 대한 폭넓은 이해를 바탕으로 간화선 수행까지 실천했다. 사대부는 다양한 경전과 어록을 통해 선에 대해 이해했으며, 화두 수행을 통해 깨달음의 경지를 체득한 이도 적지 않았다. 예를 들어 이제현은 '무자' 화두를 참구했고, 나옹에게 화두수행론을 지도받았다. 이색은 스스로 깨달은 경지를 시로 표현했는데, 간화선을 통해 이룬 깨달음이 선승의 경지와 다름이 없었다.

나아가 선에 대한 이해와 실천은 사대부가 주자학을 수용하고 이해하는 데에도 사상적으로 적지 않은 영향을 미쳤다. 사대부는 선의 심성론에 대한 이해를 바탕으로 주자학의 심성에 대한 문제를 이해했다. 또한 사대부는 주자학의 실천에서 강조하는 경을 좌선과 유사한 것으로 파악했고, 주자학이 지향하는 격물치지에서 치국평천하에 이르는 자기완성과 사회실천을 불교의 마음 수행과 자비라는 범주와 같다고 인식했다. 이러한 이해와 실천은 사대부가 주자학을 이해하고 실천하는 데에 선의 영향이 적지 않음을 보여준다.

7

정토신앙의 성행

김수연 | 이화여자대학교 사학과 교수

가자, 아미타정토로!

정토(淨土)란 때 묻은 현실 세계인 예토(穢土)의 반대 개념으로, 불보살이 머무는 청정한 불국토(佛國土)를 가리킨다. 정토는 개념적으로 복잡하고 다양한 의미를 띤다. 사바세계 밖에 설정된 부처가 주재하는 이상적 공간을 가리키기도 하고, 번뇌가 사라진 깨끗한 마음을 의미하기도 하며, 깨달음을 얻으면 사바세계가 그대로 정토가 된다고도 했다. 이 가운데에서 가장 일반적인 의미의 정토는 첫 번째 타방정토(他方淨土)이다. 아미타불의 극락세계(極樂世界), 약사불의 정유리세계(淨琉璃世界), 아촉불(阿閦佛)의 묘희세계(妙喜世界) 등이 여기에 해당한다. 정토신앙이란 이러한 정토로 가기를 염원하는 신앙을 말하는데, 보통은 아미타불의 극락으로 왕생(往生)하기를 기원하는 아미타정토신앙을 가리킨다. 처음에는 다른 불보살의 정토도 언급되었고 아미타정토만 우월한 것으로 이해하지도 않았으나, 아미타정토신앙의 손쉬운 왕생 방법 때문에 신앙이 고취되면서 정토라는 개념을 아미타불의 극락정토에 한정하는 경향을 띠게 된 것이다.

아미타불을 주제로 하는 경전으로는 『아미타경(阿彌陀經)』, 『무량수경(無量壽經)』, 『관무량수경(觀無量壽經)』을 대표적으로 꼽는다. 이 경전들의 내용에 따르면 아미타불은 과거에 법장(法藏)이라는 이름의 비구였는데 모든 중생을 구원하고자 48가지 서원(誓願)을 세웠다. 48가지 서원의 내용은 크게 네 가지로 요약된다. 첫째, 아미타불 자신에 관한 내용, 둘째, 극락에 관한 내용, 셋째, 극락에 태어난 이들에 관한 내용, 넷째, 극락에 왕생하려고 하는 이들에 대한 내용이다. 이 서원들에 따르면 극락에 왕생하고자 하는 이들이 임종할 때 지극한 마음으로 아미타불을 염불하면 아미타불이 그를 맞으러 내영(來迎)하여 극락으로 인도하는데, 극락에 왕생하면 삼악도(三惡道)에 떨어지지 않고 깨달음을 얻게 된다고 한다. 염불이란 부처의 이름을 부르면서 그 공덕(功德)과 상호(相好)를 마음속에 간직하는 것을 의미한다.

또한 『관무량수경』에서는 극락을 관상(觀想)하는 16관법(觀法)을 설한다. 16관법은 해를 보고 극락세계를 관하는 일상관(日想觀), 극락의 대지가 수면처럼 평탄함을 관하는 수상관(水想觀) 등 16가지 관법으로, 각자가 자신에게 적당한 방법으로 극락에 왕생할 것을 마음속에 떠올리는 수행 방법이다. 이러한 수행을 통해 극락이 멀지 않음을 인지하고, 칭명염불(稱名念佛)이라는 손쉬운 방법을 통해 극락에 왕생고자 하는 것이 아미타정토신앙이다. 이 모든 것은 아미타불이 세운 서원력(誓願力) 덕분에 가능하므로, 아미타정토신앙은 아미타신앙 그 자체이기도 하다.

아미타불 관련 경전은 불경을 한역(漢譯)한 초기부터 등장한다. 타방정토를 이야기하지 않는 소승경전을 제외한 600종류 이상의 대승경전 가운데 200여 종류에서 아미타불을 언급하고 있다. 이는 아미타불에 대한 관심 정도를 보여주는 것이며, 이에 상응하듯이 중국 당대(唐代)까지 고승전(高僧傳)이나 영험담(靈驗談) 등에 극락에 왕생했다고 전해지는 인물이 150여 명에

육박한다. 5세기 초에 여산 혜원(廬山慧遠, 334~416)은 극락왕생을 위한 염불 결사(念佛結社)를 결성했고, 도작(道綽, 562~645)과 그 제자인 선도(善導, 613~681)의 활약으로 칭명염불이 크게 유행했다.

한편, 한국에 언제 아미타신앙이 수용되었는지 명확하지 않다. 고구려와 백제의 아미타신앙 관련 자료는 전하지 않는다. 양국과 교류가 있었던 수(隋)나 남조(南朝)에 아미타불 관련 경전이 번역·유통되고 있었다는 점을 근거로 고구려와 백제에도 아미타신앙이 들어왔을 가능성만 짐작할 뿐이다. 신라의 경우에도 언제 아미타신앙이 들어왔는지는 확인할 수 없으나, 『삼국유사』 광덕(廣德)과 엄장(嚴莊)의 이야기를 통해 문무왕(재위 661~681) 때인 7세기 중반에는 서방 극락세계로의 왕생을 위해 아미타불을 염불하고, 16관을 닦던 수행자들이 있었음을 알 수 있다. 신라의 아미타신앙은 원효(元曉) 등 승려들의 교학 연구와 유포에 의해 널리 보급되었으며, 그 신앙 전통은 고려로 이어졌다.

아미타 칭명염불과 수행 결사

신라시대에 아미타불 관련 경전의 교학적 연구가 심화되었던 반면, 고려시대에는 관련 경전 연구를 거의 하지 않았다. 자료가 부족해 고려 전기의 아미타신앙 양상을 살펴보기는 쉽지 않으나, 그 속에서 눈에 띄는 것이 결사(結社)이다. 결사는 동일한 목적을 가진 사람들이 모여 신앙 활동을 펼치는 단체 활동을 이른다.

우선 1만 일 등으로 날짜를 정해놓은 결사가 있다. 성종 원년(982)에 승려 성범(成範)이 포산(包山)에서 만일미타도량(萬日彌陀道場)을 개설해 50여 년간 정근했다(『삼국유사』, 포산이성). 여기에서 어떤 수행을 했는지 기록이 전하지는 않지만, 염불을 했을 것으로 추정된다. 선종 9년(1092)에는 인예태후(仁睿太后)가 견불사(見佛寺)에서 1만 일을 기약하고 천태종 예참법(天台宗禮懺法)을 설행했다고 한다(『고려사』 권10). 천태종 예참법은 천태지의(天台智顗, 538~597)에 의해 완성된 것으로 관법(觀法)과 참회(懺悔)를 결합한 것이다. 좌선(坐禪), 『법화경(法華經)』 염송, 염불, 참회 등을 포함하는 수행이 행해졌을 것으로 보인다.

인예태후는 대각국사 의천(大覺國師 義天, 1055~1101)의 어머니로, 『대각국사문집』에 따르면 태후는 이때 여산(廬山) 18현(賢)의 진용을 모시고자 했다고 한다. 여산 18현은 402년 혜원(慧遠, 334~416)의 염불결사에 주도적으로 참여한 18명의 인물들이다. 이상의 사실들로 미루어 인예태후의 만일결사도 극락왕생을 위한 것이었다고 볼 수 있다. 의천이 국청사(國淸寺)에 여산 18현의 진용을 모시려고 한 것으로 보아, 숙종 2년(1097)에 국청사가 낙성된 이후에는 결사의 중심이 이곳으로 옮겨졌을 것이다.

한편, 인종 7년(1129)경에 결성된 지리산 오대사(五臺寺)의 수정사(水精社)는 승속(僧俗), 선교(禪敎), 지위고하(地位高下)를 넘어선 300명의 인원이 참여하여 정토왕생을 위해 수행하던 대규모 결사였다. 결사에 참여한 인원들은 일정한 법규에 구애되지 않고 경전 염송, 염불, 좌선 등의 수행을 자유롭게 했다고 한다(權適, 「智異山 水精結社記」). 다양한 사람들이 모인 만큼 본인의 근기(根機)에 맞추어 수행 방법을 선택했던 것이다. 수정사 결사에서는 15일마다 『점찰선악업보경(占察善惡業報經)』으로 본인의 선과 악을 점치고 참회하여 극락왕생을 기원했다는 점이 특징적이다. 과거세의 업(業)과 그 강약 등을 점칠 수 있는 나무토막인 목륜(目輪)들을 굴려 결과가 나오면 그에 따라 자신의 악업을 참회하는 방식이다. 극락왕생을 기원했다는 기록이 명시적으로 나오지는 않으나, 결사에서 무량수불(無量壽佛)을 봉안하고 수행을 했다는 점에서 내세에 태어날 최상의 곳으로 극락을 그리고 있었음을 추측할 수 있다.

무신집권기에 들어서면 원묘 요세(圓妙了世, 1163~1245)의 백련결사(白蓮結社)가 등장한다. 이는 보조 지눌(普照知訥, 1158~1210)의 정혜결사(定慧結社, 修禪社)와 함께 고려 후기 불교 개혁을 이끌었던 양대 산맥으로 일컬어진다. 요세는 명종 4년(1174)에 천락사(天樂寺)로 출가해 천태교관(天台敎觀)을 닦은 천태종 승려였다. 신종 원년(1198) 봄 개경의 고봉사(高峰寺) 법회에서 이름 있는 승려들이 운집한 가운데에서도 두각을 나타냈고, 이후 공산(公山)에서 결사를 이끌던 지눌의 초청을 받아 동참하게 되었다. 희종 4년(1208)에 월생산(月生山), 즉 현재의 월출산 약사난야(藥師蘭若)에 있다가 "천태의 미묘한 지혜를 얻지 못하면 영명 연수(永明延壽, 904~975)의 120가지 병을 어떻게 벗어나겠는가"라고 생각했다. 또 송의 천태종 승려 사명 지례(四明知禮, 960~1028)가 지은 『관무량수경소묘종초(觀無量壽經疏妙宗抄)』을 강설하다가 "이 마음이 부처가 된다. 이 마음이 곧 부처다(是心作佛 是心是佛)"라는 구절에서 깨달음을 얻었다. 『관무량수경소묘종초』는 천태 염불의 본질을 밝히고 『관무량수경』의 16관법이 어떻게 천태의 관법으로 정리될 수 있는지를 설명한 저술이다.

이후 사람들에게 참회를 권하고 본인 역시 매일 53부처에게 12번씩 예경(禮敬)을 하여 '서참회(徐懺悔)'라는 별명이 붙었다고 한다. 요세의 속성이 서씨였기 때문이다. 그의 문하로 사람들이 모여들어 장소가 좁아지니 당진의 만덕사(萬德寺)로 옮겼다. 고종 19년(1232) 4월 8일에 보현도량(普賢道場)을 결성하고 천태삼매의(天台三昧儀), 즉 『법화삼매참의(法華三昧懺儀)』에 따라 법화삼매를 수행해 극락정토에 왕생하기를 구했다. 또한 법화참(法華懺)을 수행하기를 권했고, 본인도 매일 선정하고 경을 가르치면서 여가 시간에 『법화경』을 한 번 외우고 준제신주(准提神呪)를 천 번, 나무아미타불을 만 번 염송하기를 일과로 삼았다고 한다.

요세는 정토왕생을 내세우고 천태 지의(天台智顗, 538~597)의 『법화삼매참의』에 근거하는 법화참과 법화삼매를 중요한 행법으로 실천했다. 『법화삼매참의』에 의하면 법화참은 다음과 같은 절차로 진행된다. 우선 도량을 장식하고 몸을 깨끗이 한 후 향을 사루고 꽃을 뿌리며 불보살을 청해 예배하며 찬탄한다. 그 후 참회를 하고 불상 주위를 돌며 『법화경』을 독송하고 앉아서 좌선을 하는데, 참회를 하는 과정에서 정토에 왕생해 미타를 받들고 10지(地)의 뛰어난 상락(常樂)을 수행하고자 한다고 발원한다. 이로 미루어보아, 법화삼매참의를 시행하는 궁극적인 목적은 극락에 왕생하는 것임을 알 수 있다.

요세의 제자인 천인(天因, 1205~1248)이 쓴 「선사 원묘국사를 제사 지내는 글(祭禪師圓妙國師文)」에 의하면, 그는 "반행반좌(半行半坐)의 옛 법을 그대로 따라서 십승(十乘)으로 수행하고, 삼관(三觀)으로 정신을 닦아 깊은 삼매에 들어가는 정진과 수행이 나날이 새로웠다"라고 한다. 반행반좌는 법화참법의 4종 삼매 가운데 하나인 반행반좌삼매이다. 지의가 『마하지관(摩訶止觀)』에서 제시한 관법으로, "서고 걷고 앉기도 하며 『법화경』을 독송하고 사유하면 여섯 개의 상아를 가진 흰 코끼리에 탄 보현보살이 그 앞에 나타난다"라고 했다.

요세는 지눌의 선사상은 선에 대한 최소한의 이해를 가지고 스스로 발심(發心)할 수 있는 수준이 되어야 가능한 방법이라고 보았다. 이에 불교에 대한 이해가 적고 수행 수준이 낮은 하근기(下根機)까지도 포함할 수 있는 손쉬운 방법을 찾으려고 했다. 그 실마리를 전통적인 천태의 수행법에서 찾아, 참법과 정토신앙을 실천 방향으로 제시했다. 이러한 요세의 사상과 실천운동은 기층민의 의식을 고양하고 정토신앙이 고려 후기 사회에 광범하게 펼쳐지는 데 기여했다.

백련결사의 수행 전통은 천책의 법손(法孫)인 운묵 무기(雲默無寄)에게로 이어졌다. 그는 충숙왕 15년(1328) 석가모니의 일대기를 읊은 『석가여래행

적송(釋迦如來行蹟頌)』을 지었다. 그 속에 그의 일상생활이 기술되어 있는데, 매일 『법화경』을 독송하고 미타를 염하며, 불보살을 그리고 경전을 사서하며 20년을 지냈다고 했다. 백련결사 보현도량의 실천 방법을 그대로 계승한 모습이다. 또 수행의 실천 방법에 대해서는 각자의 근기와 취향에 따라 좌선, 독경, 염불, 보시, 지계(持戒) 등 일체의 선(善)으로 수행하면 불도에 들어간다고 밝히고 있다. 특히 염불을 하면 현세에서 복을 받을 수 있고, 죽어서 원하는 곳에 태어날 수 있다고 말한다. 당시 천태종이 왕실과 중앙 귀족들의 후원을 받으면서 보수적이고 귀족적인 성격을 띠며 변질되어 가던 와중에도, 백련사의 전통이 이어지고 있었음을 보여준다.

이상과 같이 사회적으로 영향력 있는 인물들이 참여하던 대규모 결사들은 당시 정토신앙이 성행했음을 반영한다. 더불어 이러한 결사들의 활발한 활동은 정토신앙을 더욱더 고취하는 역할을 했다. 이는 임종 시 아미타불 염불을 하는 형태로 드러난다. 앞서 언급한 바와 같이, 정토신앙 관련 경전들에서 극락왕생을 위한 가장 손쉬운 방법으로 임종 시 아미타불의 명호를 염불하는 방법을 제시하고 있기 때문이다.

이자연(李子淵, 1003~1061)의 장남인 이정(李頲, 1025~1077)은 죽을 때 아미타불의 명호를 염하고 보살팔계(菩薩八戒)를 자수(自受)했고(趙惟阜, 「李頲墓誌銘」), 최서(崔瑞)의 아내 무안군부인 박씨(務安郡夫人朴氏, 1249~1318)는 죽음이 임박하자 묘련사(妙蓮寺) 주지에게 청해 머리를 깎고 성공(省空)이라는 법명을 받았으며, 아미타불을 염하다 세상을 떠났다(崔沔, 「崔瑞妻朴氏墓誌銘」). 허옹(許邕)의 아내 강릉군부인 이씨(江陵郡夫人李氏, 1305~1380)는 남편이 죽은 후 마음을 서방에 두고 입으로는 그 세계의 주재자, 곧 아미타불의 명호를 외우며 부처님께 향을 사르고 승려들을 공양하는 것을 일로 삼았다고 한다(李詹, 「許邕妻李氏墓誌銘」). 신보순(申甫純, 1123~1187)은 말년에 향도(香徒)를 모아 염불작법(念佛作法)을 행했다고 하는데(미상, 「申甫純墓誌銘」), 아미타불의 명호를 외웠던 것으로 보인다.

일상생활 속 염불수행도 권장되었다. 충선왕은 1311년경에 원의 대도(大都)에서 「고려국왕이 나라 사람들에게 염불을 권하는 소(高麗國王勸國人念佛疏)」를 지었다. 아미타불의 명호를 끊임없이 외우면 극락에 왕생하여 깨달음을 얻을 수 있다고 하며, 여산 혜원의 백련사의 예에 따라 함께 정업(淨業)을 닦고자 고려에 수광사(壽光寺) 백련당(白蓮堂)을 지으니 함께 염불수행을 하여 뛰어난 인연을 맺어보자는 내용이다. 선종 승려인 나옹 혜근(懶翁惠勤, 1320~1376)도 신도들에게 아미타불을 염불하도록 권하고 있다. 그는 누이동생에게 옷 입고 밥 먹고 말하는 등의 모든 일상생활 중에 지극한 마음으로 아미타불을 염하여 생각하지 않아도 저절로 생각나는 경지에 이르면 육도윤회(六道輪迴)의 모든 고통에서 벗어날 것이라고 조언했다. 또 이상서(李尙書)에게는 사원을 중수하는 불사를 닦았으니 서방을 기원하는 마음으로 부지런히 염불하면 상품(上品)의 연화대가 저절로 열릴 것이라고 했다. 혜근도 정토신앙을 인정하고 염불을 방편 삼아 대중을 교화하고자 했던 것이다.

독경과 송주(誦呪)를 통한 정토왕생 기원

『관무량수경』에서는 극락정토에 태어나기 위해 세 가지 복을 닦아야 한다고 말하는데, 그 가운데 하나가 보리심을 내어 인과(因果)를 믿으며 대승경전을 독송하고 수행을 권하는 것이다. 다양한 경전의 독송이 정토신앙과 결부되어 갔다. 아미타불과 그 정토, 그곳에 가는 방법 등을 설하는 『아미타경』·『무량수경』·『관무량수경』이 기본이 되지만, 『법화경(法華經)』·『천수경(千手經)』·『화엄경(華嚴經)』 등도 정토왕생과 관련해 독송의 대상이 되곤 했다.

백련사 4세인 천책(天頙, 1206~?)은 「미타경 독송을 권하는 발원문(勸誦彌

陀經願文)」에서 『아미타경』을 지송하며 매월 육재일(六齋日)에 팔계(八戒)를 받고 함께 경전을 읽고 정토로 회향(廻向)하자고 말했다. 육재일은 불교에서 신자들에게 경건하게 보낼 것을 권하는 여섯 날이며, 팔계는 재가 신자들이 하루 밤낮으로 지켜야 하는 여덟 가지 계율을 가리킨다. 명종 22년(1192)에 사망한 김유신(金有臣)의 아내 이 씨는 결혼 후에 항상 『아미타경』, 『화엄경』「보현품(普賢品)」, 『천수다라니』를 읽고 십재일(十齋日)에는 고기를 먹지 않으며 정토에 태어날 것을 서원했다고 한다(미상, 「金庾信妻李氏墓誌銘」). 『화엄경』「보현품」에서는 10종의 보현행(普賢行)을 닦아 이를 성취하면 가없는 무량한 복덕을 얻고, 중생들이 아미타불의 극락세계에 왕생할 수 있게 된다고 설한다. 이러한 내용들을 근거로, 경전을 독송하며 극락왕생을 기원했던 것이다.

『법화경』은 요세와 무기가 매일 읽었던 경전이다. 그뿐만 아니라 백련결사에서는 『법화삼매참의』를 따라 참법 수행을 했으며 1000명이나 되는 사람들이 『법화경』을 외웠다고 한다. 이렇게 요세의 백련결사와 『법화경』이 관련이 깊은 것은 그가 천태교관을 닦는 천태 승려이기 때문이다. 천태교학은 천태 지의가 『법화경』의 정신을 근본 삼아 불교를 재편성한 것이다. 따라서 고려시대에 행해진 천태종 예참법이나 법화참 등에는 모두 『법화경』의 독송이 포함되어 있었다.

『법화경』은 신라시대부터 정토왕생과 관련해 신앙된 경전이다. 『삼국유사』에 의하면 신라 보천(寶泉)은 나라를 위해 오대산(五臺山)의 다섯 봉우리에 사찰을 두고 독경과 수행을 하도록 했는데, 그 가운데 서대(西臺)에서는 아미타불을 모시며 낮에는 『법화경』을 읽고 밤에는 미타예참을 했다고 한다. 아미타불과 관련이 더 깊은 경전들이 있음에도 『법화경』만 독송했다는 것은 이 경전이 정토왕생과의 강한 상관관계 속에서 신앙되었음을 의미한다. 『법화경』의 「약왕보살본사품(藥王菩薩本事品)」에서는 "이 경전을 듣고서들은 대로 수행한다면, 이 사람은 목숨이 다할 때 즉시 안락세계의 아미타불이 대보살 무리에 둘러싸여 계신 곳에서 연꽃 가운데 보좌 위에서 태어날 것이다"라고 언급하고 있다. 이에 신자들은 경전에서 이야기하는 대로 『법화경』을 듣고(聽經) 읽으며(讀經) 베껴 쓰는(寫經) 공덕으로 정토에 날 수 있기를 기원했다.

고려 후기 최충헌(崔忠獻, 1149~1219)의 아내인 정화택주 왕씨(靜和宅主王氏)는 강종의 서녀(庶女)였는데, 백련결사에 참여했다. 그녀는 생사를 벗어나는 길을 수행하기를 원해 아미타불의 소상(塑像)을 만들어 봉안하고, 금으로 『법화경』을 사경(寫經)하는 데 재원을 댔다. 이때 경전을 사경한 승려 산인일여(山人一如)의 꿈에 신인(神人)이 나타나 금자 『법화경』이 도리천(忉利天)의 액리장(額梨藏)에 안치되었음을 일러주었다고 한다. 이러한 정화택주의 신앙 활동은 요원(了圓)이 고려 말에 찬술한 『법화영험전(法華靈驗傳)』에 수록되어 전하는데, 원래는 천책의 『해동전홍록(海東傳弘錄)』에 실려 있던 내용이다. 정화택주의 사례는 백련결사를 대표하는 신앙 사례 가운데 하나로 고려 후기 아미타신앙과 법화신앙을 고취하는 데 크게 기여했다고 여겨진다. 이 외에도 『법화영험전』에는 퇴직 관리 40여 명이 개경 보암사(寶岩寺)에서 법화회(法華會)를 결성해 『법화경』을 독송하고 공부했으며 미타상을 공양하고 재를 지내며 극락정토에 가기를 기원했는데, 그 뜻을 이룬 이가 끊이지 않았다는 이야기도 실려 있다. 유사한 사례로 개경 낙타교(駱駝橋) 동쪽 마을의 연화원(蓮花院)에서도 남성 신자들이 법화회를 결성하여 경전을 독송하고 해설했는데 정토에 간 인원이 보암사 법화회에 필적했다는 이야기도 있다. 이상은 고려시대에 『법화경』을 사경하고 독경하며 극락왕생을 기원하면 그 공덕으로 정토에 왕생할 수 있다고 믿었던 사례들이다.

앞서 언급한 김유신의 아내 이씨는 대승 경전들과 함께 『천수다라니』를 읽었다. 다라니란 불교의 주문으로, 총지(摠持)라고 번역하며 진언(眞言), 주

(呪)와 동의어로 사용한다. 원래는 경전의 내용과 요체를 잘 기억하고 잊지 않는다는 의미였는데, 후에 재해(災害) 제거와 구복(求福)을 돕는 신비한 주문인 진언과 동일시되면서 동화되었다. 발음 자체에 신비한 힘이 있다고 여겨지기 때문에 다라니, 진언은 번역하지 않고 산스크리트어 음을 한자로 음차(音借)하여 표기한다. 현재 『천수경(千手經)』이라는 축약된 이름으로 더 잘 알려져 있는 『천수다라니』는 천수천안관세음보살(千手千眼觀世音菩薩)을 주인공으로 하여 그 다라니를 설하는 경전이다. 천수천안관세음보살은 밀교의 변화관음 가운데 하나인데, 천 개의 손과 눈을 가지고 중생의 고통을 보고 어루만져 주는 존재이다. 이 다라니를 독송하고 지키면 모든 어려움이 해결되고 일체의 업장(業障)이 소멸되며, 아미타불의 정토에 왕생할 수 있다고 한다. 이것이 김유신의 아내 이씨가 다른 경전들과 함께 『천수다라니』를 염송한 이유일 것이다.

관세음보살은 정토신앙에서 극락왕생을 돕는 조력자로 자주 등장한다. 『무량수경』 등에서 대세지보살(大勢至菩薩)과 함께 아미타불의 협시보살로 나오는 것이 그 신앙의 연원이다. 한국에서도 신라시대부터 관음을 극락왕생의 조력자로 인식하고 있었다. 광덕과 엄장 이야기에서 이들의 서방 왕생을 도운 이가 광덕의 아내인데, 그는 관세음보살이 몸을 바꾸어 나타난 응신(應身)이었다는 이야기가 그러한 인식을 보여준다. 고려시대에도 원에서 후사도 없이 죽은 자식을 위로하기 위해 관음상을 조성하거나(李穀, 「醴泉府院君忌旦堉廉侍中設齋水精寺」), 아버지의 천도를 위하여 천수다라니를 외는 의례를 개설하는(鄭樞, 「薦父眞言法席疏」) 등 극락왕생을 기원하는 대상으로 관세음보살이 신앙되곤 했다.

충렬왕 24년(1298) 거조사(居祖社) 원참(元旵)이 집록(集錄)한 『현행서방경(現行西方經)』에서는 극락왕생을 위한 방편으로 아미타불과 관련된 다라니 염송을 제시하고 있다. 그 내용은 다음과 같다. 어느 날 원참이 아미타본심

미묘진언(阿彌陀本心微妙眞言)을 1만 번 염송했을 때 낙서(樂西)라는 승려가 나타나서 이 진언의 뛰어남을 설했다. 그리고 진언을 1만 번 염송한 후 41개의 점대를 던지면 내세에 태어날 곳을 알 수 있다고 알려준다. 그 후 41개의 점대를 던져 나온 42개 결과에 따라 받을 과보(果報)의 원인과 결과가 무엇인지를 이야기한다. 마지막으로 이 경전을 통한 치병과 구원, 정진, 경전 유포 등의 공덕에 대해 설한다.

이 경전에서는 정토왕생을 구하는 방법으로 염불보다 송주(誦呪)를 더 중요시하고 있다. 즉, 11자로 된 아미타본심미묘진언을 한 번 외우는 것이 80억 겁 동안 아미타불을 염불하는 공덕과 같다고 한다. 또한 이 경전의 흥미로운 점은 글자가 쓰인 점대를 던져 미래를 점친다는 것이다. 즉, 낙서가 일러준 40글자의 게송[南無阿彌陁佛本心微妙眞言 才聞於耳 即往生 與諸聖衆 同遊戱 如來大智福德海 一時分付誦持者: 아미타불의 본심미묘진언에 귀의합니다. 재주 있는 자는 귀로 듣고 곧 왕생하여 여러 성중(聖衆)들과 함께 노닙니다. 여래의 큰 지혜는 복덕(福德)의 바다이니, 염송하고 잘 지니는 자들에게 일시에 나누어줍니다]을 점대에 한 글자씩 쓰고, "불불(佛佛)"이라고 쓰인 점대를 추가해 41개의 점대를 깨끗한 그릇에 담아 던진다. 그리고 글자가 뒤집어지지 않은 점대만 추려 다시 던지는데, 마지막 한 글자가 남을 때까지 되풀이한다. 모든 글자가 뒤집어져서 남는 글자가 없을 때는 미결(未決)이라고 하는데, 41개 글자와 미결까지 총 42개의 결과가 나오게 된다. 경전에는 각 글자에 해당하는 내세의 과보가 무엇인지가 적혀 있어, 본인이 점대를 던져 받은 결과를 그것과 맞추어보고 본인의 내세를 알게 되는 방식이다. 현행회(現行會)라는 이름으로 모여서 주문을 외우고 점대를 던지는데, 하루에 네 번 정진을 한다. 1회 때에는 주문을 1만 번 외우고 점대를 던지며, 2회 때에는 2000번, 3회 때에는 1500번, 마지막 4회 때에는 500번을 외우고 점대를 던진다.

이렇듯 이 경전은 주술적인 내용과 점복의 방법, 비불교적인 여러 요소를 끌어들이고 있으며, 고려 후기에 편찬된 위경(僞經)이다. 그런데 위경들은 그것이 만들어진 시대와 그 시대 불교도들의 종교적 욕구를 반영하고 있다. 정토왕생에 대한 희구가 다라니와 정토신앙, 점복이 복합적으로 들어간 위경을 만들어냈다고 볼 수 있다.

공덕신앙의 확산과 불사의 성행

고려 후기가 되면 절과 탑을 세우고 불상과 불화를 제작하며 사경을 하는 행위가 모두 공덕을 쌓는 것이라는 믿음이 확산되었다. 이렇게 공덕을 쌓아 복을 비는 것을 공덕신앙이라고 하는데, 정토신앙과 결부되면서 정토왕생을 위한 공덕 쌓기 불사가 성행하게 되었다.

먼저 불화와 불상 조성에 관해 살펴보자. 현존하는 160여 점의 고려 불화 가운데 아미타불을 그린 것이 50점 이상 되며, 그 종류도 아미타 내영도(來迎圖), 아미타 설법도(說法圖), 관경변상도(觀經變相圖) 등 다양하다. 이 아미타불을 소재로 그려진 불화들은 그 자체로 정토왕생의 염원을 담고 있다. 이 가운데 가장 많은 수를 차지하는 종류는 아미타 내영도이다. 아미타불이 허공에 서서 오른손을 아래로 내려 손바닥이 보이도록 내밀고 왼손으로 수인을 맺고 있는 모습인데, 죽은 이가 극락정토에 왕생할 수 있도록 맞이해 가는 장면을 그린 그림이다. 죽음을 맞이한 순간에 보고 싶은 장면을 그림으로 구현한 것이다. 아미타 설법도는 극락에서 아미타불이 설법하는 모습을 그린 것으로, 극락회상도(極樂會上圖)라고도 한다.

관경변상도는 『관무량수경』의 내용을 표현한 것으로, 극락에 가기 위해서는 어떤 수행을 해야 하는지를 알려주는 그림이다. 이 경전은 우선 부처가 16관법을 설하게 된 계기를 소개한다. 인도 마가다국의 아사세 태자가 부왕인 빈비사라왕을 가두고 왕위를 찬탈했다. 빈비사라왕이 굶어 죽기만을 기다렸으나 위제희 왕비가 몸에 꿀을 바르고 진주 영락에 포도주를 넣어 몰래 왕을 먹여 목숨을 연명하게 했다. 이 사실을 안 아사세 태자가 빈비사라왕과 위제희 왕비를 죽이려고 하자, 위제희 왕비가 석가모니에게 구해주기를 빌었다. 이에 석가모니는 극락세계를 보여주고 극락왕생을 위한 16관법을 일러주어 왕비가 깨닫도록 하여 빈비사라왕을 구제했다. 아사세 태자와 위제희 왕비의 이야기를 「서분(序分)」이라고 한다. 이 「서분」의 내용을 그린 것이 서분변상도(序分變相圖)이고 16관법의 내용을 도상화한 것이 16관변상도이며, 이를 통칭하여 관경변상도라고 한다. 고려 불화 가운데 서분변상도는 두 점, 16관변상도는 네 점이 전하고 있다.

아미타 내영도나 아미타 설법도의 아미타불은 단독으로 그리거나 협시보살인 관음보살 및 대세지보살과 함께 그리기도 하며, 팔대보살(八大菩薩)이라 일컫는 여덟 보살들과 함께 그리기도 한다. 팔대보살은 『팔대보살만다라경(八大菩薩曼荼羅經)』에 소개된 관음·미륵·허공장(虛空藏)·보현·금강수(金剛手)·문수·제개장(除蓋障)·지장보살을 가리킨다. 이 경전의 내용에 따르면 중앙에 여래를 두고 그 주위에 팔대보살을 배치하여 만다라(曼荼羅)를 건립하면 모든 죄가 사라지고 수명이 늘어나며 최상의 지혜를 얻게 된다고 한다. 만다라란 진리를 그림으로 형상화한 도상이다. 만다라는 밀교를 바탕으로 성립되었기 때문에 밀교사상과 신앙을 대표하는 특징 가운데 하나로 꼽힌다. 『팔대보살만다라경』에서는 중앙에 어떤 여래를 모셔야 한다고 특별히 이야기하지 않았으나, 고려 불화에서는 대부분 아미타불을 팔대보살과 함께 배치했다. 그림 대부분은 13~14세기에 제작된 것으로, 정토신앙과 밀교가 접합된 고려 후기의 신앙 경향을 반영한다. 팔대보살이 아미타불과 함께 공양자의 극락왕생을 도울 것이라는 믿음이 드러난다.

한편 불상의 경우, 어떠한 불상인지 특정할 수 있는 사례의 절반 정도가 아미타불상이다. 고려 후기 불상 조성 발원자들은 왕실에서 천민층에 이르는 다양한 계층이었는데, 현세 구복과 정토왕생을 기원하며 불상을 조성했다. 1274년에 대사(大師) 중간(中幹)은 돌아가신 부모 친척의 극락왕생과 자신이 후에 죽을 때 극락왕생하기를 기원하며 취봉사(鷲峯寺) 아미타상을 조성했다. 충렬왕 28년(1302)에는 김주정(金周鼎, ?~1290)의 아내 창녕군부인 장씨(昌寧郡夫人張氏)와 승려 법영(法英) 외 수백 명의 사람들이 모두 평등하게 깨달음을 얻고 임종할 때 정토에 태어날 것 등을 기원하며 아미타불상을 조성했다. 충숙왕 9년(1322)에 조성된 아미타상은 진사 최춘(崔椿)이 모친의 서방왕생과 가족들의 무병장수를 빌기 위해 선사 화광(和光)과 함께 제작한 것이었다. 충목왕 2년(1346) 낙랑군부인 최씨(樂浪郡夫人崔氏)와 인겸(忍謙) 등 수백 명은 약사불을 조성하며 함께 정토에 태어날 것을 발원했다. 약사불은 질병 치료를 위해 주로 기도하는 부처인데, 불상 본래의 성격 외에 다른 성격이 부가된 경우라고 볼 수 있다. 정토신앙이 크게 확산되면서 일반적인 기원으로 자리 잡게 된 결과로 보인다.

경전 간행이나 사경의 경우 『법화경』·『화엄경』·『금강경(金剛經)』·『수능엄경(首楞嚴經)』·『예수시왕생칠경(豫修十王生七經)』 등 사상과 내용이 제각기 다른 경전들이 다양하게 조성되었다. 발원문을 통해 경전을 간행하면서 기원했던 내용들을 살펴볼 수 있는데, 경전의 내용과 상관없이 극락왕생을 기원하는 경우가 많았다. 『예수시왕생칠경』은 시왕신앙과 관련된 경전이다. 중국 당 말에 일체 중생이 죽은 후 생전의 죄에 따라 명부(冥府)에 있는 10명의 왕에게 재판을 받는다는 시왕신앙이 성립되었다. 『예수시왕생칠경』은 내세를 위해 업을 '미리 닦는다'는 의미의 예수재(豫修齋)를 죽기 전에 지내놓으면 시왕이 다스리는 중음계(中陰界)를 거치지 않고 바로 안락한 곳에 태어날 수 있다고 한다.

1339년 제기도감(祭器都監) 판관 조시우(曺時雨)와 성균재생(成均齋生) 정공연(鄭公衍)은 『삼십분공덕소경(三十分功德疏經)』을 간행하며 일체중생이 극락에 왕생하고 질병과 재난에서 벗어나기를 빌었다. 『공덕소경』은 도교나 민간신앙의 신들과 인간을 위해 불보살, 천신 등의 명호(名號)를 염송하면 공덕이 쌓인다는 믿음을 바탕으로 형성된 일종의 염송집이다. 명부와 천부의 도교신 및 민간신앙의 신들과 굶어 죽은 원혼, 질병에 걸린 인간 등을 위하여 각각의 상황에 맞는 불보살 및 천신의 이름이 적혀 있고 이를 염송하게 된다. 몇 위(位)를 염송하느냐에 따라 이십육분·삼십분·삼십팔분 등으로 종류가 나뉜다. 충혜왕 원년(1331)에 화엄종 승려 체원(體元)이 지은 『삼십팔분공덕소경』의 발문에 의하면, 공덕소경을 염송하면 명부의 도움으로 정토에서 부처님을 보고 법(法)을 들을 수 있다고 한다. 고려시대의 『공덕소경』 간행 불사는 경전을 염송하는 공덕에 경전을 간행하는 공덕까지 쌓아 정토에 가고자 기원한 것이다.

고려 후기의 공덕신앙은 본인의 공덕뿐 아니라 추선(追善) 공덕까지 망라한다. 추선이란 살아 있는 사람들이 망자를 위해 공덕을 쌓아 망자의 명복을 비는 것을 일컫는다. 『법화영험전』에는 강진에 백련사를 창건하도록 요세를 도운 최표(崔彪)의 아들 이야기가 실려 있다. 최표는 아들이 죽자 일여(一如)에게 부탁하여 『법화경』을 사경했는데, 사경이 끝날 때 즈음 꿈에 죽은 아들이 나타나 사경의 공덕으로 아름다운 장부의 몸으로 태어났다고 했다. 또 고종 대에 활동한 김식(金軾)의 죽은 딸은 승려였던 동생 지허(之虛)가 『법화경』을 외워준 공덕으로 수승한 곳에 태어났음을 동생의 꿈에 나타나 알려주었다고 한다. 극락정토는 고려시대 불교도들이 상상할 수 있는 최고의 이상향이었다. 경전을 사경하고 독송한 공덕으로 망자가 극락왕생을 했다는 이야기가 구전되고 간행되면서, 먼저 사망한 가족들의 왕생을 기원하며 추선 의례나 불사도 왕성하게 이루어졌다. 앞서 소개한 경전 간행과 사경, 불화와 불상 조성 사례 중에도 돌아간 부모나 일가친척의 극락왕생을 기원하는 경우가 많다.

추선은 추선 의례를 베푸는 형태로 나타나기도 한다. 남편의 추선을 위해 법화삼매참법석을 베풀기도 했고(鄭樞, 「法華三昧懺法席疏」; 權近, 「法華三昧懺法席疏」), 염제신(廉悌臣, 1304~1382)은 돌아간 선친을 위하여 진언법석(眞言法席)을 개설하기도 했다(鄭樞, 「薦父眞言法席疏」). 법화삼매참은 앞서 언급한 바와 같이 백련결사에서 정토왕생을 위해 행했던 참법이다. 참회 의례를 통하여 망자의 죄과를 씻어 정토왕생이 가능하도록 천도하는 것이다. 당대의 권력자 염제신은 진언법석을 개설해 아버지를 천도하고자 했다. 진언법석은 진언을 외는 의례이다. 의례의 소(疏)에서는 "천비(千臂)의 장엄이 관세음보살과 같이 원응(圓應)하고 십신(十身)의 갖추어짐이 구박바라문(俱縛婆羅門)과 같이 빠르기를 기원"하고 있다. 천비의 관세음보살은 천수관음을 가리키며, 구박바라문은 『수구다라니의궤(隨求陀羅尼儀軌)』에 나오는 인물이다. 즉, 염제신이 아버지를 위해 베풀었던 진언법석에서는 천수다라니와 수구다라니를 외며 명복을 빌었다.

태조 이성계는 조선을 건국한 후 왕 3년(1394) 4월에 고려 왕족들을 제거했다. 3개월여 지난 7월에 왕 씨들의 명복을 빌기 위해 금자로 『법화경』을 사경하고 내전(內殿)에서 독경했다. 그리고 이듬해 2월부터 삼화사(三和寺), 견성사(見性寺), 관음굴(觀音窟)에서 수륙재(水陸齋)를 베풀었다. 관음굴에서 수륙재를 개설할 때 쓴 권근의 글을 보면, 이 의례는 왕 씨들의 원한을 풀고 극락왕생을 빌기 위한 의례였다. 수륙재는 물과 육지에서 헤매는 외로운 영혼과 아귀를 위로하고 천도하기 위해 불법(佛法)을 강설하고 음식을 베푸는 대표적인 불교 천도의례이다. 『법화경』 사경과 수륙재 개설은 고려 후기에 보편적으로 설행되었던 천도 불사였다. 조선의 건국자이지만 고려 사람이기도 했던 이성계는 고려 후기 신앙의 자장 위에서 이 불사들을 선택해 왕 씨들의 극락왕생을 기원했던 것이다.

망자의 극락왕생을 빌기 위해 묘지(墓誌)에 다라니를 새긴 사례가 있어 주목된다. 고종 41년(1254)에 조성된 양택춘(梁宅椿, 1172~1254)이 그 주인공인데, 그의 묘지에는 아미타상품상생진언(阿彌陀上品上生眞言)·육자대명진언(六字大明眞言)·보루각진언(報漏閣眞言)·결정왕생정토주(決定往生淨土呪) 등 4종 다라니가 범자로 쓰여 있다. 아미타상품상생진언과 결정왕생정토주는 다라니명에서부터 정토왕생과 직접적으로 결부된다. 육자대명진언은 '옴 마니 반메훔(唵麽抳鉢訥銘吽)'이다. '연꽃 위의 마니주여!'라는 의미로, 관세음보살이 아미타불을 찬탄할 때 쓰는 표현이다. 『대승장엄보왕경(大乘莊嚴寶王經)』에서는 이 진언이 윤회를 깨뜨리고 모든 지옥을 정화하며 번뇌를 끊어 없애고, 축생들을 구할 것이라고 설하고 있다. 티베트 불교 경전인 『마니캄붐(Maṇi Kambum)』에서는 이 진언으로 육도윤회에서 벗어날 수 있다고 한다. 마지막으로 보루각진언은 망자의 죄를 없애고 해탈하도록 하는 진언이다. 이렇듯 망자의 명복과 멸죄(滅罪), 극락왕생을 기원하는 다라니를 모아서 새긴 것이다.

파지옥: 지옥을 깨뜨리다

고려시대 정토신앙과 함께 내세관의 한 축을 담당한 지옥 관련 신앙을 언급하지 않을 수 없다. 일반적인 종교관에서 극락이 있으면 지옥이 있게 마련이다. 죄인이 죽은 뒤에 자신의 죄과에 따라 지옥에 떨어지는데, 여기에서 벗어나는 방법에는 두 가지가 있다. 첫째는 지옥에 떨어진 후 구원을 바라는 것이고, 둘째는 지옥에 떨어질 죄과 자체를 없애는 것이다. 신앙의 측면에서 보면 첫 번째가 지장신앙, 두 번째가 파지옥(破地獄)신앙으로 표출된다. 지장신앙은 지옥의 중생을 구제하기 위해 지옥에 들어가 교화 활동을 펼치는 지장보살에 대한 신앙이다. 지장보살에게 기대어 지옥에서 벗어날 수 있기를 기원한다. 파지옥 신앙은 죄업이 사라져 지옥에 가지 않거나 지옥에서 벌을 받는 중이더라도 죄과가 사라져 그곳에서 벗어날 수 있다는 신앙으로, 지옥을 깨뜨리고 부순다는 의미이다.

파지옥을 설하는 대표적인 경전은 『불정존승다라니경(佛頂尊勝陀羅尼經)』이다. 하늘에 사는 선주천자(善住天子)가 7일 뒤에 목숨이 다해 축생의 몸으로 일곱 번 태어난 후 지옥에 떨어져 나올 기약이 없을 것이라는 말을 듣고 근심하자 제석천(帝釋天)이 부처님께 구제 방법을 묻는다. 그때 부처님이 지옥에 떨어질 일체 죄장을 없애주는 공덕이 있다고 하며 설한 것이 불정존승다라니이다. 경전 내용에 따르면 이 다라니는 지옥에 떨어질 죄장을 없애주는 공덕을 가진 것으로 널리 신앙되었다. 추선 목적의 의례가 개설되기도 하고, 주문이 간행되기도 했다.

우왕 12년(1386)에 대비 안씨가 공민왕의 추선을 위해 보국사(輔國寺)에서 불정회(佛頂會)를 열었는데(權近, 「有明朝鮮國普覺國師碑銘幷序」), 이것이 추선을 목적으로 『불정존승다라니경』에 근거해 의례를 개설한 사례이다. 한편 개경 연복사(演福寺) 범종 아랫부분에는 란차(lancha) 문자로 『불정존승다라니경』의 한 구절이 새겨져 있다. 한 번 들으면 지옥에 떨어질 악업이 모두 소멸된다는 구절이다. 이곡(李穀, 1298~1351)이 지은 "땅 아래에 만 번 태어나고 죽으며 고통을 받는 지옥이 있는데 종소리에 의해 마음이 깨어난다"라는 이 종의 명문 내용과 상통한다. 범종은 법고(法鼓), 운판(雲版), 목어(木魚)와 함께 사찰의 사물(四物)을 구성하는데, 그 소리로 지옥의 중생을 제도하는 의미가 있다. 불정존승다라니가 새겨진 범종의 소리는 지옥 중생의 죄업이 소멸되기를 기원하는 울림이었다.

전라북도 순창군 적성면 운림리의 농소고분에서는 표면에 금자로 다라니를 써넣은 목관이 발견되었다. 피장자에 대한 정보를 알 수 없으나, 무덤의 구조와 형식적인 특징으로 보아 고려 후기에 조성된 상류층 인물의 무덤으로 추정된다. 이 목관의 바깥 면에는 옻칠한 위에 육자대명진언 '옴 마니 반메훔(Oṃ maṇi pad me hūṃ)'과 파지옥 진언 '옴 카라데야 스바하(Oṃ karadeya svāhā)'가 반복해 쓰여 있다. 망자의 죄업이 소멸되고 육도윤회에서 벗어나기를 기원하며 정례 과정에서 정성을 쏟은 흔적이다.

앞서 염제신이 돌아간 아버지를 위해 천수다라니와 수구다라니를 외는 진언법석을 열었다고 했다. 수구다라니는 그 영험을 입증하는 영험담이 여러 편이 있는데, 그 가운데 염제신 부친의 천도 의례와 관련해 언급된 것은 구박바라문의 이야기였다. 구박바라문은 부처님을 보지도 않고 불법을 듣지도 않으며, 육바라밀을 닦지도 않고 매일 살생을 일삼았던 인물이었다. 죽은 후 지옥에 떨어졌는데, 갑자기 지옥에서 아름다운 연꽃들이 피어났다고 한다. 그 연유를 찾아보니, 수구다라니 가운데 한 글자가 지상에 떨어져서 구박바라문의 해골 위에 놓였기 때문이다. 그 공덕으로 구박바라문과 지옥에 있던 모든 죄인이 깨달음을 얻었다고 한다. 이것이 고려시대 사람들이 추선 불사를 하며 바라던 파지옥의 효험이었을 것이다.

충렬왕 12년(1286)에 염승익(廉承益, ?~1302)이 후원해 제작한 아미타 내영도에는 본인이 임종할 때에 죄장(罪障)이 모두 사라지고 아미타불을 만나 극락에 왕생하고 싶다는 발원 내용이 담겨 있다. 『관무량수경』에는 온갖 악업을 무수히 지은 하근기의 사람일지라도 칭명염불을 통해 죄가 사라지고 극락왕생을 할 수 있다고 설한다. 고려시대 사람들의 인식 속에서 파지옥의 끝은 극락에 닿아 있었던 것이다.

8 주자학의 수용과 불교

조명제 | 신라대학교 역사문화학과 교수

신라와 고려가 불교 중심 사회이며, 조선은 유교 중심 사회라는 통념적인 이해가 널리 알려져 있다. 이러한 흐름의 전환기에 해당하는 고려 말 조선 초 사상사에서는 종래의 유불 교체라는 시각에서 불교의 부패와 주자학의 수용을 대비시켜 이해하고 있다. 이와 같이 이항대립 구도로 이해하는 역사상이 과연 타당한 것일까.

단선적인 이해와 달리 불교가 고려 사회에서 주도적인 사상과 종교로 존재했지만, 유교도 정치·사회적 기능을 했다. 마찬가지로 조선 시기에 유교가 사상계를 주도했지만, 조선 후기에 이르러서야 주자학적 사회질서가 확립되었으며 불교의 종교·사회적 기능과 역할을 결코 무시할 수 없다.

근래에 새로운 연구 성과가 적잖이 제시되었지만, 아직까지 고려 말 조선 초 사상사의 전체 구조를 명확히 해명했다고 보기 어렵다. 여러 가지 이유가 있겠지만, 크게 두 가지 문제점을 지적할 수 있다. 하나는 이 시기의 역사를 서술한 자료가 지닌 한계와 그에 대한 연구자들의 무비판적인 접근이다. 또 하나는 대부분의 연구가 불교사, 유교사라는 제한된 범위에 머물러 사상사

전체를 아우르지 못한다는 한계이다.

이 시기의 정사서와 유학자의 문집 자료는 대부분 조선 왕조의 역성혁명이 정당하다는 시가에서 서술되었으므로 불교에 대한 서술이 대부분 부정적이다. 이뿐만 아니라 연구자들이 이러한 사료를 무비판적으로 받아들이거나 이해하는 경우도 적지 않다. 나아가 유학사의 기존 연구 성과는 마치 주자학이 당연히 수용되어야 했다는 필연적 결과론과 같은 입장을 내세운 서술도 보인다. 이와 반대로 불교사 연구에서는 주자학을 수용하는 데 미친 불교의 영향을 지나치게 강조하거나 전체 사상사의 흐름을 정확하게 이해하지 못한 한계도 드러난다.

이러한 한계를 탈피하여 특정 분야의 시각이나 이해가 아니라 전체 사상사의 구도로 접근하기 위해서는 불교를 한국 사상사로서 다루어야 하며, 더 나아가 동아시아 사상사의 범주에서 접근할 필요가 있다. 이러한 문제 인식에 따라 이 글에서는 먼저 중국 사상사에서 유교와 불교의 관계가 어떠했는지를 살펴보고자 한다. 이어 고려 말에 주자학의 수용 과정에서 사상적 기반으로서 불교가 어떤 역할을 했는지, 사대부의 불교비판론이 어떠한 맥락에서 제기되었는지를 살펴보고자 한다.

유교와 불교의 대립과 조화

인도 문화인 불교는 중국으로 전래되어 불전을 한역(漢譯)하는 과정에서 잘 드러나듯이, 한자문화권에 어울리게 수용·변용되었다. 나아가 불교가 중국 사회에 점차 확산되면서 전통적인 화이론의 입장에서 유학자들의 불교비판론이 대두했다. 이에 따라 유교와 불교의 대립이 확산되면서 다양한 논의가 이루어졌고, 다른 한편으로 불교와 유교의 조화를 강조하는 유불일치론이 제기되었다.

유교에서 내세우는 불교 비판의 주요한 논점은 다음과 같이 세 가지로 요약할 수 있다. 첫째, 불교는 사회적 도덕과 질서를 소홀히 한다. 둘째, 불교는 이적(夷狄)의 사상이기 때문에 중국의 문화와 가치관을 따르지 않거나 어지럽게 한다. 셋째, 불교는 있지도 않은 영혼의 불멸을 설한다. 이 가운데 가장 중심이 된 것이 첫 번째 논점이다. 이러한 경향은 한유(韓愈)의 『원도(原道)』에서 도를 사회적·문화적인 도덕규범이라 하면서, 그것을 소홀히 하는 불교와 도교를 비판하는 데에서 잘 드러난다.

본래 유교가 설하는 도덕은 가족과 사회라는 사회적 관계를 기초로 한다. 불교는 이러한 관계에서 벗어나 개인으로서의 구제를 추구한다. 따라서 유교가 중시하는 효와 충이라는 실천도덕이 문제가 된다. 특히 효는 중국 고대부터 가장 구속력이 강한 실천도덕이었다. 효는 부모에 대한 헌신뿐만 아니라 조상 제사를 지속하는 것도 포함한다. 그런데 유교의 관점에서 불교의 출가는 부모를 버리는 것뿐만 아니라 일족의 제사도 끊어지게 한다. 유교는 중국의 전통윤리인 효의 문제를 도외시하는 불교를 비판하지 않을 수 없었다.

이에 대해 불교는 한 아들이 출가하면 구족(九族)이 하늘에 태어난다고 주장하거나 부모가 윤회 전생할 가능성을 내세워, 구제의 대상인 일체 중생을 자기 부모로 간주하는 논리로 이 문제를 극복하고자 했다. 또한 승려들은 『부모은중경(父母恩重經)』을 비롯해 효를 설하는 경전을 번역·제작해 불교가 효를 소홀히 하지 않는다고 강조했다.

그런데 위진남북조 이래 유교는 사상계에 영향을 미치지 못했고, 사람들의 마음이 유교를 떠나 도교와 불교로 향했다. 그리하여 유교와 불교는 한편으로 대립하고, 다른 한편으로 융화하면서 불교와 유교의 일치를 강조하는 담론도 제시되었다. 불교와 유교의 조화론은 세속의 원리로서 유교의 의의를 인정하면서도 영혼의 구제까지는 이르지 못하는 한계를 거론하면서, 결국 불교가 그것을 포괄한다는 불교 중심의 언설이 많았다.

이러한 흐름은 송에 이르러 사대부가 정치·사회를 주도하고, 자신들의 사상 체계를 새롭게 재구성하면서 새로운 전기를 맞이한다. 북송에서 일어난 도학(또는 송학)은 이러한 사상적 흐름을 대표하며, 사상계에서 주도권을 불교에 빼앗긴 유교가 철학적 재생을 모색한 사상운동이다. 주자학은 이러한 사상운동의 완성이며, 새로운 사상 체계와 사회질서를 확립해 19세기까지 동아시아 사회에 강력한 영향을 미쳤다. 그런데 주희를 정점으로 하는 도학의 사상운동이 가능했던 것은 유교와 불교를 포함하는 공통의 토양이 있었기 때문이라고 할 수 있다.

다시 말해 도학의 형성은 불교와 단절을 통한 것이 아니라 오히려 불교와 대결함으로써 가능했고, 그것은 유교와 불교를 감싸면서 그 대결을 성립시키는 넓고 풍요로운 사상적 토양이 존재했기 때문이다. 불교를 극복하려 한 주희의 작업이 불교 영역 밖이 아니라 불교를 지탱하는 사상적 토양 위에서 행해진 것이라 할 수 있다. 실제 주희는 제자들에게 불교 가운데 특히 선(禪)의 위험성과 문제점을 강조했는데, 그의 담론에서 거꾸로 선의 강한 영향력을 읽을 수 있다.

이러한 경향은 북송 이후의 도학에서 폭넓게 확인된다. 중당 이후에 선종이 불교계를 주도하면서 지식인의 관심을 받았다. 선종은 마음에 모든 관심을 집중시켜, 특히 외계에 대한 내심(內心)의 반응에서 마음의 본령을 찾는다. 마음을 둘러싼 모든 문제가 사대부들에게는 자신의 주체성 확립과 관련된 중요한 문제로 부상했다.

도학은 불교적 존재론에 대항하면서 동시에 선의 입장을 극복하기 위해 불교에서 불충분하다고 지적한 마음에 관한 새로운 심성론과 수양론을 확립할 필요가 있었다. 그리하여 도학은 치인(治人)에 비해 수기(修己)에 기초를 두고, 수기의 방법론으로 경(敬)·거경(居敬)과 격물궁리(格物窮理) 두 가지 실천을 강조했다. 이와 같이 도학이 궁극의 관심을 마음에 수렴해 가는 것은 불교의 영향이며, 특히 마음수양법의 핵심인 정좌(靜坐)와 거경(居敬)은 선의 영향을 적지 않게 받았다. 다만 마음의 파악 방식, 특히 사회적 도덕의 근거를 마음에 찾는지 아닌지에 따라 양자는 구별된다.

도학에서는 마음에 도덕성이 완전히 갖추어져 있다고 하며, 맹자의 성선설(性善說)에 연원을 갖고 있다. 도학에서는 더욱이 모든 인간은 학문과 수양에 의해 성인이 될 수 있다(聖人可學)고 했다. 이와 같이 성인이라는 최고 존재에 도달할 수 있다는 사고방식에서 『열반경』에 "만인은 모두 불성을 갖고 있다(一切衆生 悉有佛性)"라는 교설이나 그것을 토대로 "모두 부처가 될 수 있다(悉皆成佛)"라는 불교사상의 영향이 잘 드러난다.

한편 주자학이라는 새로운 사상 체계가 형성되는 과정에서 불교에 대한 비판론이 한층 강화되었다. 송 이후 화이론에 입각한 정통론이 대두하면서, 불교를 이단으로 간주하는 시각이 확산되었다. 다만, 도학의 불교 비판은 기본적으로는 유교의 전통적 불교 비판의 틀을 벗어나지 않는다. 비판의 중심은 도덕적 가치 규범의 문제, 화이의 문제, 죽음의 문제였다.

도학자들은 불교가 사회적 대응이 결여되었다는 점을 비판하는 동시에 불교 사상의 심원한 내용과 가치를 충분히 용인했다. 특히 유교는 죽음의 극복이라는 문제에 이르면 불교만큼 설득력을 얻을 수 없었다. 죽음의 해결은 통시적으로 불교가 지닌 매력이므로 유교에서는 위협으로 생각했다. 유가 경서에는 직접적으로 생사관이 잘 드러나지 않는다. 예에서 중시하는 상례(喪禮)도 죽은 이의 진혼(鎭魂)보다 산 자의 윤리적 태도에 역점을 두었다. 실제 많은 사대부가 죽음·병·실각 등 개인으로서의 존재가 노출될 때에 불교를 받아들였다.

불교와 유교의 대립의 기저에는 인간관에 대한 인식의 차이가 자리한다. 먼저 불교는 인간을 죽음의 공포 앞에 던져진 개인으로 파악한다. 게다가 개개 인간의 혼의 구제를 생각한다. 그에 대해 유교는 인간을 사회적 존재로 파악한다. 불교는 혼의 구제의 근거로서 영원한 세계의 존재를 강조하고 거기서 현실세계를 보지만, 유교는 현실세계만 인정한다.

고려 말 불교비판론의 이해

고려 말에 주자학이 수용되면서 불교로 인한 사회적 문제를 비판하거나 불교 자체를 부정하는 척불론이 제기되었다고 보는 통설적 견해가 적지 않다. 그러나 고려 말의 사상계는 그렇게 단선적으로 이해하기 곤란하며, 불교비판론의 실체도 다양하다. 더욱이 고려 말에 제기된 불교비판론 대부분은 사원경제의 모순과 폐단에 대한 지적이 적지 않았는데, 그러한 비판은 고려 시기에 줄곧 제기되었다.

고려 사회는 최승로의 시무 28조에 드러나듯이 유교가 정치를 담당하고 불교는 사상과 종교의 영역을 주도하는 역할 분담이 대체로 지속되었다. 나아가 고려 사회는 사회구조 자체가 불교와 융합된 체제였다. 불교는 모든 계층을 막론하고 생활에 깊이 영향을 미쳤는데, 특히 지배층과는 더욱 밀착된 관계였다. 지배층은 태어날 때부터 죽을 때까지 불교와 깊은 관련이 있었다. 왕실이나 지배층 가문에서는 아들 중 한 명이 출가하는 경우가 흔했고, 어릴 때부터 독서하고 수학하는 장소로서 사원이 활용되었다. 지배층 문인들은 불교에 심취해 불교의 이론과 실천에 승려에 못지않은 역량을 보이기도 했다. 장례는 불교식 화장법이 성행했고, 사원에서 제례를 실시했다.

이러한 사회구조가 장기간 지속되었기 때문에 고려 말에 대두한 불교비판론도 커다란 변화를 보이지는 않는다. 예를 들어 주자학을 수용한 사대부의 불교관을 대표하는 백문보(白文寶)·최해(崔瀣) 등은 사원의 사회경제적인 모순을 주로 비판했으며, 불교 자체를 부정한 것으로 보기 어렵다.

주자학이 서서히 확산되면서 사대부가 공공연하게 불교를 옹호하기는 곤란했지만, 불교를 긍정적으로 바라보거나 유불일치론을 표방했다. 예를 들어 이제현은 유교의 인(仁)과 의(義)를 불교의 자비와 희사(喜捨)로 대비시켜 이해했다. 이곡은 유교의 수신, 제가, 치국, 평천하를 불교의 견성성불과 같은 차원에서 이해했다. 이색은 진리의 세계는 차별이 없으며, 유교와 불교 모두 마음공부를 통해 자기완성과 사회적 실천을 함께할 것을 제시했다고 주장했다.

한편 권근·정도전 등은 대표적인 불교비판론자이지만, 그들의 불교관은 시기와 상황에 따라 변화했다. 권근은 시기에 따라 불교에 대한 비판론과 긍정론을 제기했고, 그의 주자학에 대한 이해에는 불교의 영향이 드러난다. 정도전은 역성혁명을 추진하기 전에는 승려들과 친밀하게 교유했고, 불교에 대한 비판론도 사회경제적 폐단에 그쳤다. 그러나 위화도회군 이후에 역성혁명을 정당화하고 고려 왕조의 권위를 무너뜨리기 위해 척불론을 본격적으로 제기했다.

이러한 경향은 공양왕 대에 나타난 정치적 흐름과 깊이 관련되며 진행되었다. 위화도회군 이후 군사적·정치적 실권을 장악한 이성계 일파는 공양왕 2년(1390)에 삼군총제부를 설치하고, 공양왕 3년(1391)에 과전법을 실시하는 등 조선 건국의 토대를 구축하고 있었다. 이러한 상황에서 공양왕이 고려 왕조를 지키기 위해 취할 수 있는 정치적 선택은 제한되었다. 공양왕은 이성계 세력에 대응하기 위해 나름대로 정치적 방법을 모색했다. 예를 들어 공양왕은 경연에서 줄곧 『정관정요(貞觀政要)』를 읽었는데, 이는 왕권 강화에 대한 의지와 관련된다. 또한 공양왕은 태조의 유업을 계승하겠다는 의지를 표방하고, 연복사탑 중창을 추진했다.

역성혁명을 추진하던 이성계 세력은 공양왕 3년 4월에 성변(星變)으로 인한 구언교서(求言敎書)를 통해 정치적 반격을 가했는데, 연복사탑 중수 문제가 명분을 제공했다. 김자수는 첫 상소를 올려 연복사탑 중수가 부당하다고 주장하며 불교를 배척했다. 그는 한유가 불교를 비판한 글을 인용하면서 불교의 폐단을 지적했다. 이어 김초가 상소를 올려 공양왕이 괴이(怪異)함을 좋아하기 때문에 천변이 일어났다고 하며, 괴이란 불교라고 주장했다.

정도전과 남은이 올린 상소는 불교에 대한 배척을 더욱 노골적으로 드러냈다. 정도전은 공양왕의 부덕을 비판하면서, 우왕과 창왕을 옹립하고 복위를 시도한 자를 처벌해야 한다고 하면서 공양왕의 숭불을 비판했다. 이와 같이 공양왕 3년 5월에 집중되었던 상소들은 이성계 세력이 권력을 장악한 가운데 잇달아 제기되었고, 결국 연복사탑 공사가 중지되었다.

그러나 연복사탑 공사는 중지된 지 한 달도 지나지 않은 6월에 재개되었다. 이성계가 재개를 직접 주청했기 때문이며, 탑은 이듬해에 완성되었다. 불교 신자로 유명한 이성계는 그 자신과 교류가 있던 승려들과의 관계를 고려해야 했고, 왕조 교체를 앞두고 불교계의 지지를 받을 필요가 있었다. 정도전을 비롯한 주자학자들은 공양왕의 연복사탑 중수에 대해 극단적으로 반대를 외쳤던 데 반해 이성계의 불사에 대해서는 비판의 목소리를 전혀 내지 않는 이중적 태도를 보였다.

이상에서 살펴본 바와 같이 공양왕 대에는 고려 말의 불교비판론이 가장 강력히 제기되었지만, 사상적 동기보다 정치적 배경이 크게 작용했다. 비슷한 사례로 공양왕 2년에 찬영(粲英)을 왕사로 세우려 하자 성석린과 윤소종이 강하게 반대했다. 반면 이성계가 즉위한 후에 자초(自超)와 조구(祖丘)를 왕사와 국사로 임명하자 아무도 반대하지 못했다.

한편 주자학의 불교비판론이 집약된 『불씨잡변(佛氏雜辨)』은 이방원의 정변이 일어나지 직전인 태조 7년(1398)에 정도전이 저술했다. 정도전이 이 책을 저술한 배경에는 공양왕 대에 확산된 불교비판론과 마찬가지로 당시의 정치적 현실이 자리하고 있었다.

또한 이 책은 정도전이 서술한 15편과 『대학연의(大學衍義)』 권14에서 인용한 전대 사실(4편)을 함께 엮은 것이다. 정도전은 불교의 인과설·윤회설·화복설 등 세속신앙과 결부된 불교의 교설이나 인간의 마음과 본성에 대한 불교적 관점에 대해 비판했다. 전대 사실(4편)에서는 불교 전래 이후 중국 역대 왕조의 역사적 경험을 들어 불교가 국가에 유해한 종교임을 논술했다.

따라서 정도전의 비판은 불교 자체를 근본적으로 부정하는 내용을 담은 것으로 보이지만, 그의 논리와 내용이 설득력을 갖추었다고 보기 어렵다. 더욱이 그가 제기한 논리와 내용 대부분은 중국 유교, 특히 송의 도학자들이 비판한 내용을 거의 그대로 답습한 것이 적지 않다. 더욱이, 결과적으로 주희의 불교 이해에 왜곡도 있고, 복잡한 불교 교학을 지나치게 단순화하거나 유교의 시각과 입장에서 불교 비판을 강변하는 등 정도전의 불교비판론도 한계가 뚜렷하다.

고려 말 주자학의 수용과 불교

최근 학계에서는 불교비판론이라는 단선적 이해를 비판하면서 고려 말 사상계에 주자학이 수용될 수 있었던 사상적 배경으로 불교의 영향을 강조하는 연구 성과가 이어지고 있다. 나아가 이러한 시각의 연장에서 고려 중기 북송 성리학의 수용과 함께 무신정권기 선종의 심성화(心性化) 경향에 따라 유불 융합적 경향이 형성된다든지 불교계의 신앙결사운동, 유교와 불교의 교섭 및 교류를 통한 사상의 심화 과정을 거쳐 주자성리학을 수용할 수 있는 사상적 기반이 형성되었다고 주장한다.

그러나 이러한 연구의 대부분은 고려 말의 사대부가 주자학을 수용하는 사상적 기반으로서 불교가 어떠한 역할을 했는지를 구체적으로 해명하지 못했고, 다소 막연한 추정에 그쳤다. 이뿐 아니라 선종의 심성화 현상이나 신앙결사를 통한 유불 교섭 등이 주자학이 수용될 수 있는 사상적 기반으로 직결된다고 보기 어렵다. 오히려 고려 말에 사대부가 불교를 어떻게 이해하고 실천했는지, 나아가 그러한 사상적 기반이 주자학의 이해와 어떻게 연관되는지를 검토할 필요가 있다.

불교는 고려 사회 전반에 깊은 영향을 미쳤는데, 고려 말에 이르러서도 이러한 상황은 거의 변하지 않았다. 특히 당시에는 선종이 불교계를 주도했기 때문에 사대부는 선승들과 폭넓게 교유했고, 선에 대한 이해와 실천이 널리 성행했다. 사대부는 선에 대해 다양한 경전과 어록을 통해 이해했다. 나아가 사대부 가운데 간화선의 실천을 통해 깨달음의 경지를 체득한 이도 적지 않았다. 간화선은 송의 대혜 종고(大慧宗杲)가 완성했는데, 선원에서의 선 수행을 전제로 한 선의 가르침을 사대부들에게도 접근 가능한 형태로 재구성했기 때문에 사대부 사이에 널리 확산되었다.

예를 들어 이제현은 '무자' 화두를 실천하다가 생긴 의문에 대해 나옹에게 구체적으로 문의했고 그에 대한 나옹의 답변은 간화선의 수행론을 구체적으로 다룬 『대혜서(大慧書)』의 한 장면을 연상하게 한다. 또한 사대부는 간화선 수행을 통해 선승 못지않은 깨달음의 경지에 이르렀다. 예를 들어 이색은 스스로 크게 깨달았던 선의 체험을 시를 통해 다양하고 구체적으로 표현했다.

이러한 선에 대한 이해와 실천은 사대부가 주자학을 수용하고 이해하는 데에도 적지 않은 영향을 미쳤다. 특히 이러한 영향은 주자학의 인성론, 심성론, 수양론의 이해에서 잘 드러난다. 주자학의 수양론에서 궁리진성의 목표를 달성하기 위한 방법론으로 강조하는 주경(主敬) 공부나 정좌(靜坐) 수양을 선의 논리와 방법으로 이해한 것이 대표적인 사례이다.

이러한 양상은 고려 말의 주자학을 대표하는 이색에게서 특히 두드러지게 드러난다. 이색은 주경 공부와 정좌 수양에 몰두했고, 특히 『중용』을 중시했다. 그런데 그는 주자학의 핵심 수양법인 경을 좌선과 유사한 것으로 이해했다. 또한 그는 진리의 세계에는 차별이 없으며, 유교와 불교가 모두 마음공부를 통해 자기완성과 사회적 실천을 함께할 것을 제시했다. 또한 그는 유학자가 격물치지(格物致知), 성의정심(誠意正心)으로 공부하여 수신, 제가, 치국, 평천하를 이룩하는 것과 불교에서 마음 수행을 통해 깨닫는 것이 마찬가지라고 표명했다.

이와 같은 수양론 이해는 이색뿐만 아니라 권근을 비롯한 사대부에게서 다양하게 확인할 수 있다. 불교가 주자학의 수양론에 미친 영향은 성인가학설에 잘 드러난다. 성인가학설은 천견론(天譴論)에서 천리론(天理論)적인 이법적 천관으로의 전환을 반영하는 것이고, 주자학이 지닌 근본적인 세계관의 변화를 단적으로 보여준다. 이러한 성인가학설은 원주를 중심으로 활동한 지역 지식인이었던 원천석이 강조할 만큼 고려 말 이후에 사대부 사회에 확산되었다.

그런데 원천석은 스스로 지은 시를 통해 안회(顔回)에 대한 흠모를 자주 표현했다. 안회는 공자의 대표적인 제자이지만, 송에 이르러 성인의 내면화와 밀접히 관련되어 부각된 인물이다. 다시 말해 만인이 학문과 수양을 통해 성인에 도달할 수 있다는 사고는 성인 개념의 내면화와 밀접히 관련된다. 그런데 성인가학설은 앞서 서술한 바와 같이 불교의 영향이 적지 않다. 원천석은 남송 말 원 초에 활동한 안병(顔丙)의 삼교일치론(三敎一致論)에 적극적으로 공감했고, 불교에 대한 이해도 깊었다. 따라서 원천석이 성인 개념의 내면화를 상징하는 안회를 흠모하는 것과 유불일치론을 강조하는 안병의 논리에 깊이 공감한 것은 동일한 맥락에서 나온 것이라 하겠다.

이상에서 살펴본 바와 같이 고려 말 조선 초의 사대부 사회에 주자학이 서서히 수용되었지만, 이 흐름이 유교와 불교가 단절된 형태로 전개된 것은 아니었다. 다시 말해 종래에 도식적으로 이해하던 것처럼 주자학이 수용되면서 유교와 불교가 극렬히 대립해 양자가 단절된 상태에서 새로운 사상문화로 전환되는 것이 아니었다. 당시 사대부는 주자학이라는 새로운 사상 체계를 수용하고 이해하는 과정에서 불교, 특히 선의 영향을 적지 않게 받았다.

또한 고려가 조선 왕조로 교체되면서 주자학이 전면적으로 수용되고, 불교가 급격하게 퇴조했던 것이 아니다. 15세기까지 불교는 왕실, 사대부 사회에 일정하게 영향을 미쳤으며, 국가의 억압 정책에 따라 점차 쇠퇴했지만 왕실과 여성, 민의 종교적 귀의는 조선 후기까지 이어졌다. 반면에 조선 왕조가 유교를 국가 이념으로 표방했지만, 16세기에 이르러서야 주자학에 대한 이해가 심화되었다. 나아가 조선 전기에 주자학의 사회질서가 강조되었지만, 조선 후기에 이르러 사회 전반에 뿌리를 내리게 되었다.

그러므로 고려 말 조선 초의 사상사는 유불 교체라는 단선적인 구도로 이해할 수 없다. 다만 불교가 주자학의 수용에 일정한 영향을 미쳤지만, 주자학이 사상계를 주도하면서 불교는 주변적 사상으로 밀려나게 된다. 이러한 양상은 불교의 사상 체계가 새롭게 제시되지 못했거나 불교계의 현실 대응의 한계에서 비롯되었다고 볼 수 있다.

잘 알려져 있듯이 불교의 사상 체계는 당대(唐代)까지 대부분 제시되었고, 송대 이후에는 선종과 정토신앙이 불교를 주도했다. 결국 불교는 이론과 실천 양면에서 더는 사상적 발전을 이루지 못했다. 선이 제 아무리 개인의 주체성을 자각하게 하고 개인의 내면세계에 강렬한 매력으로 다가가지만, 그것만으로 개인이 복잡한 사회 현실에서 어떻게 살아갈 것인지 답을 해줄 수 없다. 나아가 불교는 하나의 사회를 어떻게 운영하고, 현실 상황에 어떻게 대응할 것인지에 대해 구체적인 사상 체계를 충분히 제시하지 못했다.

이러한 경향은 고려 말의 불교에서도 확인할 수 있다. 고려 말에 간화선이 성행했고, 임제선(臨濟禪) 법통설과 유심정토설(唯心淨土說)을 표방하는 등 선종의 종파적 우월성을 강조하는 선종 지상주의로 나아갔다. 그런데 당시 불교는 사대부가 제기한 불교비판론에 이론 면에서 효과적으로 대응하지 못했다. 이러한 경향은 불교계의 대응 방안을 제시한 『호법론(護法論)』·『현정론(顯正論)』 등을 통해 확인할 수 있다.

『호법론』은 북송의 장상영(張商英)이 한유와 구양수(歐陽脩)가 제기한 불교 비판론에 반박한 글이다. 다만 『호법론』은 유교와 불교의 대립을 극복하기 위해 유불조화론을 제기하는 데 그쳤고, 도학의 불교비판론에 대응하기에는 일정한 한계가 있었다. 마찬가지로 『현정론』은 함허기화(涵虛己和)가 당시 불교 비판론에 대응하기 위해 저술한 것이다.

그런데 『현정론』에 드러난 기화의 논리는 유교의 윤리의식이나 가치체계를 그대로 수용하면서 불교를 거기에 적당히 맞춘다든지, 현실세계의 복잡한 인간의 문제를 인과응보설이나 삼세윤회설로 설명함으로써 현실과 동떨어진 대응밖에 제시하지 못하는 한계가 있었다. 따라서 불교는 주자학에 대한 이론적 대응을 제대로 하지 못했고, 불교의 새로운 사상 체계도 제시하지 못함으로써 주자학에 맞설 수 있는 사상적 대응을 제대로 할 수 없었다. 다만 주자학은 불교가 지닌 종교적 기능을 충분히 대체하지 못했고, 사회 저변에 깊이 뿌리를 내린 불교가 조선 시기에도 종교·사회적 영향력을 일정하게 갖고 있었다.

3부

고려 사회와 불교

9 승정 제도의 구조와 기능

박윤진 | 고려대학교 한국사학과 강사

승정이란 무엇인가?

승정(僧政)은 승려를 관리처럼 임명하는 과정에서 일어나는 인사 행정을 의미한다. 불교가 처음 생겨난 인도에서 승려는 세속 밖의 존재였지만, 중국에서는 황제의 지배를 받는 백성으로 예속되었다. 그러므로 중국에서는 새로운 종교의 성직자인 승려를 우대하고 역경(譯經) 등에 참여한 승려를 포상하기 위해 그들에게 세속 관직을 하사하기도 했다. 또한 사원과 승려가 증가하면서 이들을 통제해야 할 필요성이 높아졌으므로 승려 중 모범이 될 만하거나 지배층과 밀접한 관련을 맺은 이들을 승관(僧官)으로 임명해 불교계를 통치권 안으로 포섭했다. 승관을 임명하는 방식은 우리나라에 불교가 전해지면서 함께 전승되었는데, 신라의 국통(國統) 등이 이에 해당한다. 고려가 건국된 이후에 승관의 임명과 조직이 체계화되었고, 이 과정에서 승정의 운영 방식이 정비되었다.

고려에서 실시한 불교 제도는 크게 승과(僧科), 승계(僧階)와 승직(僧職)의 수여로 구분해 이해되었다. 관료를 선발하기 위한 과정이 과거이듯이 승과는 승관이 될 수 있는 상층 승려를 선출하는 시험이다. 승계는 원칙적으로 승과에 합격한 이들이 얻는 위계이며, 승계에 따라 그에 합당한 승직에 임명하는 형식이었다. 여기서 승정이라고 규정할 수 있는 것은 승계와 승직의 임명이다. 행정 관료의 과거를 예부에서 주관하고 이후 이들의 관계(官階)·관직의 임명을 이부에서 행하듯, 승과와 승정은 구별해 파악해야 한다. 이는 『세종실록』 권82, 세종 20년 7월 신묘일의 사간원(司諫院) 상소에 "승선과 승직의 법(僧選僧職之法)" 혹은 "승려를 선발하는 것과 승정의 법(僧選之擧僧政之法)"이라고 승과와 승정을 구분하는 것에서도 확인된다.

고려는 독자적으로 중국에도 없었던 승과와 승계 제도를 운영했을 뿐만 아니라 중국에서 실시되었던 자의의 하사(賜紫), 사호(師號, 賜師號)와 법호의 하사 방식도 사용했다. 사자(賜紫), 사호와 법호는 국가가 일정 승려에게 하사하는 공적인 지위였고, 이 또한 승정의 일환으로 운영되었다. 이는 『고려사』 권33 세가, 충선왕 즉위년 정월 무신일의 하교(下敎)에서 승려에게 주어지는 비직(批職)이 과다한 문제를 거론하며 "법덕(法德)이 수승한 이들에게는 법호를 더해주라(今後有法德殊勝者方加法號)"라고 한 것에서 알 수 있다. 고위 승계나 승직 대신 법호를 수여하라는 것은 법호가 승계나 승직과 유사한 기능을 하고 있음을 보여준다.

승계의 구조

고려시대의 승계는 하위부터 대덕(大德)—대사(大師)—중대사(重大師)—삼중대사(三重大師)—수좌(首座)·선사(禪師)—승통(僧統)·대선사(大禪師)의 순서였다. 교종의 승통과 선종의 대선사 상위에 도승통(都僧統)과 도대선사(都大

禪師)의 존재가 확인되기는 하지만 소수의 사례이고, 승통과 대선사 중 일부에게 부수적으로 하사되었다고 이해된다. 한편 대선(大選)을 승계로 보는 견해도 있었지만, 과거에 합격한 후 아직 관직에 임명되지 않은 이들을 진사나 수재라고 호칭했던 것처럼 대선도 승과에 합격한 후 아직 승계를 받지 못한 이들로 파악되기도 한다. 고려 말인 우왕 대부터 중덕(中德)과 같은 새로운 승계가 나타나고 있으나 고려시대 전체를 감안하면 앞에서 말한 6단계 승계로 운영되었다고 보아도 무방하다.

광종 대까지는 대덕과 대사, 중대사, 삼중대사의 승계만이 보인다. 이 중에서도 초기 승계는 대덕과 대사이다. 신라 진평왕이 지명(智明)을 대덕으로 임명한 이래 승관에게 수여한 지위였던 대덕이 고려시대에 하위 승계로 수용된 듯하다. 대덕과 대사는 중국에서 덕호(德號)와 사호(師號)라는 명칭으로 승려에게 사여된 것에서 기원했고, 신라의 대덕도 이에 영향을 받았을 것이다. 고려 초에 대사라는 명칭은 입적 후 탑비 설립을 국가에서 허락받은 승려에게 하사하는 시호로 사용되기 시작했다. 그 이후 생존해 있는 승려에게 법호와 대사 호칭이 주어지면서 이후 대덕과 함께 대사가 승계로 정착되었다. 한편 신라 관제인 중위제(重位制)와 유사하게 중대사와 삼중대사는 대사에서 분리되었을 것이다. 이는 소현(韶顯)을 "금산사의 주지이자 삼중대사"라고 설명하고 나서 곧이어 그를 대사라고 다시 호칭한 데에서 대사, 중대사, 삼중대사의 관련성을 이해할 수 있다.

성종 이후 고위 승계가 추가되었다고 하며, 실제 지종(智宗)과 영준(英俊)이 목종 대에 선사로 임명되고 결응(決凝)과 정현(鼎賢)이 현종 대에 수좌(首座)로 승격되었다. 수좌·승통, 선사·대선사와 같은 교종과 선종의 고위 승계도 불교계에서 사용하던 단어를 수용한 것이다.

승계는 원칙적으로 승과에 합격해야 받을 수 있었다. 이는 고려 후기 수선사 2대 사주인 혜심(惠諶)에게 선사와 대선사가 제수된 사실을 서술하면서

"승과[選席]를 거치지 않고 승계[緇秩]에 오른 것이 처음"이라고 언급한 데서 알 수 있다. 승과는 예비시험과 최종시험으로 구분되고, 교종과 선종으로 나뉘어 실시되었다. 승과 합격자는 대체로 과거의 제술업 응시자의 신분적 제한과 유사하게 관료나 향리의 자식이었고, 이는 고려시대 지배층의 일원이 승과에 응시했음을 보여준다.

한편 승과에 합격해야 승계를 받을 수 있다는 원칙은 왕자에게 적용되지 않았다. 대표적으로 문종의 아들인 의천은 승과를 보지 않고 승계를 받았으며, 왕자 출신 승려들은 대부분 승과를 거치지 않았던 것으로 확인된다. 반면 예종의 후궁 은씨(殷氏)의 소생인 지인(之印)은 승과에 합격했다고 하므로, 소군(小君) 계열은 왕자와 달리 승과를 거쳐야만 승계를 받을 수 있었던 것 같다.

왕자의 특수한 사례를 제외하고, 승과를 거치지 않은 채 최초로 선사 이상의 승계를 받은 혜심의 경우에는 고려 전기와 다른 무신정권기의 변화와 함께 당시 집정자였던 최이(崔怡)가 자신의 아들인 만종(萬宗)과 만전(萬全: 崔沆)을 혜심의 제자로 출가시킨 인연이 영향을 주었을 것이며, 더불어 그가 과거의 예비시험인 사마시 합격자라는 사실도 승과에 합격할 만큼 학식이 있다는 명분이 되었을 것으로 본다. 그 이후 고승 비문의 서술에서 승과를 중시하지 않는 경향도 나타나고 승과 합격이 언급되지 않은 경우가 있어, 고려 후기에 고위 승계와 승직을 보유한 승려가 승과를 통과했는지 확인하기 어려운 경우도 있다. 실제로 혜심 이후 승과 합격이 승계를 받을 수 있는 조건이라는 원칙이 붕괴된 듯하다. 수선사나 백련사 사주(社主)로 예부시나 사마시에 합격한 후 출가해 승과를 다시 보지 않고 승계를 하사받은 이들이 있다.

승직의 종류

사원을 유지하기 위해서는 이를 관리하고 운영할 승려 조직과 직임이 필요하다. 사원에서 자체적으로 만든, 선종 사원의 삼강(三綱) 등이 이에 해당한다. 이와 달리 국가가 전체 불교계를 장악하기 위해 승려에게 어떠한 직임을 주는 것이 승직이다. 고려시대의 승직도 계서적으로 구성되어 승계에 상응해 임명한 것으로 파악된다. 고려시대에 운영했던 대표적인 승직으로 왕사·국사, 주지, 승록사(僧錄司) 소속 승관 등이 있다. 이 외에도 궁궐 내 내원당(內願堂)의 감주(監主)나 사원 내 전각의 대표 격인 원주(院主)·방주(房主) 등이 있으나 이들은 관련 기록이 적어 임명 원칙 등을 파악하기 어렵다.

고려시대의 왕사·국사 제도는 신라에서 국사를 임명했던 경험과 국가 원로를 국왕의 스승으로 대우했던 것에 영향을 받아 만들어졌다. 태조 왕건에 의해 국왕과 밀착된 왕사가 먼저 임명되었고, 이후 광종 대부터 신라를 본떠 국사도 다시 책봉했다. 고려 전기의 왕사는 대부분 생전에 책봉되어 국왕의 위상을 높이는 실질적인 활동을 한 반면, 국사는 책봉과 사후 추봉의 사례가 거의 비슷할 정도였다. 책봉된 국사라고 하더라도 곧 지방으로 하산하여 불교계를 대표하는 상징적인 역할을 했다. 후기에는 조금 성격이 변해 왕사와 국사 대부분이 책봉을 전후해 하산하면서 특별한 기능을 하지 못했고, 도리어 국왕이나 집권자의 지원을 받는 승려가 승정에 관여하는 등 정치권력과 유착되는 모습을 보였다. 또한 고려 전기에는 왕사를 지낸 사람이 국사로 책봉되는 절차를 거친 데 비해 후기에는 왕사를 거치지 않고 바로 국사로 임명되는 사례도 꽤 있어, 왕사와 국사의 의미가 유사해졌음이 드러난다. 고려시대의 왕사와 국사는 당시 유력한 종파의 고승으로서 승통이나 대선사라는 최고 승계를 가진 이들 중에서 임명되었다. 그들은 국왕을 향해 신하로 칭하지 않아도 되는 존재로 추앙받아 불교의 '국교'적인 면모를 가장 잘 드러내는 존재였다.

주지는 사원 내의 승려를 통솔하고 재정을 총괄하므로, 국가에서 주지 임명을 장악하는 것은 전국 사원을 중앙집권적으로 관리할 수 있는 방법이었다. 그러므로 고려는 일정 규모 이상 사원의 주지를 국왕의 명령으로 선발해 보내는 '칙차(勅差)' 방식을 사용했다. 물론 규모가 작고 개인적으로 만들어진 암자 정도의 사원까지 국가가 관여할 수는 없었을 것이다. 그러나 일정한 토지와 승려를 보유한 사원에는 국가가 주지를 차정(差定)하거나 사원 내 원칙에 따라 주지가 임명되면 이를 용인하는 방식을 통해 사원을 통제했다.

국가가 주지를 일방적으로 결정하는 방식 외에 이른바 '부동사원(不動寺院)'·'법손사원(法孫寺院)'이라고 하는, 사원 내에서 결정된 주지를 국가가 인정해 주는 방식도 있었다. 부동사원은 해당 사원을 창건하거나 영향력이 큰 고승의 제자들이 주지를 상속해 변동되지 않도록[不動] 허락한 사원이고, 법손사원은 그 고승의 법손이 주지직을 계승하는 사원으로 이 둘은 비슷한 유형이었다. 또한 주지가 바뀌어 사원 내 승려들이 동요하는 것을 빌미로 해당 사원을 창건·중창했거나 토지 등을 시납한 세속 가문 또는 유력 인물이 사원 내에서 재덕(才德) 있고 중망(衆望) 있는 승려로 주지를 임명할 수 있도록 국가에서 허락하는 경우도 있었다. 이 또한 법손사원 등과 유사하다.

이와 같이 국가에서는 일정 규모 이상 사원의 주지임명권을 장악하려고 했고, 법손사원 등을 인정하면서도 기회가 생길 때마다 이 사원들의 주지를 임의로 교체하려 시도했다. 세속 가문과 사원이 결탁해 중망을 핑계로 사원을 사적으로 소유하는 것은, 말 그대로 불교계가 사유화됨으로써 사원 소속 승려와 토지에 대한 국가 장악력이 약화되는 현상이었다. 즉, 국가에서 사원의 주지임명권을 가지려고 한 것은 인적 요소인 승려와 경제적 요소인 토지를 소유한 사원을 장악하기 위함이었다. 불교를 국교처럼 신앙했던 고려이기는 하지만 불교를 국가 체제 안에서 관리하고자 했고, 이것이 주지를 대표로 하는 승직에 대한 임명권 장악이라는 방법으로 드러났던 것이다.

승록사는 고려 정치 조직 중 불교와 관련된 거의 유일한 관청이지만, 『고려사』 백관지에 수록되어 있지 않고 단편적인 기록만이 남아 있어 이를 통해 유추할 수밖에 없다. 승록사는 좌가(左街)와 우가(右街)가 합쳐 양가(兩街)로 조직되었다. 『고려사』 권2 「세가」 태조 21년 3월에 서천축의 승려가 왔을 때 왕이 양가에 법가(法駕)를 갖추어 맞이하도록 했다는 기사를 통해 태조 때 이미 승록사가 설치되었거나 초기적인 조직이 만들어졌음을 알 수 있다. 승록사 소속 승관은 하위부터 (좌우)승유(僧維)—(좌우)승정(僧正)—(좌우)부승록(副僧錄)—(좌우)승록(僧錄)—양가도승통(兩家都僧統)의 위계가 확인되며, 하위에 승사(僧史)도 존재했다. 승록사의 가장 중요한 역할은 고려 정부가 관할하는 승려의 승적을 보관하고 관리하는 것이었다. 그 이후 역할이 확장되어 왕사·국사의 책봉과 하산, 입적 후 장례와 탑비 조성 등에 관여했고, 주지 임명 등의 안건이 있을 때 해당 사원 및 중앙관청을 매개하는 역할을 했으며, 사원 건설과 사원에 머물 승려의 선발, 불교 행사 주선에도 참여했다. 승록사의 예속 관계는 드러나지 않지만, 중국의 경우 예부에 소속되었고 현존하는 혜심의 관고 작성에 예부 관리가 참여한 것으로 보아 고려시대의 승록사도 예부 소속이었다고 여겨진다.

사자와 사호, 법호의 하사

사자(賜紫)는 중국에서 승려를 관료처럼 대우하면서 자색 방포(方袍)를 사여한 것에서 시작되어, 승려의 지위를 표시하는 데 이용되었다. 고려에서도 '사자'를 자체적으로 하사하면서 고려의 독자적인 승계와 함께 승려의 직함으로 사용했다. 고려시대의 '사자' 또는 '사자사문(賜紫沙門)'은 사원 창건의 관리자나 비문의 각자(刻字)로 불사에 참여한 이들, 불서의 찬술자나 교감자, 서자(書者), 승록사의 승관이었다. 이들은 승계와 함께 '사자'를 겸대했고, 한 번 '사자'를 받으면 종신토록 유지되었던 듯하다. 이는 '사자'를 보유한 승려로 최하 승계인 대덕부터 최고 승계인 승통까지 확인되기 때문이다. 고려가 독자적인 승계 제도를 만들었음에도 중국에서 만들어진 '사자' 제도를 함께 운영한 이유는 당시 불교계의 국제성에서 찾을 수 있다. 송과의 인적·물적 교류 속에 중국에서 하사하는 '사자'의 보유가 국제적으로 해당 승려의 신원을 보증하는 역할을 했을 것으로 파악된다. 불서의 교감자나 서자의 기록에서 '사자'의 사례가 많이 보이는 것도 이 책들이 중국으로 전달될 것을 감안했기 때문이다. 사호(師號)도 사자와 함께 고려 전기부터 사용되었을 가능성도 있지만, 고려 자체의 승계인 대사와 구분하기 어려워 기피되었는지 전기에는 사자의 사례가 상대적으로 많이 보인다.

사호는 대사(大師)라는 호칭과 법호를 연결시켜 모(某) 대사라고 지칭하는 것으로, 사호를 하사한다는 의미로 사사호(賜師號)로도 불렀다. 이는 고려에서 자체적으로 만든 승계인 대사와는 구분된다. 사호를 승려가 보유한 사실은 고려 후기에 분명히 드러나는데, 이 승려들은 고려의 독자적인 승계를 보유하는 동시에 국가에서 사호를 받았다. 승려에 대한 사호 하사는 원 간섭기에 본격적으로 나타나며, 이와 함께 승려에게 문산계(文散階)와 봉군호(封君號)를 주는 현상도 나타나는 것은 원과 교류가 잦아지면서 중국의 제도를 고려에서 혼용했기 때문으로 추정된다. 고려 전기에 사자의 사례가 대부분이었던 반면, 후기에 사호가 많이 나타나는 것은 통상적으로 사자 후 7년이 지나야 사사호를 받을 수 있었던 계서 관계가 영향을 주었을 것이다. 고려에서는 독창적인 승계를 사용하는 가운데 원의 영향을 받아 중국의 제도를 사용하게 되면서 기왕이면 좀 더 높은 사호를 보유하는 것이 유리했을 것이다.

법칭(法稱)·의호(懿號)로도 불렸던 법호는 승려의 덕행을 드러내기 위한 것으로, 스스로 지어 사용한 자호(自號)와 달리 국가에서 공식적으로 하사한 이름이다. 중국에서는 사호와 함께 법호가 연칭으로 사용되었고, 2자(字) 단위로 하사되었다. 고려에서도 훈호(勳號)·공호(功號)의 의미로 승려에게 하사했는데, 전기에는 '우세승통(祐世僧統)'과 같이 승계를 함께 사용해 지칭했다. 현재 확인되는 가장 긴 법호는 해린(海麟)의 34자 법호이다. 후기에도 법호가 하사되었는데, 이때는 사호와 함께 사용되는 등 변화된 모습이 보인다. 국왕의 즉위와 같은 국가 의례 참석자에 대한 포상, 사면령이 내려지는 시기에 주어지는 진급 등에 관료와 함께 승려도 대상이 되었다. 이와 같은 포상으로 인해 승려들은 다수의 법호를 보유하게 되었다. 이는 하사할 수 있는 승계와 승직의 수가 한정되어 있었던 점을 여러 개의 법호를 통해 해결했기 때문이다.

또한 동 시기의 여러 승려에게 동일한 법호를 내리기도 했다. 이는 여러 명의 승려에게 법호를 하사하는 과정에서 사여할 수 있는 법호의 종류가 한정적일 수 있다는 면과 동일한 법회나 행사에 참석한 이들에게 같은 법호가 주어졌을 가능성 때문이다. 한편 고려 전기에 법호를 보유한 승려는 최하위 승계인 대덕부터 최고 승계인 승통·대선사까지 존재한다. 반면 동일한 사료에서 승계를 가진 승려 중에서 법호를 보유한 이와 그렇지 않은 이가 있어, 승계를 가지고 있다고 해서 법호가 반드시 하사한 것은 아닌 것 같다. 역시 법호도 승계와 달리 수여되는 원칙이 있었고, 한 번 받은 법호는 영원히 보유했다.

승정의 운영

고려시대에 운영되었던 승려의 인사 행정인 승정은 이상에서 언급한 승계, 승직, 사자·사호, 법호를 국가에서 승려에게 하사하는 과정에서 이루어졌다. 승정에 포함된 이들은 고려시대 전체 승려 중 소수였다는 점을 기억해야 한다. 지방에 산재했을 사도승(私度僧)이나 세속적인 출세를 기피한 승려들은 승정 체제에 포함되지 않았다. 지배층이 아닌 계층도 불교의 깨달음을 추구하여 출가해 승려가 될 수는 있었지만, 승과에 합격해 승정의 대상이 된 인물 대부분은 관인이나 향리 출신이었으므로 그 이하 계층 출신 승려는 승정을 통해 국가의 통제를 받는 대상이 되지 못했다. 그러므로 고려시대에 운영되었던 승정은 상층 승려에 국한된 것이고, 이 소수를 통해 전체 불교계를 통제하는 방법이었던 것이다.

관고(官誥)는 고위 관인의 임명장인데, 삼중대사부터 대선사·승통에게 하사된 관고의 내용이 전하고 있어 승계의 임명도 관인과 유사한 형태 및 과정이 있었음을 확인할 수 있다. 또한 승계의 임명이 관직과 마찬가지로 제(制)·수(授)·배(拜)·비(批)와 가(加)·위(爲) 등으로 언급되고 있고, 삼중대사 이상의 임명은 참상(叅上)과 동일하게 비(批)로 표현되어 그 이하의 승계와 구분되고 있음도 확인된다. 대략 24세 무렵에 승과에 합격하여 대덕 승계를 받고 40세 정도에 삼중대사가 되며, 50세 초반에 승통이나 대선사가 되었다는 연구 성과가 있다. 고려시대에 생존했던 승려 중 극히 일부분의 기록에 근거해 파악한 내용이지만, 이를 통해 경향성 정도는 확인할 수 있을 것이다. 물론 이러한 내용도 개인별로 차이가 커서 왕자였던 의천은 출가한 지 2년 만인 13살에 최고 승계인 승통을 받기도 했다. 승계마다 승진 연한이 있고 해당 승려의 활동과 업적이 반영되었을 테지만, 소속 종파나 스승의 영향력, 본인과 친인척의 정권과의 밀착 정도 등도 영향을 주었을 것이고, 원칙을 지키던 시기와 그렇지 않았던 시기의 차이도 있었을 것이다.

주지의 임명은 종파별로, 승계에 상응해 이루어졌다. 사원의 크기나 중요도에 따른 차이가 있었고, 그 격에 맞는 승계의 승려가 주지로 임명되었던 것 같다. 또한 사원별로 소속 종파가 있어서 그 종파의 승려가 주지로 파견되었다. 몽골과의 전쟁 이후 폐사하거나 경제력이 약화된 사원이 증가하면서 종파 간에 사원의 소유를 둘러싼 다툼이 발생하고 있지만, 기본적으로 사원별로 소속된 종파가 존재했다. 주지직의 연한도 승계와 마찬가지로 몇 개 사례를 통해 유추할 수 있는데 대략 5~9년 정도였고, 3~5년인 사례가 많았다. 조선시대의 규정이지만, 『경국대전(經國大典)』 예전(禮典) 도승(度僧)에서 주지를 30개월마다 교체한다고 해서 임기가 대략 3년 정도였을 것으로 생각되며, 연임도 상정할 수 있다. 2개 이상의 사원 주지직을 겸직하는 현상도 나타나는데, 이때는 개경의 사원을 중시하면서 지방 사원을 통해 경제적 혜택을 누리려 했던 것으로 파악된다. 이러한 현상은 주지직을 특정 승려에게 집중시키는 고려시대 불교계의 귀족적인 성향으로 설명되기도 한다.

승정이 관직의 인사행정과 크게 차이가 나는 것은 공의(共議)라는 과정이다. 인종 때 활동했던 관오(觀奧)의 묘지명에 의하면 그는 공의에 의해 월악사(月岳寺)에 첫 주지로 임명된 후 주지 발령 때마다 공의로 옮겼다고 기록하고 있다. 공의는 단어 그대로 '함께 의논한다'는 뜻으로, 공론(公論)이나 첨언(僉言)으로 표현되며 승계 수여와 왕사 임명 과정에도 사용되었다. 승계와 승직의 임명이 국가의 행정 체계에서 실시되지만 불교계의 일이기도 하므로, 그들의 의견을 수렴하여 반영하는 절차로 이해된다. 『대각국사문집(大覺國師文集)』 권9 「□□왕교서장(□□王教書狀)」에서 의천이 주지 추천의 명령을 받았다는 언급이나 비슷한 시기에 국사 덕연(德淵)이 덕겸(德謙)을 자신을 계승할 인물로 언급한 후 주지로 임명된 사실을 볼 때, 종장(宗長)이나 왕·국사와 같은 고승들의 추천이 공의로 반영된 것으로 여겨진다.

승정을 담당한 관청을 예부로 파악하는 견해도 있지만, 승정 또한 문관의 전주(銓注)와 같이 이부에서 이루어졌다고 보는 것이 타당하다. 『경국대전』에서 주지를 임명할 때 양종(兩宗)의 추천이 예조에 보고(報本曹)된 후 이조로 옮겨져서(移文吏曹) 주지가 파견(磨勘差遣)되었다는 언급에서도 승정이 이조에서 이루어지고 있음을 보여준다. 불교계의 공의를 예조에서 보고받은 것은 승적을 관리하는 승록사가 예조의 속관이기 때문이다. 마찬가지로 수선사의 2대 사주인 혜심의 고신에 예부의 인물들이 서명하는 것도 예부가 승정을 담당하고 있어서가 아니라 승적을 보관하는 승록사의 상위 관청이 예부이기 때문이다. 고려시대에 부모상에서 관리를 기복(起復)하도록 요청하고 왕지(王旨)를 받는 것은 예부이지만, 이 또한 예부가 상례와 관련되었기에 담당한 것이지 예부가 관리의 전주(銓注)를 담당하는 곳이 아니었던 것과 비슷하다. 한편 공민왕 때 신군평(申君平)과 원송수(元松壽)가 정방(政房)의 일원으로 승직을 제수하는 일에 관여했던 사실도 승정이 관리의 인사 행정과 동일한 방식으로 실시되고 있었음을 방증한다. 또한 조선시대의 일이기는 하지만 이조판서였던 허성(許誠)이 주지 임명에 중요 관련자였던 사례도 고려시대 승정이 이부에 의해 주관되었음을 짐작케 한다. 승계와 승직 임명 과정에서 이부 혹은 정방의 전주 다음에 대간(臺諫)의 서경(署經) 절차를 거치고 있어 관리의 임명 과정과 일치한다. 서경은 권력자의 일방적인 관직 임명에서 나올 수 있는 문제를 방지하고 신분제와 사회질서에 위반되는 이의 관직 임명을 막기 위한 절차인데, 이것이 승정 과정에도 포함되었다. 승계와 승직을 임명할 때 서경을 시행하는 이유도 관직 사례와 유사할 것이다.

이부나 정방이 승정을 담당하는 관청이었다면 고려시대 유일의 불교 관련 관청인 승록사는 승정에서 어떤 역할을 했을까. 승록사에서 승적을 보관하고 있으므로 이와 연결된 업무를 맡았다. 공의라는 불교계의 의견을 반영할 뿐만 아니라 해당 승려의 이전 활동과 업적을 파악하기 위해 승적을 확인할 필요가 있었을 것이고, 승계와 승직이 변동되면 이것이 승적에 기록되어야 했다. 앞서 언급한 승록사 관련 업무를 살펴보면 주지 임명과 관련한 문제가 발생했을 때 해당 사원과 중앙 관청의 전달자 역할을 하고 있다. 또한 흥왕사 창건 때 그곳에 머물 승려를 선발하는 일에 참여하고 있다. 주지를 포함해 승려의 거주 사원이 승적에 기록되어야 하므로 이런 업무에 승록사가 참여할 수밖에 없다. 왕사나 국사의 책봉·하산·입적 때 이루어지는 절차에 참여하는 것도 왕사나 국사의 임명과 그들이 머무는 사원, 탑비의 위치 등이 승적에 포함되어야 하므로 승록사가 이와 같은 의례에 참여하게 되었다. 또한 국가적인 불교 사무에 일반 관료와 승관을 함께 파견[道俗重使]하는 것이 관례화되면서 승록사의 승려가 참가하게 되었다. 그 외에도 문종의 생일인 성평절(成平節)에 개경과 지방의 사원에서 기복도량을 개설하도록 건의하거나 명종 당시 보제사의 중수 낙성회 때 국왕이 친행하도록 주청하는 것을 통해 사원에서 이루어지는 불교 행사에 일정한 역할을 한 것으로 파악된다. 고려시대에 불교와 관련한 대표적인 관청이기 때문에 수행해야 할 소임이었을 것이다.

한편 고려 후기에 이르러 승정이 전기에 비해 문란해졌음은 고려 말 조선초의 비판적인 언급에서 강조되는데, 이러한 해석은 대체로 수긍된다. 국왕이 한 명의 승려에게 승정을 오롯이 맡기고 승계와 승직이 뇌물에 의해 수여되는 현상에는 당연히 문제가 따른다 . 그러나 절차를 살펴보면 불교계의 공의(共議)가 글자 그대로 여론의 합의에 의한 것이 아니라 특정 승려에게 '전관(專管)'되었던 것뿐이다. 공민왕 대에 보우(普愚)가 여러 사원의 주지를 주의(注擬)할 때도 정방에서 승직 임명 절차가 이루어지고 있었다. 불교계의 공의가 각 종파의 의견을 모으는 것이 아니라 국왕의 총애를 받고 국왕을 지지하는 특정 승려의 의견으로 이루어지는 상황이 문제였다. 이것은 인도의 초기 불교 모습과 달리 임금의 신하가 되어 관료화한 불교계의 난제였다. 이는 불교 세력을 장악하기 위해 승직과 승관의 임명을 국가가 결정하고 상층 승려를 관료화한 것에서 시작되었다. 즉, 승정은 중국에 불교가 들어온 이후 국왕에게 예속되고 정권의 통치를 받는 과정에서 형성된 것으로, 불교계의 타락이라고 비판받게 되는 요소였다. 승정을 통해 불교계가 중앙집권적으로 종속된 양상은 조선이 건국된 이후 승정의 영향력 하에 있던 세력들의 급격한 변화를 야기했다. 성리학에 의해서 통치된 조선시대에 승정이 폐지되게 되면서 승정에 포함되어 있던 국가 예속적이고 중앙 중심적인 상층 불교계가 일시에 몰락하게 되었던 것이다.

〈표 9-1〉 고려시대 왕사 및 국사

법명	시호	종파	왕사 재임 시기	국사 재임 시기	전거
경유(慶猷)	법경대사(法鏡大師)	선종	?~태조 4년(사망)		「碑」
충담(忠湛)	진공대사(眞空大師)	선종	?~태조 23년(사망)		『史』 卷2, 「碑」
璨幽(璨幽)	원종대사(元宗大師)	선종		광종?~ 광종 9년(사망)	「碑」
지□(智□)	홍제존자(弘濟尊者)	선종	정종 2년~ 광종 19년(국사 책봉)	광종 19년~ 광종 25년(사망)	『史』 卷2, 「碑」
긍양(兢讓)	정진대사(靜眞大師)	선종	?~광종 7년(사망)		「碑」
탄문(坦文)	법인(法印)(國師)	화엄종	광종 19년~ 광종 26년(국사 책봉)	광종 26년(책봉, 사망)	『史』 卷2, 「碑」
?	홍법(弘法)(國師)	선종		목종	「碑」
지종(智宗)	원공국사(圓空國師)	선종	현종 4년~ 현종 9년(사망)		「碑」
법경(法鏡)	대지국사(大智國師)	유가종	현종 11년~ 덕종 원년(국사 책봉)	덕종 원년~?	『史』 卷4·5, 「玄化寺碑」, 「碑」
결응(決凝)	원융국사(圓融國師)	화엄종	정종 7년~ 문종 원년(국사 책봉)	문종 원년~ 문종 7년(사망)	『史』 卷7, 「碑」
정현(鼎賢)	혜소국사(慧炤國師)	유가종	문종 3년~ 문종 8년(국사 책봉)	문종 8년(책봉, 사망)	「碑」
해린(海麟)	지광국사(智光國師)	유가종	문종 10년~ 문종 12년(국사 책봉)	문종 12년~ 문종 24년(사망)	『史』 卷8, 『要』 권5, 「碑」
난원(爛圓)	경덕국사(景德國師)	화엄종	문종 12년~ 문종 20년(사망)		『史』 卷8, 「墓」, 「海麟碑」
소현(韶顯)	혜덕왕사(慧德王師)	유가종	숙종 원년 사망하면서 추봉		「碑」
덕창(德昌)		유가종	예종 즉위년~ (예종 2년?)		『史』 卷12

담진 (曇眞)	혜조국사 (惠照國師, 慧炤國師)	선종	예종 2년~ 예종 9년(국사 책봉)	예종 9년~?	『史』卷12·13, 「坦然碑」
낙진 (樂眞)	원경 (元景, 王師)	화엄종	예종 9년~ 예종 12년 이전(사망)		『史』卷13,「碑」
덕연 (德緣, 德淵)		유가종	예종 12년~ 인종 즉위년(국사 책봉)	인종 즉위년~?	『史』卷14·15, 「(僧)金德謙墓誌銘」
학일 (學一)	원응국사 (圓應國師)	선종	인종 즉위년~ 인종 22년(사망)		『史』卷14,「碑」
탄연 (坦然)	대감국사 (大鑑國師)	선종	인종 23년~ 의종 12년(사망)		「碑」
담휴 (曇休)	정혜왕사 (正慧王師)	유가종	(예종 때 활동)		「(僧)金義光墓誌銘」
덕소 (德素)	원각국사 (圓覺國師)	천태종	명종 원년~ 명종 4년(?, 사망)		「碑」,『史』卷19
지겸 (至謙)	정각국사 (靜覺國師)	선종	강종 2년~ 고종 16년(사망)		「碑」,『史』卷21
혼원 (混元)	진명국사 (眞明國師)	선종	고종 46년~ 원종 12년(사망)		「碑」,『史』卷25
일연 (一然, 見明)	보각국존 (普覺國尊)	선종		충렬왕 9년~ 충렬왕 15년(사망)	「碑」,『史』卷29
혜영 (惠永)	홍진국존 (弘眞國尊)	유가종		충렬왕 18년~ 충렬왕 20년(사망)	「碑」,『史』卷30
경의 (景宜)	원혜국통 (圓慧國統, 國尊)	천태종		충렬왕 21년~?	『史』卷31,『東文選』 卷68·109·111·118, 「混丘碑」
정오 (丁午)	무외국통 (無畏國統, 國師)	천태종	충렬왕 33년~ 충숙왕 즉위년 (국통 책봉)	충숙왕 즉위년~ (충숙왕 5년 이후)	『史』卷34,『要』卷23, 『東文選』卷68·118, 『萬德寺志』
혼구 (混丘)	보감국사 (寶鑑國師)	선종	충숙왕 즉위년~ 충숙왕 9년(사망)		『史』卷34,「碑」
미수 (彌授, 子安)	자정국존 (慈淨國尊)	유가종		충숙왕11년~ 충숙왕 14년(사망)	「碑」
조형 (祖衡)		?	충숙왕 12년~?		『史』卷35
내원 (乃圓)		?	충혜왕 원년~?		『史』卷36
복구 (復丘)	각진국사 (覺眞國師)	선종	(충혜왕 후 2년 이전)~공민왕 4년(사망)		「碑」, 「白巖山淨土寺事蹟」, 「白巖山淨土寺橋樓記」

보우(普愚, 普虛)	원증국사(圓證國師)	선종	공민왕 5년~공민왕 15년[사위(辭位)]	공민왕 20년~우왕 8년(사망)	「碑」, 『史』 卷39
선현(禪顯)		?	공민왕 16년~?		『史』 卷132
천희(千熙, 千禧)	진각국사(眞覺國師)	화엄종		공민왕16년~(공민왕 20년, 하산)	「碑」, 『史』 卷132
혜근(惠勤)	선각왕사(禪覺王師)	선종	공민왕 20년~우왕 2년(사망)		「碑」, 『牧隱文藁』 卷14, 『東文選』 卷119, 『史』 卷43
찬영(粲英, 贊英)	대지국사(大智國師, 智鑑國師)	선종	우왕 9년~창왕 원년		「碑」, 『史』 卷135·137
혼수(混修)	보각국사(普覺國師)	선종		우왕 9년~태조 원년(사망)	『史』 卷135·137, 「碑」

주: 『高麗史』는 『史』로, 『高麗史節要』는 『要』로 표시를 한다. 승려들의 비문은 본인의 비일 경우는 「碑」로만, 다른 승려의 비문에 언급되었을 경우 간단히 「某碑」라고 표시했다. 묘지명일 경우 역시 「墓」로만 표현하고, 다른 사람의 묘지명에서 이야기되었을 때는 비와 동일한 원칙으로 기록한다.

승려들은 법명으로 구분했고 시호는 최종적으로 받은 것을 기록했다. 그들의 임명 시기가 정확하지 않을 경우 물음표로 표시했다. 왕사 역임 이후 국사로 책봉되었는지 아니면 왕사로 사망했는지를 구분하여 보았다.

자료: 박윤진(2006).

〈표 9-2〉 고려시대에 추봉된 국사

법명	시호	종파	추봉 시기	활동 시기	전거
?	증통국사(證通國師)	?			『史』 卷90, 列傳3
겸신(謙信)		화엄종		광종	『均如傳』
혜거(慧炬)	혜거국사(慧炬國師)	선종		광종	「碑」, 「英俊碑」
?	징현국사(澄賢國師)	?		경종	『東文選』 卷9 「澄賢國師影堂」
영준(英俊)	적연국사(寂然國師)	선종	현종 5년 사망 후 추봉		「碑」
지종(智宗)	원공국사(圓空國師)	선종	현종 9년 사망 후 추봉		「碑」

난원 (爛圓)	경덕국사 (景德國師)	화엄종	문종 20년 사망, 추봉 시기는 불명확		「墓」
석후 (釋煦, 義天)	대각국사 (大覺國師)	화엄종	숙종 6년 사망 후 추봉		『史』卷90 列傳3, 「(靈通寺)碑」, 「(僊鳳寺)碑」, 「墓」
?	보조국사 (普照國師)	?	인종 7년 이전		「學一碑」
계응 (戒膺, 繼膺)	무애지국사 (無㝵智國師, 無碍智)	화엄종	추봉	예종, 인종	『破閑集』卷中, 「靈通寺大覺國師碑」, 「(僧)康敎雄墓誌銘」, 『史』卷16
징엄 (澄儼)	원명국사 (圓明國師)	화엄종	인종 19년 사망 후 추봉		「墓」
학일 (學一)	원응국사 (圓應國師)	선종	인종 22년 사망 후 추봉		「碑」
탄연 (坦然)	대감국사 (大鑑國師)	선종	의종 12년 사망 후 추봉		「碑」
?	원진국사 (圓眞國師)	?		의종 전후 시기	「冲曦碑」
?	원경국사 (圓鏡國師)	?		명종 4년 이전	『補閑集』卷下, 『新增東國輿地勝覽』 卷11
덕소 (德素)	원각국사 (圓覺國師)	천태종	명종 4년(?) 사망 후		「碑」
종린 (宗璘)	현오국사 (玄悟國師)	화엄종	명종 9년 사망 후		「碑」
충희 (冲曦, 玄曦)	원경국사 (元敬國師)	화엄종	명종 13년 사망 후		『史』卷17·88·90, 『要』 卷12, 「碑」, 「宗璘碑」, 『新增』卷46
지눌 (知訥)	보조국사 (普照國師, 佛日普照)	선종	희종 6년 사망 후		「碑」
승형 (承逈)	원진국사 (圓眞國師)	선종	고종 8년 사망 후		「碑」
지겸 (志謙, 至謙)	정각국사 (靜覺國師)	선종	고종 16년 사망 후		「碑」
혜심 (惠諶)	진각국사 (眞覺國師)	선종	고종 21년 사망 후		「碑」
요세 (了世)	원묘국사 (圓妙國師)	천태종	고종 32년 사망 후		「碑」

천인 (天因)	정명국사 (靜明國師)	천태종	고종 35년 사망 후(?)		『東文選』卷83
몽여 (夢如)	청진국사 (淸眞國師)	선종	고종 39년 사망 후(?)		「惠諶碑」, 「混元碑」, 「天英碑」
혼원 (混元)	진명국사 (眞明國師)	선종	원종 12년 사망 후		「碑」
경지 (鏡智)	원정국사 (圓靜國師)	선종		고종, 원종	『史』卷88·91, 『動安居士行錄』卷1, 「承迥碑」, 「混元碑」
각응 (覺膺)	충명국사 (冲明國師)	화엄종			『史』卷88·91
천영 (天英, 安其)	자진원오국사 (慈眞圓悟國師)	선종	충렬왕 12년 사망 후		「碑」
충지 (冲止, 法桓)	원감국사 (圓鑑國師)	선종	충렬왕 19년 사망 후		「碑」
천책 (天頙)	진정국사 (眞靜國師)	천태종		고종·원종·충렬왕	『湖山錄』, 『東文選』卷14
	자오국사 (慈悟國師)	선종		충렬왕	『新增』卷17, 「普光寺重刱碑」
	혜각국존 (慧覺國尊)	화엄종?		충렬왕	「華嚴經觀音知識品」(『韓國佛敎全書』6)
	자각국사 (慈覺國師)	선종		충렬왕	「復丘碑」
만항 (萬恒)	혜감국사 (惠鑑國師)	선종	충숙왕 6년 사망 후		「碑」, 『史』卷34, 『要』卷23, 「安于器墓誌銘」
혼구 (混丘)	보감국사 (寶鑑國師)	선종	충숙왕 9년 사망 후		「碑」
중긍 (中亘)	홍혜국사 (弘慧國師)	선종		충숙왕 12년 이전	『東文選』卷72, 『牧隱文藁』卷1, 『新增』卷39
충감 (冲鑑)	원명국사 (圓明國師)	선종	? (충숙왕 후 8년 사망 후)		『新增』卷17, 「普光寺重刱碑」
	자인국사 (慈忍國師)	?		충혜왕	『雪谷先生集』下
	정혜국사 (淨慧國師)	선종		충목왕(?)	「粲英碑」
법장 (法藏)	혜명국사 (慧明國師)	선종?		충목왕	「自超碑」
복구 (復丘)	각진국사 (覺眞國師)	선종	공민왕 4년 사망 후		「碑」
찬영 (粲英, 贊英)	대지국사 (智鑑國師)	선종	공양왕 2년 사망 후		「碑」

10

사원의 경제 기반과 운영

이병희 | 한국교원대학교 역사교육과 명예교수

사원 경제의 중요성

고려 시기 사원은 종교와 사상 측면에서 큰 역할을 했을 뿐만 아니라 경제 활동의 영역에서도 중요한 위치를 차지했다. 사원에서는 활발한 경제 활동을 통해 얻은 재화를 승려들이 생활하는 데 사용했으며, 건축물을 보수·유지·신설하고 각종 불교 행사를 설행하는 데 사용했다. 사원에서는 또한 사회 구제 활동을 활발히 전개했으며, 여기에 적지 않은 비용을 지출했다.

사원경제 기반의 확대는 세속의 여러 집단과 갈등의 소지가 있었다. 그것은 국가의 경제력을 소모하고 국가의 재정 기반을 위축시키는 측면이 있으므로, 국가권력과 긴장 관계에 놓이는 경우가 많았다. 또한 세속 귀족과도 경제력을 둘러싸고 긴장 관계에 있었다. 무엇보다도 민인을 대상으로 경제 활동을 하는 것이기 때문에 민인과의 갈등할 소지가 매우 컸다. 민인의 재화가 사원으로 흘러 들어오기도 하고, 민인을 사역해 농업을 경영하기도 하며, 민인을 대상으로 식리(殖利) 활동을 영위하기도 했기 때문이다. 사원경제는 이렇듯 세속의 여러 집단과 관련을 맺고 있으므로 전체 사회의 변동과 유기적으로 관련되어 운영되고 변동하게 마련이었다.

고려 시기에는 농업이 주요 생산업이고 경제의 핵심이었으므로, 사원의 가장 중요한 경제 기반은 토지 경영이었다. 또 사원은 상업 활동이나 식리 활동에 적극 참여했으며, 수준 높은 수공업 기술을 보유했다. 기부금이나 헌금이 제도화되지 않았고, 일정한 권역의 민인을 신도로 확보해 단월(檀越)로 삼지도 않았다. 바로 이 점이 사원이 토지의 경영, 식리 활동, 상업 활동에 적극성을 갖게 된 원인이었다.

사원경제의 운영에서 가장 중요한 역할을 한 승려는 주지였다. 사원의 유지·존속에 필요한 재원을 충분히 확보하는 일도 주지의 임무였고, 확보한 재원을 용도에 맞춰 규모 있게 지출하는 것도 주지의 일이었다. 주지의 능력과 자질, 태도가 사원경제 운영의 방향을 좌우했다.

토지의 경영

사원경제의 핵심은 토지 경영에 있었다. 고려 시기 사원은 대토지를 지배했다. 사원은 식리 활동이나 상업 활동을 통해서도 많은 수입을 확보했지만, 토지에서 얻는 수입이 가장 안정적이었다.

사원에서 토지를 여러 경로로 마련했지만 국가로부터 분급받는 것이 가장 중요했다. 국가에서는 태조 대에 개경에 조영한 여러 사원이나 이후에 조영한 현화사·흥왕사 등 중요 사원에 토지를 지급했다. 이렇게 받은 토지는 경작자에게서 소출의 10분의 1을 거두어들이는 수조지였다. 고려에서는 비보사원(裨補寺院)에 수조지를 분급했을 뿐 아니라 이 비보사원에 한해 소유 토지에 대한 면세의 혜택을 준 것으로 보인다.

사원은 신자의 시납으로 토지를 확보하기도 했다. 예컨대 간장사는 버려진 공한지를 개간해 얻은 7, 8결의 토지를 이승휴에게서 시납받았다. 공민왕 대에 보광사에도 원명국사의 속가(俗家) 형제가 토지 100경을 시납했다. 국왕이나 귀족 및 일반 농민들이 토지를 사원에 시납하는 일이 흔했다. 그런데 토지를 시납하는 층은 토지를 소유한 왕실이나 중앙의 고관, 지방의 토호가 중심이었다. 소규모 농지를 소유한 농민들은 토지를 거의 시납할 수 없었다.

사원은 또한 매득이나 개간을 통해서도 농지를 확보할 수 있었다. 사원은 인력이나 재력에서 우월하며, 소를 소유하는 예가 많아 소농민보다 개간을 통해 농지를 확대하는 데 유리했다. 사원은 때때로 권세가 사이에 성행하던 토지의 점탈, 겸병을 통해서도 농지를 확대했다. 사적인 노력으로 확보한 토지는 원칙상 국가에 조세를 부담해야 했다. 몽골과의 전란 후 주인 없는 토지를 사패(賜牌)로 받아 개간하는 일이 많았다. 사패전의 경우는 소유권과 수조권을 동시에 보유했다.

사원이 지배하는 토지 규모는 상당했다. 성종 대 금강산의 장안사는 1050결의 토지를 보유했고, 현종 대 현화사의 경우에는 1240결이 확인되며, 공민왕 대 운암사는 2240결의 토지를 받았다. 고종 대 수선사는 240여 결을 지배한 것이 확인된다. 규모가 큰 사원의 경우 대략 500~1000결 정도의 토지를 보유했던 것으로 보인다. 이 토지에서의 수입은 고려 말에 시행된 과전법 규정을 적용한다면 1000~2000석 정도 되었을 것이다. 사원이 지배하던 토지는 고려 말 대략 10만 결로 추산되어 전국 토지의 8분의 1에 달할 만큼 엄청난 규모였다.

사원에서는 토지로부터 수입을 확보하기 위해 관리인으로 지장(知莊)을 파견했고, 소유한 농우와 종자를 농민에게 대여해 영농의 편의를 도모하기도 했다. 현화사, 왕륜사, 석방사에서 소를 보유했던 것이 확인된다.

사원이 지배하는 토지는 떨어진 곳에 있었으며, 한 곳에 집중되지 않고 분산되어 있었다. 이는 사원이 독립 세력으로 성장하는 것을 저지하는 의미를 지니는 것이었다. 성종 대 장안사의 토지는 전라도, 양광도, 서해도의 여러 곳에 분산되어 있었으며, 고종 대 수선사의 토지도 전라도의 여러 군현에 소규모로 분산되어 있었다.

그렇기 때문에 장생표가 서 있는 사원은 특수한 경우였다. 장생표가 세워지면 그 경내의 토지와 민인에 대해 배타적이고 독점적 지배가 가능했기에 분산된 경우와는 크게 달랐다. 통도사의 경우 12개의 장생표가 세워진 것이 확인된다. 장생표 내에는 공사(公私)의 다른 토지가 없었으며, 표 내의 농지·산림·농민은 통도사의 지배를 받았다. 그렇지만 장생표가 세워진 고려의 사원은 매우 드물었다. 장생표는 국가의 허락이 있어야 세울 수 있었다.

사원은 또한 주변의 산림을 지배하는 경우가 많았다. 산림에서 사원 조영에 필요한 목재를 마련했고, 난방에 쓰이는 땔나무를 확보했으며, 채취한 나무로 숯을 제작할 수 있었다. 도토리·밤 등의 구황 식료도 산림에서 마련해 비축할 수 있었다. 그 밖에 각종 과일이나 산나물, 버섯도 산림에서 얻을 수 있는 귀한 식재료였다.

사원은 산림의 일부를 시지(柴地)로 분급받았다. 사원에서는 지급받은 시지를 배타적·독점적으로 지배할 수 있었다. 시지는 기본적으로 땔나무를 확보할 수 있도록 지급한 것이었지만, 그 외에 각종 물품도 이곳에서 얻을 수 있었다.

사원전을 경작하는 농민은 양인 농민, 노비, 하급 승려 등 다양했지만, 사원의 수조지를 경작하는 핵심 부류는 양인 농민이었다. 사원 소유의 토지를 경작하는 중심층 역시 양인 농민이었다. 사원 노비가 사원 소유의 토지를 경작하는 경우도 있기는 했지만, 그것이 주 임무는 아니었다. 예를 들어 송광사의 농지는 240여 결인 데 반해 노비는 17명에 불과해 그들이 농지 전부를 경작할 수는 없었다. 사원 노비는 주로 음식을 준비하고 땔나무를 마련하는 등 사원을 유지하기 위한 여러 가지 잡역에 동원되었다. 사원 노비가 진 부담은 다른 공사 노비의 부담보다 가벼워, 상대적으로 양호한 처지였다. 사원의 노비는 조선 태종 6년에 크게 감축되었으며, 세종 원년에 모두 혁파되었다. 승려 개인의 노비인 법손(法孫)노비는 세종 3년에 혁파되었다.

사원에 소속된 하급 승려가 사원전을 경작하기도 했다. 그 예는 문종 때에 피역을 꾀해 사문(沙門)이 된 자가 경축(耕畜)을 업으로 하고 있다는 기록에서 찾을 수 있다. 고려 초 이래로 역을 피해 승려가 된 이들이 대개 하급 승려가 되어 사원전을 경작하기도 했다. 이와 관련해 수원승도가 주목되는데 이를 하급 승려로 보는 데는 모든 연구자가 의견을 같이하지만, 그 역할에 대해서는 의견이 분분하다. 사원 토지의 경작자로 보기도 하고, 수공업 기술 보유 집단으로 보기도 한다. 토지 경작자로 보는 경우라도, 전호와 비슷한 존재로 보거나 용작(傭作)하는 존재로 보기도 하는 등 의견이 서로 엇갈린다.

고려 후기 사원은 많은 변동을 겪으면서 토지 문제를 둘러싸고 긴장과 갈등의 양상을 드러내고 있었다. 사원의 토지가 확대되면서 허다한 문제를 일으키자 이를 수습하기 위한 방책이 다각도로 모색되었다. 토지 경영상의 전조남징(田租濫徵)과 압량위천(壓良爲賤)에 대해 전민(田民)의 변정(辨整)이라는 차원에서 처리해 갔다. 창왕(昌王) 즉위 후부터 사원전 문제를 본격적으로 논의했으며, 과전법(科田法)에서는 비보사원을 기준으로 토지분급을 조정하도록 조치했고, 사원에 전지(田地)를 시납하는 것을 금지했다. 그러나 고려 말까지 전면적인 사원전 정리는 실시되지 않았다. 조선 건국 후 사원전은 대대적으로 감축되었다. 태종 대와 세종 대에 걸친 조치에 따라 세종 대 이후에는 40개 내외의 사원만 1만 결 이내의 토지를 분급받았다. 이는 고려 시기에 비해 10분의 1 정도의 수준이었다.

식리 활동의 전개와 연화(緣化) 활동

고려 시기 사원은 활발한 식리(息利) 활동을 전개했다. 토지 경영에서 벌어들이는 수입은 안정적이었지만, 대규모의 토지 확보가 여의치 않을 경우 식리 활동을 매개로 하여 재원을 마련했다. 개별 사원의 재정 수입의 구성을 보면, 토지 경영에서 얻는 수입보다 식리 활동으로 벌어들이는 수입이 더 많은 경우도 적지 않았다.

고려 시기 사원에서 운영하는 식리 재원의 규모는 매우 컸다. 고려 초 정종(定宗) 대에 식리 활동을 할 수 있도록 7만 석에 달하는 상당량의 곡물을 사여했는데, 이때 금강산의 장안사는 특별대우를 받아 2000석을 받았다. 명종 대 식리에 활용한 곡식은 용문사에 700석, 용암사에 2000석, 용수사에 1000석이 있었다. 그리고 공민왕 대 운암사에는 1만 5293필의 포를 식리 활동의 밑천으로 삼았다. 고종 대 최우의 아들 만종과 만전은 경상도에서 축적한 쌀 50여 만 석을 사용해 식리 활동을 전개했다.

사원이 식리 활동의 자산을 보유한 사례는 다수 확인된다. 신자들이 시납한 곡식이나 포, 기타 재물을 기반으로 식리 활동을 전개하는 경우는 허다했다. 그리고 사원이 토지 경영이나 상업 활동을 통해 확보한 재원도 식리 활동의 기반이 되었다.

식리 활동을 통해 사원이 확보한 수입은 상당했다. 수선사의 경우 식리곡이 1만 석을 상회했는데, 이것을 모두 식리 활동에 동원하고 법정 이자율 3분의 1을 적용하면, 3000석 이상을 수입으로 확보할 수 있었다.

식리 활동은 일반 세속인의 활동과 큰 차이가 있었다. 세속인이 경우 이자의 확보가 주된 목적이었지만, 사원의 식리 활동은 그렇지 않았다. 대개 사원의 식리 활동은 '보(寶)'라는 명목으로 이루어졌다. 보는 기본적으로 원본은 유지하고, 거둬들인 이자를 특정한 용도에 지출하는 것으로서 기금의 성격을 띠고 있었다. 보의 기금으로는 곡식, 포, 화폐가 대부분이지만, 토지와 노비도 포함되었다. 우리나라에서는 불교계에서 운영하는 식리를 보로 일컬었지만, 중국의 당에서는 무진장(無盡藏)이라 불렀다.

고려 시기 보의 종류는 매우 다양했다. 국왕의 장수(長壽)·복(福)·안녕(安寧) 등을 기원하기 위해 설치된 축성보(祝聖寶), 반야경 등 경전을 인쇄해 보급하기 위한 기금으로 설치된 반야경보(般若經寶), 죽은 부모의 명복을 빌기 위한 기일보(忌日寶), 종의 관리를 위한 금종보(金鍾寶), 외침이 닥쳤을 때 안녕을 기원하기 위한 진병보(鎭兵寶), 관인 유력층의 개인수복(個人壽福)을 위한 장년보(長年寶), 승려들의 수행을 장려하기 위해 설치한 불명경보(佛名經寶)와 광학보(廣學寶), 사원 운영의 총괄적인 재정을 위해 설치한 상주보(常住寶)가 있었다. 그 밖에 제위보(濟危寶)·팔관보(八關寶)·관마보(官馬寶) 등이 보인다.

보를 운영하는 방식은 다양했다. 국가에서 대규모의 쌀과 포를 사여해 보를 설치한 경우, 국가의 관원이 이를 운영하는 일이 많았다. 그러나 대체로 사원 스스로 보를 운영했다. 사원 보의 관리자로 보장(寶長)과 색장(色掌)이 있는데, 보장은 보의 총관리자이며, 색장은 대출 장부와 이식(利殖)을 계산하는 실무자였다. 이들을 총괄하는 상위의 승려는 주지였다.

사원에서 보를 설치해 이자를 받는 것은 대개 불사(佛事)의 비용을 마련하기 위함이었다. 이자를 납부하는 이들은 불사에 동참한다고 생각했기 때문에 사원의 보는 세속인의 차대보다 이자를 회수하는 비율이 높았을 것이다. 한편 백성은 사원의 식리 자산을 대부받아 식량이나 종자로 사용함으로써 재생산에 도움을 받을 수 있었다. 이는 보가 빈민 구제의 성격을 띠고 있음을 의미한다.

조선 초에 민인의 재생산을 보장하는 국가의 공적 기능이 증대되면서 사원에서 운영하는 보의 입지는 축소되었다. 조선 초에 보가 운영된 사찰로 석

왕사·개경사·연경사·대자암 등이 확인되는데 모두 국왕의 명복을 비는 것이 주요 소임이었다. 보의 원본으로 확보한 미포(米布)의 규모는 크지 않으며, 승려와 노비가 관리와 운영을 담당했다. 보는 세종 말년부터 크게 위축되어 사라져 간 것으로 보인다. 그 이후 종교적인 명분을 표방하지 않는 장리(長利)가 크게 확대되었다.

진각국사 혜심(慧諶)은 수선사의 식리 활동에 대해 긍정적으로 생각해, '국식(國式)'에 의거해 운영하겠다고 강조했다. 당시 부자가 식리 활동으로 원본의 배 혹은 2분의 1의 이식을 징수해 부자는 더욱 부자가 되고 가난한 자는 더욱 가난해진다고 비판하면서 규정에 의거해 식리 활동을 전개하겠다고 했다. 이식을 가볍게 하고, 이자를 납부하는 이들이 스스로 곡물을 측정토록 하겠다고 표명했다. 성행하던 일반적인 식리에 비해 헐하게 수취하겠지만 식리 활동 자체를 하지 않겠다는 의미는 아니다. 당시 승려들은 대체로 이러한 식리 활동을 부정적으로 보거나 죄악시하지 않고 적극 참여했다.

사원의 식리는 예속 관계에 있는 농민을 대상으로 행해졌으므로 고율일 경우가 많았으며 , 강제성마저 띠어 백성들에게 피해를 주기도 했다. 예컨대 명종 때 어떤 승려는 질이 나쁜 종이와 포를 강제로 백성에게 떠맡겨 이익을 챙겼다. 만종과 만전도 50여만 석을 대여한 후 재촉하는 바람에, 백성들이 남은 곡식이 없어 국가에 조세를 바치지 못하는 지경에 이르렀다. 양인 농민이 이자를 갚지 못해 토지나 노비를 팔아 변제하거나 처자를 팔아 해결하기도 했고, 심지어는 도망가거나 노비가 되었다.

고려 시기 사원에서 새로운 불사(佛事)를 추가로 진행하려면, 그 재원을 별도로 마련해야 했다. 이에 승려들은 세속 사회에 돌아다니면서 도움을 요청하는 연화(緣化) 활동을 전개했다. 민인이 연화에 호응하는 것은 불사에 참여함으로써 선과(善果)와 복리(福利)를 얻을 수 있기를 기대하기 때문이다. 연화에는 폭넓은 계층이 참여했다. 관인층이나 일반민, 가난한 자와 부자 등이 함께 참여했다. 사원은 연화를 통해 세속 사회의 지원을 받아 단기간에 소기의 불사를 완수할 수 있었다. 연화는 사원에서 늘 하는 것이 아니라, 구체적인 특정 불사가 있을 경우에 한해 이루어졌다. 일상적인 지출, 승려의 생활비 등을 위한 연화는 거의 찾아볼 수 없다. 고려 후기에 이를수록 연화가 빈번해지고, 민인이 감당할 수 없는 정도까지 부담하게 되면서 사회문제로까지 인식되기에 이르렀다.

상업 활동 참여와 교역 공간 및 기회의 제공

고려 시기 사원에서는 상업 활동을 활발히 전개했다. 불교 교설은 상업 활동을 비판하지 않았다. 불교는 인도에서 성립할 당시부터 상업 활동이나 식리 행위에 대해 매우 호의적이었다. 또 중국에 들어온 후에도 사원은 그러한 활동에 적극적이었다. 고려 시기 사원이 상인과 긴밀한 관계를 맺은 것도 상업에 활발히 참여하는 하나의 요인이었다. 고려 시기 사원은 전국적인 연결망을 갖추고 교통로상의 요충지에 세워졌으므로 상업 분야에서 중요한 위상을 차지할 수 있었다.

사원은 다량의 물품 구매자인 동시에 판매자였다. 사원 건축 시의 자재, 불구(佛具) 제작을 위한 재료, 불교 행사에 필요한 물품, 승려 용품의 일부를 구매를 통해 조달했고 사원이 소유한 잉여 물품과 가공품을 판매했으며, 이윤 추구를 위한 상품 판매에도 적극적으로 참여했다.

사원이 교역을 통해 판매하는 품목은 다양했다. 그중 파와 마늘 판매가 주목된다. 파나 마늘은 승려가 가까이해서는 안 되는 작물인 데도 재배뿐 아니라 판매까지 하여 자주 문제가 되었다. 파나 마늘보다는 곡물이 일반적인 교역물이었을 것이다. 사원은 토지 경영을 통해 지대나 지세로 곡물을 확보했는데, 소비되고 남는 것은 직접 팔거나 가공해 판매했다. 수도에 있는 일부 사원은 근교농업에 종사해 생산물을 도성에 판매하기도 했다.

곡물 가공품의 사례로 술을 들 수 있다. 현종 때 경기도 양주의 장의사·삼천사·청연사 등의 승려들이 금령을 어기고 양조(釀造)한 쌀이 360여 석에 이르러 문제가 된 적이 있었다. 문종 대와 인종 대에도 승려의 술 판매 행위가 문제로 지적되기도 했다. 고려 말까지 사원에서 양조하고 술을 판매하는 일이 지속되었다. 사원에서는 생필품인 소금을 판매해 이익을 남기기도 했다. 그 밖에 기름이나 꿀을 생산해 판매하기도 했다. 사원은 이런 물품을 도성의 시전(市廛)을 통해 판매하거나 사원 주변 사람들에게 직접 판매했다.

사원에서는 필요한 물품을 구매하기도 했다. 정혜사에서는 쌀이 떨어져 가자 구입을 논의했고, 홍왕사에서는 홍교원을 중수하면서 재목을 구입했다. 그밖에도 필요한 물품을 구매하는 일은 흔히 있었다.

외방에 있는 사원이 개경에서 물품을 팔거나 구매하는 경우도 적지 않았던 것으로 보인다. 그것은 금강산 장안사의 시사(市肆)가 개경에 있었다는 사실에서 유추할 수 있다. 장안사는 개경에 소재한 상점에서 필요한 물품을 구매하고, 잉여 물품을 처분했을 것으로 보인다.

사원의 상업 활동은 종종 강제성이 동반되어 문제가 되었다. 이른바 억매억매(抑買抑賣)라는 것이 그것이다. 양질의 포와 비단 등의 물건을 강제로 사들이는 것과, 인삼·봉밀·미두(米斗)를 강제로 구매하고 판매하는 것이 그것이었다. 사원은 공물 납부와 관련해서도 상행위를 했다. 대납(代納)이 그것인데, 이것은 국가 권력과 연결되어 있었기에 가능했다

고려 시기 사원은 국제 교역에도 적극 참여했다. 사원에서 소요되는 물품 가운데는 국내에서 조달하기 어려운 것이 있었다. 단청의 원료나 불교 경전이 하나의 예였다. 선원사의 경우 비로전 단청을 위해 원에서 원료를 사들였으며, 보법사는 대장경을 중국의 강절(江浙)에서 구입했다.

사원은 상업 활동의 중심 장소로서 기능하기도 했다. 불교 행사에는 많은 사람이 모여들었으며, 상호 간에 자연스럽게 교역이 이루어졌다. 보광사의 경우 낙성회가 50일간 열렸는데, 그때 참여한 이들이 골짜기를 가득 채웠다. 그리고 국청사에서 불교 행사가 진행되는 3일 동안 개경 내의 귀한 사람, 천한 사람 할 것 없이 서로 다투어 왕래하며 법을 듣고 인연을 맺고자 하는 이가 담장과 같았다. 이렇게 몰려든 민인 상호 간에 교역이 이루어지는 것은 당연한 일이겠다. 사원이 교역의 거점으로 기능한 것이다. 그리고 개경의 팔관회 행사에는 외국 상인까지 참여해서 물품을 거래했다.

사원이 활발하게 상업 활동에 참여하고 있었음을 전제로 하여 승려 의천(義天)은 화폐를 주조해 사용하자는 이른바 주전론(鑄錢論)을 주장할 수 있었다. 의천에 따르면 주조화폐는 운반의 수고를 덜 수 있는 점, 쌀의 거래에서 있을 수 있는 협잡을 줄일 수 있는 점, 녹봉을 쌀로만 지급하는 데서 오는 폐단을 막을 수 있는 점, 내구성이 우수해 저장에 유리한 점 등 네 가지 장점을 가지고 있다는 것이다.

각종 수공업품 생산과 소속 장인

사원을 조성하고 유지해 가기 위해서는 높은 수준의 기술을 보유한 장인(匠人)을 확보하고 있어야 했다. 화려하고 거대한 건축물을 조성하는 일, 화려하고 신심을 자아내는 불상과 불화(佛畵)를 제작하는 일, 아름다운 부도(浮屠)나 비(碑)를 세우는 일 등에는 최고 수준의 기술이 요망되었다. 또한 사원에서는 범종·반자(飯子)·향로·촛대·정병(淨甁) 등 많은 불구(佛具)가 제작되는데, 이러한 수요가 배경이 되어 사원의 수공업이 발달했다.

이렇기 때문에 사원은 숙련된 기술자 집단을 보유하고 있었다. 그 기술자는 승려일 수도 있고, 사원에 속한 노비일 수도 있었다. 전영보는 제석원의 노비로서 금박 기술이 있었고, 충렬왕 때의 어떤 비구니는 직조 기술이 뛰어난 여자 노비를 두고 있었다. 그리고 유리기와를 훌륭하게 구워 만드는 육연이라는 승려도 있었다.

승려 가운데는 각자승(刻字僧)·석공승(石工僧)·철장승(鐵匠僧)·목수승(木手僧)·와장승(瓦匠僧) 등 다양한 기술을 가진 승려가 있었다. 사원의 수원승도와 사원 노비들은 대개 토목·직조·양주(釀造)·제염·금박·도기 제조 등과 같은 비전문·비숙련의 수공업 생산에 주로 참여했다.

사원의 수공업은 특히 직물류가 뛰어났는데, 가내수공업의 단계에서 벗어나 전문적인 수공업 단계에까지 이르러 사원에서 소요되는 것보다 훨씬 많은 직조품(織造品)을 생산하여 상품화했으며, 번와(燔瓦) 또한 전문적인 수공업 단계에까지 이르렀다. 사원에서는 자체의 수요에 그치지 않고 민수용으로 제품을 생산하기도 했다. 사원이 보유한 기술은 당시 최고 수준을 보여주었으며, 세속 사회에 대한 기술적 기여도 상당했을 것이다.

사원은 금·은·동·철 등 금속의 사용을 둘러싸고 국가와 긴장 관계를 보였다. 불교가 전래된 이후 금속을 활용해 다양한 불교 미술품을 제작했다. 그렇기 때문에 금속을 소비하는 중요한 주체의 하나로 불교계가 자리하고 있었다. 불교계의 대규모 금속 사용은 세속 사회 금속의 생산과 소비에 큰 영향을 주었다.

여러 금속 가운데 철은 사용량이 많고 다양한 분야에서 소비되었다. 신라 말 고려 초 시기에는 무기의 제작과 불교 미술품의 조영에 철이 엄청나게 필요했다. 신라 말 호족의 철제 무기는 통일 이후 수습하는 것이 큰 과제였는데, 불교를 활용해 이를 해결했다. 즉, 사원의 철당간이나 철솥·철불 제작에 몰수한 무기를 사용함으로써 지방호족의 불만을 무마했다.

동은 범종, 금고(金鼓: 쇠북), 향로(香爐), 금강저(金剛杵)와 금강령(金剛鈴)

등 불교 공예품을 제조하는 데 엄청난 물량이 소비되었다. 숙종 대 동전을 대량으로 주조하면서 동이 부족해졌으며, 동의 품귀는 숙종 대와 예종 대 범종, 금고, 향로 제작의 부진을 가져왔다.

금·은은 고가의 귀중품으로서 국제교역의 중요한 결제수단이었으며, 부분적으로 화폐의 기능을 담당했고, 치부하는 대상이 되었으며, 뇌물 제공의 소재였다. 금은의 경우 원 간섭기 국외로의 유출과 함께 불상이나 사경의 제작으로 인해 다량 소비됨으로써 국가의 보유량이 크게 축소되어 명의 세공(歲貢) 요구에 큰 어려움을 겪었다.

고려 시기 금·은·동·철의 사용을 둘러싸고 국가와 사원은 길항 관계를 보였다. 사원에서 많은 양을 소비하면 국가에서 사용할 양이 적어지고, 반대로 국가에서 다량을 소비한다면 사원이 필요로 하는 양을 확보하는 것이 어려워졌다.

보시(布施) 활동의 전개

사원은 농지 경영이나 식리 활동·상업 활동을 통해 재정 수입을 꾀하는 반면에, 세속 사회에 대해서 상당한 책임감을 가지고 각종 구제활동을 적극적으로 전개했다. 불교의 교설에서 보시(布施)를 권장하고 있었기에 그러한 활동이 더욱 활발했다. 빈민 구제, 환자 치료, 여행자에 대한 편의 제공이 대표적인 활동이었다.

승려들이 직접 나서서 빈민을 구제하는가 하면 사원이 빈민에게 식사를 제공하는 장소로 기능하기도 했다. 불교 행사가 설행될 경우에도 빈민에 대한 먹거리 제공이 있었다. 종을 만든다거나 사원을 중수·중창하는 경우에도 참여한 사람에게 먹거리를 제공함으로써 빈민 구제의 소임을 수행했다. 임진나루터의 보통원에서 자주 빈민 구제 활동을 펼쳤으며, 공민왕 대에 연복사와 보제사에 진제장(賑濟場)을 설치하여 빈민을 구제하기도 했다.

사원과 승려는 질병의 치료에도 관심을 기울였다. 승려 가운데는 의술에서 탁월한 능력을 발휘하는 승려가 허다했다. 질병 치료에 탁월한 능력이 있는 원응국사 학일(學一)은 질병이 있는 사람이면 귀천을 가리지 않고 모두 치료해 주었다. 그리고 의승(醫僧) 복산(福山)은 임질을 앓고 있는 여성을 치료했다. 조간(趙簡)이 악성 종기로 인해 어깨와 목을 거의 구별할 수 없었을 때, 묘원(妙圓)이라는 의승이 날카로운 칼로 째고서 썩은 뼈를 깎아내고 약을 발라줌으로써 병을 낫게 했다.

고려 시기 사원이나 승려들은 여행자에게 편의를 제공하는 일도 수행했다. 당시의 촌락은 격절성(隔絕性)을 띠고 발달했기에 교통로이면서도 맹수와 강도의 위험이 큰 지점이 많았다. 교통로에 설치되어 여행자에게 편의를 제공하는 사원은 매우 많았다. 개국사·천수사·혜음사·도산사 등은 그러한 기능을 수행한 대표 사원이었다. 개경 인근에 세워진 개국사와 천수사는 개경에 오가는 여행자에게 편의를 제공했다. 혜음사는 남경과 개경 사이의 혜음령에 세워진 사원이었다. 호랑이와 도적으로 해마다 수백 명씩 사망하는 지점에 조성된 혜음사에서는 죽을 마련해 행인에게 베풀고 여행의 안전성을 높여주었다. 금강산의 도산사 역시 금강산을 찾는 이들에게 편의를 제공하기 위해 창건한 것이다.

일반 사원도 숙박시설의 기능을 담당했지만 '원(院)'이라 불리는 사원은 이러한 기능을 거의 전적으로 수행했다. 원에서는 숙박은 물론이고 음식과 우마의 꼴을 제공했다. 불교계는 원을 관장함으로써 고려 사회의 전체 유통망을 장악하고 있었다.

승려들은 보시를 실천하면서 보시를 권장하는 논리를 전개했다. "하나를 시주하면 만 배를 얻는다(施一得萬倍)"라는 주장도 있었고, 보시를 하면 "안락해지고 수명이 연장된다(安樂壽命長)"라고도 했다. 죄업을 씻는 데도 보시가 중요했다. 고려 시기 이러한 보시가 성행함으로써 빈궁한 처지에 있는 이들이나 환자들, 여행자들은 직접적으로 많은 혜택을 입었다. 활발하게 전개된 보시 행위는 고려 사회의 재생산과 존속에 크게 기여할 수 있었으며, 사회갈등을 완화할 수 있었다. 이러한 보시 활동은 사원의 공적 기능을 대표하는 것이었는데, 상당한 경제력이 뒷받침되지 않으면 어려운 일이었다.

불교계의 이러한 보시 활동에 영향을 받아 속인 가운데에도 보시행을 적극 실천하는 거사가 많았다. 고려 시기 널리 존재한 거사는 철저하게 불도(佛道)를 추구하는 삶을 살았고, 소식(蔬食)을 했고 포의(布衣)를 입었으며, 보시행을 적극 실천했다. 거사들은 의술을 익히고 약을 조제해 병든 환자를 치료하는 일에 힘썼으며, 곡식을 베풀어 굶주린 이를 구제하는 일에도 활발하게 참여했다. 거사들은 또한 여행자의 불편에 대해서도 관심을 기울였다. 거사 이외의 속인 가운데에도 병든 이를 치료하고 가난한 이를 구제하는 활동에 참여한 이들이 매우 많았다. 불교계만이 아니라 속인 가운데도 이러한 보시 활동을 적극 전개한 이들이 많았기에 고려 사회에 보시 문화가 널리 확산될 수 있었다. 이 점은 조선의 사회 분위기와 큰 차이를 보이는 것이라고 하겠다.

고려 말 사원경제 변동과 조선 초의 사원경제 위축

고려 후기는 사원경제가 우리 역사상 가장 팽창한 모습을 보였으며, 심각한 모순과 갈등을 보이는 시기이기도 했다. 토지를 확대하려고 하는 것, 고율·강제성을 동반한 식리 활동에 종사하는 것, 연화에 집착하는 것, 사원 상호 간에 분쟁이 빈발하는 것 등은 모두 사원경제의 문제점을 가리키는 것이다. 사원경제의 확대는 국가재정을 축소시키고, 세속 지배층의 경제력 위축을 가져오는 것이어서 국가 및 지배층과 일정한 긴장 관계를 보이게 마련이었다. 또한 경제 운영에서 생산을 담당하는 민인들과 갈등 관계에 놓일 수밖에 없었다.

고려 후기 성리학을 수용한 유학자들은 사원의 경제 문제에 대해 통렬하게 비판했다. 사원경제의 확대에 따른 문제점을 지적하면서 사원의 토지 확대, 식리 활동, 상행위 등의 폐해를 지적했다. 주지가 사원을 보수하지 않고, 승려나 부처를 제대로 받들지 않으며, 사원의 재물을 개인적인 용도로 사용하거나 자신의 것으로 삼는다는 지적이 많았다. 도행(道行)이 있고 이욕(利慾)이 없는 자, 덕행(德行)이 있는 자를 주지로 삼아야 한다는 주장이 반복해서 제기되었다. 불교비판론자들은 승려에 대해 농사를 짓지 않으면서 배불리 먹고, 옷감을 잣지 않으면서도 따뜻하고 가벼운 고급 옷을 입는다고 지적했다.

조선 초기의 억불은 점진적이고 지속적으로 전개되었다. 승려의 특권을 약화시켰으며, 함부로 승려가 될 수 없도록 규제함으로써 불교계를 억압했다. 사원경제 역시 크게 위축되었다. 토지 지급의 축소, 노비의 몰수, 원의 국가 장악, 국가적 불교 행사 감축, 부녀자 상사(上寺)의 금지, 승려의 사회적 위상 격하 등을 가져왔다. 그리고 고려 시기 사원이 상당 부분 담당했던 공적 기능을 조선 초에 국가에서 전담하는 방향으로 나아갔다. 큰 시각에서 보면 불교의 위축은 세속 영역의 확대와 짝하는 것이라고 할 수 있다. 정교(政教)의 밀착에서 분리되는 과정이기도 했다.

11 향도의 활동과 사회적 기능

구산우 | 창원대학교 사학과 교수

뜻과 존속 시기, 기능의 변화

향도(香徒)는 '향(香)을 사르는 무리'라는 의미로, 향을 매개로 조직된 불교 신앙 단체를 가리키는 보통명사이다. 향은 지금도 일반적으로 불교 의식을 거행할 때 반드시 사용되며, 중국에서 불교가 우리나라에 전래될 때 함께 들어왔다.

향도가 보통명사로 사용되었으므로, 일반적으로 그 앞에 또 다른 접두어를 사용해 그 단체의 성격을 나타낸다. 예컨대 미륵(彌勒)신앙을 신봉하는 향도라면 미륵향도라고 명명하는 방식이다. 이런 형태의 향도 명칭은 불교 신앙단체로서 본연의 활동이 가능했던 고려 시기까지 많은 사례가 확인된다.

609년에 15세의 김유신이 화랑(花郎)이 되었을 때, 그를 따르던 무리를 용화(龍華)향도로 부른 것이 역사 기록에 나타난 이 용어의 첫 사례이다. 그 이후 우리 역사에서 향도는 조선 후기까지 무려 1000년 이상 존속했다. 역사학에서 흔히 통용되는 시대 구분의 관점에서 말하면, 향도는 한국 고대부터 근대 이전까지 전 기간에 걸쳐 존속한 매우 특이한 단체로, 학계에서 크게 주목받았다. 아울러 향도가 오랫동안 존속했으므로, 그 기능과 역할에도 시기별로 변화가 있었다.

향도는 불교 신앙이 사회에 널리 수용된 통일신라기와 고려 시기에 가장 많이 결성되었다. 통일신라기와 고려 시기에 만들어진 향도에는 국왕이나 귀족 등 최고 지배층부터 평민에 이르기까지 다양한 사회계층이 조직 구성원으로서 참여했다. 그런 점에서 향도는 통일신라기부터 고려 시기까지, 불교가 국교에 준하는 종교로서의 기능을 발휘하는 시기에 중요한 불교 신앙 단체로 활동했다고 볼 수 있다. 따라서 통일신라기와 고려 시기의 향도가 불교 신앙 단체로서 본연의 활동을 수행했다는 점에서 가장 전형적인 형태로 운영되었고, 전성기의 모습을 보여준다고 판단된다. 통일신라기와 고려 시기의 향도는 불교계와 사원에서 추진하는 다양한 신앙 활동과 불사의 조성에 신앙 단체로서 조직적·자율적으로 참여하여 역사적으로 중요한 성과를 많이 남겼다.

흔히 숭유억불로 표현되는 조선 왕조의 종교 정책이 시행되면서 불교가 크게 탄압받는 가운데, 조선 시기에는 향도의 역할과 기능에는 큰 변화가 일어날 수밖에 없었다. 조선 전기에 지배층이 향도의 조직 구성원에서 빠지는 큰 변화가 있었을 뿐만 아니라, 양반 지배층은 향도가 음사(淫祀)를 수행하는 단체라고 매도했다. 여기서 음사란 조선 왕조의 지배층인 양반들이 고려 이래로 받아들인 성리학(性理學) 이외의 다양한 종교와 신앙을 총칭하는 것으로서, 당시 양반들에게 그것은 단연코 배격의 대상이었다. 그러나 이런 상황에도 불구하고, 조선 전기에 향도는 민중의 신앙으로 오랜 뿌리를 내려온 불교 단체였던 만큼 변질된 형태로나마 나름의 신앙 활동이 지속되고 있었다. 예를 들면 향도가 산천신(山川神), 수목신(樹木神)에 대한 촌락 제의(祭儀) 등을 주도한 것이 대표적 실례이다. 한편 이 시기에 향도는 동린계(洞隣契)나

걸인(乞人) 조직으로도 존재했다. 동린계로서의 향도는 촌락 단위의 공동 노동 조직으로 존속하는 동시에 촌락 구성원의 상장례(喪葬禮)를 담당하는 역할을 수행했다.

성리학적 지배질서가 강화되는 추세 속에 17세기 이후에 이르면, 향도는 다양한 음사, 동린계와 함께 사족계(士族契)나 향약(鄕約) 조직의 하부구조로 편입되었다. 조선 후기의 향도는 촌락 내 공동 노동 조직으로서의 기능은 새로 출현한 두레에 넘겨주고, 상장례만 담당하는 축소된 조직으로 변질되었다. 상장례만 담당한 향도는 기록에 향도(鄕徒)로 표기되기도 했다.

연구의 흐름과 쟁점

향도 연구의 제일보는 북한의 민속학자 황철산이 내딛었다. 1961년에 그는 조선 후기에 공동 노동 조직이면서 부조를 담당한 계(契)로 변질된 향도의 기능을 민속학의 관점에서 검토했다. 그는 해방 이후 그 당시까지 함경도와 강원도 일부에 남아 있던 공동 노동 조직 두레와 상장례를 담당하던 상여계(喪輿契)의 기원을 찾기 위해 『삼국사기(三國史記)』와 『고려사(高麗史)』 등의 역사 문헌에 기록된 향도를 검토했다. 그 이후 향도가 조선시대에 동린계로 존속하고 있었던 역사적 사정과 관련해 계(契)의 기원을 향도에서 찾는 경제사학자 김삼수(金三守)의 연구가 있었다.

한국 사학계에서 향도의 역사적 중요성을 알린 연구는 1972년에 발표된, 예천(醴泉) 개심사(開心寺) 석탑기(石塔記)에 기록된 향도를 분석한 이태진(李泰鎭)의 논문이었다. 이 논문에서는 개심사 5층 석탑 건립에 참여한 두 향도 조직에 대해 구체적으로 검토했다. 그 결론에 따르면, 두 향도 조직의 구성원 수는 군현 주민의 대부분을 포괄하는 것이었다. 이 견해는 개심사 석탑기

명문에서 석탑을 건설하는 데 동원된 인력을 나타내는 "승(僧)·속(俗)·낭(娘) 1만 명"의 해석 결과에 따른 것이었다. 여기서 낭(娘)은 신라 이래 고려 시기까지 향도의 상징적 임원 중 하나인 선랑(仙郞)의 다른 표현이다. 이태진은 "승·속·낭 1만 명"을 일시에 동원된 향도 조직의 구성원 수로 파악했는데, 이는 곧 1만 명의 대규모 주민이 포괄되는 촌락공동체의 존재를 말해주는 것으로 이해했다. 그것은 고려 시기에 단위 군현의 주민 전체가 구성원으로 참여하는 대규모의 촌락공동체가 존재했다는 결론을 이끌어낸 주장이었다. 따라서 그것은 고려 시기에 향도가 단순한 불교 신앙단체의 차원을 뛰어넘어, 이른바 '대규모 촌락공동체'로 존재했음을 보여주는 것으로 학계의 주목을 끌었다.

이 연구를 계기로 향도에 관한 관심이 새삼 학계에 널리 확산되었고, 향도 연구의 방향도 크게 바뀌었다. 이를테면 종전에 향도가 지닌 불교 신앙단체 본연의 모습이 아니라 촌락공동체로서의 기능에 더 주목한 연구가 나오기 시작한다. 이때부터 고려 시기 향도는 수많은 불사 조성에서 보이는 불교의 자율적 단체로서의 일차적 기능보다 촌락공동체의 존재 형태와 관련한 향촌사회의 측면이 학계에서 더 주목을 받았다. 이태진은 17세기 이후 향도 조직의 분화와 두레 발생에 대해서도 검토했다.

향촌사회의 질서와 관련해 향도의 역사적 성격을 해명하려는 연구 경향은 고려 말 조선 초에 성행한 매향(埋香)신앙을 검토한 이해준(李海濬)의 연구에서도 이어졌다. 이 연구는 학계에서 그간 방치되었던 매향에 관한 금석문인 매향비(埋香碑)를 다수 수집해 판독한 결과를 토대로 이루어낸 중요한 성과였다. 그는 고려 말부터 해안 지대에서 성행한 매향신앙을 주도한 집단으로 미타신앙과 미륵신앙을 표방하는 향도가 있었던 점을 지적했고, 매향신앙이 고려 전기의 향도와 관련된다는 점과 고려 후기의 변화상을 반영한 측면을 살펴보았다. 이어서 그는 조선 시기의 향도와 촌계류(村契類) 촌락 조직을 검토했다.

1980년대에는 사회학의 관점에서 삼국 시기부터 고려 시기까지 향도와 계의 기원에 관한 김필동(金弼東)의 연구가 발표되었다. 이 연구는 향도와 계의 상관성을 중심으로 검토한 것으로, 한국 사학계에서 주목하는 불교 신앙단체나 촌락공동체의 측면에서 연구한 것은 아니었다. 그러나 향도 조직의 구성원 규모를 검토한 부분의 결론에서 향도가 '대규모의 촌락공동체'라는 이태진의 견해를 전면 부정했다. 그는 개심사 석탑기에 나타난 "승·속·낭 1만 명"은 개심사 석탑이 완성되었을 때 거행하는 '낙성식'에 참여한 인원으로 파악했다.

이어서 역사학에서 중시하는 향도와 향촌사회의 관련성을 중심 내용으로 한 채웅석(蔡雄錫)의 연구가 발표되었다. 이 연구는 그때까지 수집된 모든 자료와 새로운 자료를 활용해 고려 시기 향도의 전체적 양상을 체계적으로 검토하여 큰 성과를 거두었다. 그는 고려 전기에서 고려 후기로 이행하면서 향도가 참여해 이루어낸 불사가 변화하는 양상을 규명했고, 향도 구성원에도 변화가 있었음을 밝혀냈다. 아울러 김필동이 제기한 향도='낙성식 참여 인원'이라는 주장에 대해서도 비판함으로써 이태진의 연구 결론을 보완하는 견해를 제시했다. 이를 통해 향도는 불교의 신앙단체로서의 성격 못지않게 촌락공동체로서의 면모를 중시하는 연구의 방향이 한층 강화되었다. 그리고 그는 삼국 시기부터 통일신라기까지의 향도에 대해서도 논문을 발표했다. 이 글에서는 향도가 전통적 제의공동체와의 관련 속에서 처음 출현했음을 밝혔고, 이후 고대에서 향도 조직이 갖는 공동체적 성격을 중심으로 살펴보았다.

고려 시기의 향도가 단위 군현의 전체 주민이 참여하는 대규모의 촌락공동체를 보여주는 것이라는 주장에 대한 반론이 구산우(具山祐)에 의해 제기되었다. 이 연구에서는 향도의 구성원 규모에 대한 기록을 재검토했다. 이태진의 연구에서 향도의 구성원 수가 대규모였다고 본 결정적 근거인 개심사 석탑기의 "승·속·낭 1만 명"에 대한 해석을 달리했다. 그는 개심사와 같은 시기인 현종(顯宗) 대에 비슷한 조건에서 건립된 정도사(淨兜寺) 석탑의 경우를 참조해, 개심사 석탑의 건립에 동원된 "승·속·낭 1만 명"은 일시에 동원된 향도 조직의 구성원 수가 아니라, 공사 기간에 줄곧 동원된 '연인원'으로 해석했다. 그의 견해에 의하면, 향도 조직의 구성원 수는 이태진이 제시한 견해의 몇 분의 일로 줄어들게 되고, 따라서 결과적으로 향도로 대표되는 촌락공동체의 규모도 훨씬 작아진다. 한편 그는 향도가 기본적으로 촌락공동체나 향촌사회의 조직이라기보다는 일차적으로 불교 신앙단체라는 점을 환기했고, 고려 시기에 이루어진 불사의 전체 양상을 살펴보면 향도가 조성한 것보다 향도가 참여하지 않은 형태로 이룩한 것이 압도적으로 많았음을 강조했다.

서성희는 "승·속·낭 1만 명"이 개심사 석탑이 만들어진 군현인 보주(甫州)의 전체 주민으로 해석하는 견해를 발표했다. 그런데 고려 시기의 인구 자료가 거의 없는 상황에서 조선 초기의 지리지(地理志)에 나타나는 호구(戶口) 수를 직결시켜 고려 시기 보주의 인구를 1만 명으로 추정하고 이것이 석탑기의 "승·속·낭 1만 명"의 실체라고 해석했는데, 이는 논리적으로 무리이다. 아울러 자율적으로 행해지는 신앙 행위로서의 석탑 건립에 보주의 주민 전체가 참여했다는 것도 성립하기 어려운 견해라고 판단된다.

한편 개심사 석탑의 건립을 주도한 두 향도 조직의 임원에 대해서도 엇갈린 견해가 있다. 김필동, 서성희는 이태진, 채웅석, 구산우가 석탑기의 명문에서 두 향도 조직의 임원 수와 명단으로 파악한 부분의 기록을 향도 전체 구성원 수와 명단을 나타낸 것으로 파악한다. 고려 시기에 단체가 주도한 수많은 불사에서 대부분 그 조직의 임원이 기록되었던 사실을 참조하면, 이런 반론은 성립하기 어렵다.

향도가 결사(結社)의 한 유형이라는 관점에서 9세기의 신라 불교 결사를 살펴본 정병삼의 연구가 있었다. 신라의 중대(中代) 말기와 하대(下代) 초기에 중앙권력이 무너지기 시작할 시점의 지방의 향도 사례를 검토하여, 지방 유력자들이 향도를 통해 지방사회에 대한 지배력을 신장하고 있었음을 살핀 윤선태(尹善泰)의 연구가 있었다. 신라 하대의 지방사회 변동의 한 사례로서 청주(菁州: 오늘날의 진주)의 향도를 검토한 김창석(金昌錫)의 연구도 발표되었다. 고려 시기 주현(州縣) 자복사(資福寺)와 향도에 대해서 검토한 한기문(韓基汶)의 연구도 제시되었다. 한준수(韓準洙)도 향도를 통해서 신라 중대와 하대의 지방사회의 변동을 검토했다.

고려 후기의 신앙결사를 중점적으로 연구해 온 채상식은 이태진 이래로 한국 사학계에서 향도에 관한 연구 추세의 중심을 차지하고 있었던 촌락공동체, 향촌사회와의 관련 속에서 향도를 연구해 온 그간의 경향을 비판하고, 향도가 신앙공동체라는 점을 다시 강조하는 연구를 발표했다. 그의 연구는 불교 행사에서 향이 지니는 중요성과 기능, 향도라는 명칭 자체를 중시하는 입장에서, 향도를 구성원들의 자발적인 참여로 조직된 불교 신앙결사의 한 형태로 보았다. 그의 관점은 향도에 관한 그간의 연구 경향이 향도가 지닌 가장 기본적 성격인 불교 신앙단체로서의 측면을 중시하기보다는 이차적 측면, 즉 촌락공동체나 향촌사회와의 관련성을 더 주목한 것에 대한 반성을 촉구하는 지점에 서 있다.

이상에서 살펴보았듯이, 지금까지 이루어진 향도에 관한 연구의 큰 흐름은 불교 신앙단체로서의 성격을 중시하는 방향, 촌락공동체 혹은 향촌사회와의 관련성을 더 강조하는 방향의 두 가지로 전개되었다고 할 수 있다.

다음으로 가장 전성기의 모습을 보여주는 고려 시기를 중심으로 향도의 활동 양상에 대해 살펴보기로 한다.

고려 시기 향도의 활동과 구성원

고려 시기 향도는 불사(佛事)를 이루기 위해 다양한 활동을 했다. 불사의 종류는 탑의 건립, 불상·종·불화·불교공양구의 조성, 법회, 매향 활동 등이었다.

탑의 건립에 참여한 향도의 활동에 대해 살펴본다. 앞서 든 예천 개심사에서 만든 5층 석탑은 향도가 참여한 대표적 실례이다. 현종 2년에 완공된 이 역사에 추(椎)향도와 미륵향도가 참여했는데, 여기에는 향도 이외에도 다양한 형태의 노동력이 동원되었다. 동원된 노동력을 살펴보면, 지방군인 광군(光軍) 36대(隊)(혹은 46대), 수레[거(車)] 18량, 소 1000마리와 "승·속·낭 1만 명"이다. 이 역사를 발원한 동량(棟梁)은 이곳의 향리 중에서 최상급 직위인 호장(戶長)의 어머니와 다른 한 사람이고, 부동량(副棟梁)은 광군을 지휘한 대정(隊正)이었다.

추향도의 임원은 대정 3명을 포함하여 98명이었고, 미륵향도의 임원은 42명이었다. 추향도의 임원 직책은 상지(上祉)·선랑·대사(大舍)·위봉(位奉)·위강(位剛) 등이며, 미륵향도의 그것은 상지·장사(長司)·행전(行典)·위강 등이었다. 추향도의 임원 중에서 위봉과 위강은 각각 40명, 50명이었고, 미륵향도의 위강은 36명으로, 임원 전체의 대부분을 차지한다. 임원 중에서 위봉과 위강은 하위 직책으로서 향도의 일반 구성원과 상위 임원 사이의 중간적 역할을 담당했다고 추정된다. 선랑은 향도를 비롯한 불교의 여러 신앙조직에서 보이는 상징적 직책으로서, 주로 어린이가 선정된다.

이 역사를 이끈 동량들은 이곳과 이웃 고을의 토성(土姓)이나 촌성(村姓) 출신으로서 모두 향촌사회의 지배층 출신이었다. 향리 가운데 최고의 직위인 호장이 참여하고 지방군인 광군의 지휘관인 대정 3명이 참여하여 석탑을 건립했다.

성종(成宗) 16년에 죽주(竹州)에 있는 장명사(長命寺)에서 5층 석탑을 건립했는데, 이 역사도 향도가 주도했다. 향도의 명칭은 기록되지 않았으나, 이 향도와 석탑 건립의 중심인물은 교위(校尉)와 호장 직책을 지닌 안제경(安帝京) 등이었는데, 관련 기록에서는 이 역사에 참여한 사람들의 명단이 박사(博士)·유장(鍮匠) 등의 직책과 함께 기록되었다. 이 명문은 연구자에 따라서 판독을 달리하는데, 안제경 다음에 창정(倉正)이라는 향리 직책이 있었다고 보거나, 박사 대신에 백사(伯士)가 표기된 것으로 보는 견해도 있다. 만약 창정이라는 향리 직책이 기록되었다면, 죽주의 향리 가운데 최고 직책인 호장과 함께 창정 1명이 참여한 것이 된다. 창정 대신에 인명인 김정(金正)이 기록된 것으로 보는 견해도 있는데, 이에 의하면 호장 3명이 참여한 셈이 된다. 박사와 백사는 모두 이 시기에 장인을 나타내는 직명으로 사용되었다.

향도가 종의 조성에 참여한 실례를 살펴보면 다음과 같다. 현종 2년에 만들어진 것으로 추정되는 경주 회진사(廻眞寺) 종의 명문(銘文)에 향도가 기록되었다. 이 종의 종두(鐘頭)에는 선랑으로 추정되는 두 명의 이름이 새겨져 있으며, 향도의 명칭은 기록되지 않았으나 향도의 구성원이 3000명이라는 사실을 밝히고 있다. 고종(高宗) 20년으로 추정되는 시점에 만들어진 탑산사(塔山寺)의 종을 만들 때에도 향도가 주도했는데, 여기에는 3명의 호장이 참여하여 이 역사를 이끌었다. 탑산사 종은 전라남도 해남군 대흥사(大興寺)에 소장되어 있는데, 종을 만들 당시에 탑산사가 있었던 위치는 기록이 없어 알 수 없다. 충선왕(忠宣王) 3년에 약사암(藥師庵)에서 소종을 만들 때, 이 불사를 주도한 조직이 향도였는데, 이 향도는 여성들로만 구성되었다. 충숙왕(忠肅王) 복위 8년에 개경에서 여성들로만 조직된 향도가 있었음이 관찬 기록에서 확인된다.

향도가 주도하여 불화(佛畫)를 만든 사례도 확인된다. 충숙왕 10년에 만들어진 〈관경십육관변상도(觀經十六觀變相圖)〉의 화기(畫記)에는 특이하게도 그 조성에 참여한 네 개의 향도 조직이 기록되었다. 양주(楊州)에서 결성된 두 개의 향도, 그리고 낙산(洛山)과 중도(中道)에서 각각 만들어진 향도들이다. 이는 지역을 달리한 네 개 향도가 동일한 불사를 조성하기 위해 연합했음을 보여준다. 이 네 향도들의 구성원은 ① 중앙 관료인 내시(內侍)를 포함한 속인 3명과 승려 2명, ② 속인 6명과 승려 2명, ③ 호장 1명을 포함한 속인 7명과 승려 1명, ④ 속인 4명 등이었다. 충혜왕(忠惠王) 즉위년에도 24명 이상의 인원으로 구성된 향도가 〈아미타삼존도(阿彌陀三尊圖)〉를 조성했다.

다음에는 향도가 주도해 이룩한 다양한 불사에 대해 설명하기로 한다.

경종(景宗) 6년 이천현(利川縣)에서 조성한 마애석불에는 승려와 함께 20명으로 구성된 향도가 참여했다. 참여한 승려 중에는 상수(上首)라는 지도적 직책을 지닌 사람이 있었다. 성종 원년에 현풍현(玄風縣)에서 조직된 향도는 미타(彌陀)도량의 법회에 필요한 향나무를 공급했는데, 이 법회는 산악신앙과도 결부되었다. 이 향도의 구성원은 처음에는 20여 명이었으나 주민들이 참여하면서 그 규모가 점차 커졌다.

목종(穆宗) 2년에 팔흠도(八歆島)에서 300여 명으로 구성된 향도가 매향을 한 경우가 있었다. 이는 『조선왕조실록(朝鮮王朝實錄)』에 전하는 경우인데, 고려 말 조선 초에 각지에서 향도가 주도한 매향의 실례는 매향비라고 불리는 금석문의 형태로 오래전부터 최근까지 전국적으로 많은 사례가 학계에 보고되고 있다. 충혜왕 복위 8년에 이루어진 송림사(松林寺)의 향완(香垸) 조성에도 향도가 참여했다. 정확한 시기와 지역을 알 수 없으나, 고려 후기에 조질촌(調叱村)에서 바라를 조성할 때에도 향도가 주도했다. 이 외에도 불복장(佛腹藏)에서 발견되는 불경(佛經)을 비롯한 다양한 유물 중에도 향도가 주도하여 만들었음을 보여주는 사례가 많이 있다. 불복장의 사례는 최근에도 많은 사례가 발견되고 있다. 기와 불사에도 향도가 참여한 사례가 있다.

향도에 참여한 구성원의 실체, 향도의 지역적 분포에 대해 살펴보면 다음과 같다.

고려의 수도였던 개경에서는 국왕을 비롯한 문벌귀족 등 최고 지배층이 중심이 된 향도가 만들어졌다. 충혜왕이 개경의 신효사(神孝寺)에 갔을 때, 이 행차를 수행하면서 등(燈)을 든 무리가 향도를 결성했다. 이들이 충혜왕을 축수하는 재(齋)를 만들자, 충혜왕이 그에 화답해 그 재연(齋筵)을 주관했다. 이는 국왕이 향도에 참여했음을 보여주는 대표적 실례이다. 명종(明宗) 17년에 대장군(大將軍)을 역임한 신보순(申甫純)이 은퇴 이후의 만년에 향도를 조직한 사례도 개경에서 일어난 것으로 판단된다. 고려 후기의 대표적 귀족 관료인 이색(李穡)도 개경의 고위 관료로 구성된 향도에 참여한 기록을 남겼다.

지방에서도 향도의 모임이 많이 이루어졌다. 고려 후기 경주의 향도 모임에서 일어난 사건 하나를 들어 설명하기로 한다. 경주에서 조직된 향도 모임에서 술자리가 벌어졌을 때, 여기에는 경주에 파견된 지방장관인 경주부윤(慶州府尹)을 비롯해 경주의 지배층이 모두 참여했다. 이 술자리는 경주부윤이 때마침 그곳을 지나던 중앙 관료인 밀직(密直)을 대접하는 자리였는데, 이 광경을 본 한 진사(進士)가 그 술자리를 가리켜 "향도연(鄕徒宴)"이라고 했다. 향도연이라는 표현은 힐난이 섞인 일종의 조롱이었는데, 이에 격분해 경주부윤 아래 직책인 경주판관(慶州判官)이 진사 등을 죽인 사건이 발생했다. 죽임을 당한 진사가 경주 사람이었다면, 그는 그 무렵에 향촌사회의 새로운 지배층으로 자리 잡아가고 있던 유향품관층(留鄕品官層)이었다. 당시에는 향도의 모임에 남녀노소의 구성원이 한자리에 모여 서열대로 앉아 함께 술을 먹는 경우가 흔했는데, 이를 향도연이라고 불렀으며, 그것이 매우 성행했다. 이 향도연에는 지방장관과 그를 돕던 하급 지방관, 중앙 관료, 향촌지배층과 향도의 구성원인 경주 주민들이 모두 참여했으며, 이런 향도의 모임에서 이 같은 참혹한 사건이 터졌던 것이다.

지방 사회에서 조직된 향도의 구성원과 활동 양상을 살펴보면, 고려 전기와 고려 후기 사이에는 변화가 있었다. 고려 전기에는 그곳의 향리층이나 지방군의 지휘관, 토성 등과 같은 향촌지배층이 향도 조직의 중심인물들이었다. 고려 전기에 향도가 주도한 불사는 고려 후기에 비해 큰 형태인 대규모의 것들이 많았다. 예를 들면 불상, 석탑, 종의 조성과 같은 경우이다. 이들은 완성하기까지 비교적 긴 시간이 필요하고, 참여한 인원도 상대적으로 많으며, 따라서 그에 필요한 비용도 많이 들어가는 것들이다.

고려 후기에 이르면 향도 조직의 구성원과 활동 양상이 달라진다. 고려 후기에는 고위 관료나 여성, 소농민으로만 구성된 향도가 출현했는데, 이는 계급, 계층에 따른 향도 구성원이 분화되었음을 말해준다. 활동의 양상도 재회(齋會), 소향(燒香), 염불을 대상으로 한 것들이 나타나고, 상호부조나 친목 도모를 위한 연회가 많이 거행되었다. 고려 후기 향도가 주도해 조성한 불교 공양구는 대체로 소규모이고, 불교 건축의 경우는 중창 등이 많았다.

향도 활동의 역사적 의의

향도에 참여한 계층은 위로는 국왕과 문벌 귀족부터 아래로는 일반 백성에 이르기까지 사회의 전체 구성원이 모두 참여했다. 이처럼 고려 시기 향도에 사회 전체 구성원이 참여한 배경에는 불교가 당시 사회에서 국교에 준하는 지배적 종교가 되어 있었기 때문이다.

고려 시기에 성행했던 불교 행사 가운데 가장 대표 격인 팔관회(八關會)와 연등회(燃燈會)의 시행 과정을 살펴보면, 향도 활동의 역사적 의의와 배경을 잘 알 수 있다.

팔관회는 개경과 서경(西京)에서 열렸는데, 전성기의 팔관회는 궁궐에서 거행되어 국왕이 행사 전체를 주재했다. 여기에는 중앙의 고위 관료는 물론이고, 지방 행정단위 중에서 거점 역할을 하던 계수관(界首官)도 참여했으며, 고려 황제국에 포섭되어 제후국의 지위를 갖는 여러 정치단위가 외교 의례를 준행하는 형식으로 참관했다. 계수관은 당시 경(京), 도호부(都護府), 목(牧)과 같은 거점 지방 행정단위를 일컫는데, 전국에 15개 정도가 있었다. 계수관 지역의 지방장관은 직접 참여하지는 않고, 봉표원(奉表員)이라는 직책의 부하 직원을 보내는 형식으로 참여했다. 개경 궁궐에 파견된 계수관의 부하 직원은 계수관 지역의 지방장관이 작성한 축하 표문(表文)과 해당 지역에서 생산되는 특산물을 국왕에게 바치는 형식으로 임무를 수행했다. 고려 팔관회에 참여한, 제후국의 지위를 갖는 정치단위는 탐라국(耽羅國), 송과 일본의 상인단, 동여진(東女眞)과 서여진(西女眞) 등이었다.

계수관이 개경에서 열리는 팔관회에 참여하는 것은 국왕이 주재하는 불교 행사인 팔관회에 나라의 백성이 모두 참여한다는 상징적 의미를 띤다. 이 상징성은 고려 국내 백성들을 향한 대내적인 것이라고 할 수 있다. 한편 제후국의 지위를 갖는 여러 정치단위가 팔관회에 참여한다는 것은 고려 황제국의 위상을 대외에 과시하는 의미가 있다. 따라서 그것은 고려 황제국의 영역에 포괄되는 여러 정치단위에 대한 대외적 상징성이라고 볼 수 있다. 이처럼 팔관회는 국왕을 정점으로 한 대내적·대외적 상징성을 드러내는 불교 행사였다.

연등회는 개경과 서경과 같은 특정 도시에서만 열리는 것이 아니라 모든 지역에서 열렸다. 연등회는 정월 15일이나 2월 15일 그리고 석가탄신일인 4월 8일에 열렸다. 이 가운데 석가탄신일에 거행하는 행사는 한 달 이상의 긴 시간에 걸쳐 열렸고, 호기(呼旗)라 하여 어린이들이 깃발을 만들고 이를 앞세워 무리를 지어 큰 소리로 외치며 마을을 진행하며, 행사에 필요한 경비를 구하는 모습을 연출했다. 여기에는 마을의 남녀노소가 모두 동참하여 종교 행사의 차원을 뛰어넘는 연희이면서 동시에 촌락공동체의 축제로 거행되었다. 마을 인근의 사원에서도 연등회 행사를 거행했다.

팔관회와 연등회는 불교 행사 가운데 가장 대표적이면서, 지역적 차원이나 교단 차원에서 행해지는 크고 작은 불교 행사를 전국적·전체적으로 수렴하는 기능을 수행했다. 말하자면, 국가의 축제로 거행된 불교 행사였던 것이며, 이를 일컬어 학계에서는 국중대회(國中大會)라고 부른다. 중앙과 지방에서 거행되는 불교 행사를 연결시키는 고리는 사원과 교단의 승려 조직과 함께 선랑의 존재가 주목된다. 사원과 교단의 승려 조직은 불교의 행정적 시스템 측면에서 중앙과 지방의 불교 행사를 연결시켜 주었다. 한편 선랑은 신앙 조직 내의 연결고리 역할을 수행했다. 향도 조직에서 보이는 선랑의 존재, 연등회 행사 중 호기 활동을 하는 어린이, 팔관회의 행진에서 나타나는 선랑의 존재는 신라 시기 이래로 계승되어 온 화랑의 유제로서 고려 시기 불교 행사에 남아 있었던 것이다.

고려 시기에 향도는 불교 신앙을 가장 열성적으로 수행하는 자율적 조직이었으며, 국가적·전국적 차원의 불교 행사인 팔관회와 연등회 거행을 실질적으로 가능하게 한 존재였다. 팔관회 및 연등회 행사와 향도의 활동은 서로 유기적으로 결합하며, 고려 시기에 불교가 국교에 준하는 종교로서 핵심적인 역할을 수행하게 만들어준 요소였다.

12 고려의 사회구조와 불교

한기문 | 경북대학교 사학과 명예교수

지배구조와 불교

승단 형성의 배경이 된 출가의 신분별 양상과 그 변화, 그리고 사상 기반을 정리해 보면 다음과 같다. 왕자의 출가 동기는 대체로 국가 복전(福田)이라는 공덕 사상과 왕실의 불교 기반을 확보하고, 국왕과 천비 사이의 소생을 출가시켜 왕위 계승의 혼란을 방지하는 것이었다. 이뿐만 아니라 홀로 된 왕비의 수절 및 윤리 문제를 해소하려는 방도이기도 했다. 관인층은 대체로 한 명의 자식을 출가시키는 관행이 있었다. 승과(僧科) 급제를 목표로 하거나, 과거 급제가 불분명할 경우 승과로 전환하기도 했다. 이렇듯 출가는 성(聖)·속(俗) 두 방면에서의 기반 확보와 관련되었다. 또한 관인층은 상당한 관력을 거친 후 관직 생활로 인한 문제를 해소하기 위해, 또는 불교에 심취하여 출가한 예도 있었다. 관인층 여성들은 수절이나 임종 시의 극락왕생을 위해 출가하는 경우도 있었다. 그러나 이들은 종단 활동은 하지 않는 재가출가자(在家出家者)였다. 국역층의 경우에는 관인층 이상과는 달리 출가 규제가 많았다. 충숙왕 때에는 승단의 자율 규제인 등단 수계제를 따를 뿐만 아니라 도첩(度牒)을 받아야 출가할 수 있었다. 공민왕 대 이후에는 승려가 인구의 반에 이를 정도로 국역 이탈자가 증가하면서 출가 규제가 급격히 강화되었다.

국왕은 왕자나 관인층의 자식을 자기 대신 출가시켜 자신의 복전공덕(福田功德)으로 삼고자 했다. 관인층 역시 자식이나 노비를 대신 출가시켜 왕업을 받들거나 돌아가신 부모가 윤회에서 벗어나게 하거나 중생을 제도하는 공덕을 받고자 했다. 부모들은 대체로 태몽을 통해 자식의 출가를 승려의 환생인연(還生因緣)이나 숙연(宿緣)으로 받아들였다. 출가로 문제가 되는 부모, 자식 간의 효(孝)는 비록 부모를 떠나지만 황은(皇恩: 국왕의 은혜), 불은(佛恩: 부처님의 은혜)을 갚음으로 궁극적으로는 부모에게 효를 다한다는 '대효론(大孝論)'으로 해결했다. 하지만 고려 후기부터는 부모 봉양을 강조하는 세속적 요구에 따라 '색양위효론(色養爲孝論)'을 받아들여, 출가를 '멸륜(滅倫)'으로 보는 유학자들의 논리에 대응했다. 이와 같은 출가에 대한 인식 구조는 거대한 불교 승단(僧團)을 유지하게 하여 고려 사회의 성·속 융합적 생활 구조를 형성했다.

국가에서는 승록사(僧錄司)라는 기구를 통해 주지를 파견해 사원을 통제했다. 승록사와 주지를 맡은 고급 승려의 선발은 광종 대에 시행한 승과(僧科) 제도를 통해 이루어졌다. 승과에는 예비 고시와 최종 고시가 있었다. 대개 승과는 교종과 선종으로 대별되어 교종선의 실시는 왕륜사에서, 선종선의 실시는 광명사에서 했다. 응시자의 신분은 대부분 품관 자제로, 과거의 제술업 응시 신분과 대략 같았다. 합격자에게는 법계(法階: 승계)를 주었는데, 이는 고위 승려라는 징표로서 고위의 승관이나 사원의 주지로 취임할 수 있는 자격이었다. 승진 과정은 대체로 다음과 같다.

교종(화엄종, 법상종): 대덕(大德)-대사(大師)-중대사(重大師)-삼중대사(三重

大師)-수좌(首座)-승통(僧統)

선종(조계종, 천태종): 대덕(大德)-대사(大師)-중대사(重大師)-삼중대사(三重大師)-선사(禪師)-대선사(大禪師)

승려들에 대한 인사, 즉 승정(僧政)은 법계의 부여와 승진, 그리고 승록사 직원 및 주지의 임명을 말한다. 법계의 부여는 승비(僧批)라고 하는데 여기에는 추천과 심의, 국왕의 비준, 문서 작성까지 절차화된 제도가 있었다. 삼중대사 이상은 관고(官誥)를 주어 국왕의 제가에 의한 배수이고, 그 이하는 제수라 하여 상서성에서 직접 처리했다. 이로 보아 삼중대사 이상은 일반 관계로 치면 대부(大夫), 중대사 이하는 낭(郎)에 해당된다. 고과한 관청은 승록사였을 것으로 생각되며, 자격이 있다고 하여 모두 승진되는 것이 아니라 해당 종파에서 공론을 통해 동의를 받아야 했다. 추천을 받은 고승은 서경(署經)을 거쳐야 했으며, 승계의 승진은 일반 관료의 승진과 크게 다른 바가 없었다.

주지의 임명과 전보(轉補)를 보면, 고려 초 대체로 성종 대부터 왕명에 의한 주지 임명이 정착되었다. 고려 전기에 국왕이 행사한 주지임명권은 고려 후기에는 승려가 전관한 예를 찾아볼 수 있다. 충선왕 대 정오(丁午), 충숙왕 대 미수(彌授), 공민왕 대 보우(普愚)가 그러하며, 이에 따라 불교 종단 간에 갈등이 심화되었다.

불교계가 세속적인 관료 체계에 따라 통제되면서 불교의 초세속적인 권위를 인정하는 국사(國師)·왕사(王師) 제도가 발전했다. 국사제도는 신라 때부터 있었으나 고려에도 계승되어 제도화되었다. 신라 통일기에 보이는 국통(國統)은 고승을 주지로 임명할 것을 소청하거나 탑비를 세우는 데 조력하는 승관의 최고위였을 뿐 국사와는 다른 것이었다. 그런데 고려에 들어와서 승계의 발달과 관료체계화에 따라 국통의 존재는 사라지고 국사와 더불어 왕사제도가 확립되었다.

왕사는 고려 태조 시부터 있었지만, 그 전형을 보인 것은 광종 이후였다. 왕사는 왕의 스승이고 국사는 나라의 스승이라 하면서 불교계에서 덕이 높은 자를 왕사로 삼고, 더욱더 덕이 위대한 자를 국사로 삼았다고 한 것으로 미루어보아 왕사 위에 국사가 존재했음을 알 수 있다. 대개 국사와 왕사는 종신직이었으나, 고려 후기에는 새로운 왕이 즉위할 때마다 새로 임명되었다. 그만큼 예우의 의미를 넘어 정치권력과 밀착된 것이었다. 고려 시기에는 국사·왕사가 임명되지 않은 시기가 없을 정도로, 제도적으로 엄밀하게 시행되었다. 국사와 왕사가 같은 종파에서 동시에 배출된 예가 없는 것으로 보아 종단 간 안배를 중시한 것으로 보인다. 또한 4대 종단 이외에서 배출된 예를 찾아볼 수 없다.

국사와 왕사의 선정에는 왕실의 권한이 크게 작용했으며, 군신(群臣)의 의견을 받아들이고 종문(宗門)의 의견을 물었다. 선정이 되면 낭사의 서경을 거쳐 중신을 보내 책봉의 수락을 청하고, 주로 봉은사에서 책봉례를 행했다.

이때 국왕이 국사와 왕사에게 구배(九拜)를 하여 제자의 예를 행하는데, 이것이 국사·왕사 제도의 의미를 보여주는 극적인 장면이다. 곧 세속의 국왕이 불교계를 상징하는 국사·왕사에게 제자의 예를 행해 그 권위 아래에 있음을 내외에 나타내 보임으로써 국사·왕사 제도가 교권과 왕권의 갈등을 해소하는 상징적 기능을 했음을 보여준다. 그러나 상징적 기능에 머물던 고려 전기와 달리 고려 후기에는 국사·왕사가 승정에 적극 개입하고 여기에 세속적 우대가 더해져 실질적 기능이 강화되면서 종단 간의 갈등을 심화하는 역기능을 나타내기도 했다.

한편으로 국사·왕사와는 달리 국왕 측근에서 불교계의 내밀한 문제를 자문하고 대행하며 국왕의 궁중에서의 의례를 맡은 승려가 있었다. 그 궁중 불사 장소와 승려를 통칭해서 내원당(內願堂)이라 했다. 곧 내원당은 내불당이면서 거기서 소임을 수행하는 승려를 다 같이 일컫는 것이다. 국왕 측근의 내시(內寺), 학사(學士)와 비슷한 역할을 했다. 신라와 태봉의 궁중에도 있었던 내원(內院)의 조직과 승려가 확대된 것이다.

고려시대의 대표적 종교 시설물로서는 사원이 중요했다. 고려시대에 들어와서 사원의 창건은 개경사원의 건립에서부터 점차 지방으로 확산되었다. 초기에 건립된 사원은 개경에 수도의 면모를 보이기 위한 사원들로서 국가적 불교의식의 시행 장소로서 그리고 각 종파의 고승을 초청하여 머물게 하고 설법과 불교 의식을 행하는 장소로 했다. 개경 사원은 역대 왕에 의해 왕실원당(王室願堂)이 만들어짐으로써 증가되었고, 귀족들의 원당도 개경 주변에 건립되어 추가되었다. 이러한 사원의 개경으로의 밀집은 신라의 수도인 경주 중심의 불교 기반을 개경 중심으로의 재편성하는 것이었다. 지방사원은 고려 초부터 조사에 착수하여 삼국시대 이래의 사원을 거의 추인한 것으로 추정된다.

고려 시기 전체 사원의 수적 추산은 조선 초의 기사로 역산해 볼 수 있다. 태종 대 242사(寺)가 공인사원이 되었다. 이는 태종 6년 3월 선교각종합유사사(禪教各宗合留寺社)에 조계종 총지종 70사, 천태법사종 소자종 43사, 화엄종 도문종 43사, 자은종 36사, 중도종 신인종 30사, 남산종 시흥종 각 10사의 내역을 가진다. 이 중 태종 7년 12월에 망폐된 각관읍내(各官邑內) 자복사(資福寺)를 산수승처(山水勝處)의 대가람 88사로 대체 했다. 그런데 세종 원년에 "아국즉전기혁거사사전민근존십일(我國則前旣革去寺社田民僅存十一)"이라 하여 사원 수가 10분의 1 수준으로 남게 되었다고 했다. 세종 시 사원전이 1만 결이었다는 기록에 따르면 고려 말 10만 결 사원전의 10분의 1 수준임을 알 수 있어, 사원 역시 태종 때 정리된 242사를 역산하면 2420사 정도로 추산된다. 이는 성종 시 "도선설삼천비보(道詵設三千裨補)"라고 한 기사와 대략 비슷한 규모이다. 『신증동국여지승람』 불우조, 고적조 그리고 고려 시기 각종 금석, 문헌 자료에 나온 사명을 종합하면 2286사가 조사된다. 따라서 고려 말경에는 2000~3000 정도의 사원이 존재했다고 추산된다.

고려 시기 재정규모 중에서 총토지결수 60만 결 정도가 된다고 한다. 이 중 사원전이 약 10만 결이라고 한다. 따라서 사원이 차지한 국가재정은 6분의 1을 차지한다고 할 수 있다. 국가에서 분급한 사원전은 개경의 대사찰의 경우 1000결 정도가 지급되었고, 지방의 중요 사원의 경우 500결 정도가 대개 지급되어 있었다. 이 이하의 소규모 사원에도 다수의 사원전이 분급되어 있었던 것이다. 『세종실록』에는 고려에 비해 사원전이 1만 결로 축소되었다고 했다. 많은 사원전이 속공(屬公)이라는 절차를 밟아 조선 왕조의 다른 재정으로 흡수되었던 것이라 하겠다. 10만 결에서 1만 결로의 사원 재정 규모의 축소 역시 공인 사원 수의 10분의 1 축소라는 것과 부합한다.

사원공인의 사상적 배경은 사탑비보설(寺塔裨補說)에 두고 있었다. 권근(權近)이 "…… 고려 왕씨가 통합한 초기에 …… 신비한 도움이 있기를 바라 이에 중외에 사사를 많이 설립했으니, 이른바 비보(裨補)라는 것이 이것이다"라고 한 것을 미루어 초기 사원이 태조에 의해 추인되어 공인되었던 것이다.

이러한 비보사사(裨補寺社)는 고려 왕조 초기에 전국의 지방 세력에 토성(土姓)의 분정(分定)과 재지 경제적 기반을 추인하면서 점차 과거제나 전시과 등으로 중앙의 통제권 속으로 흡수해 가던 과정과 짝하여 이루어졌던 것으로 추측된다.

비보사사의 규모와 범위는 어떠했을까. 읍기의 정비와 관련하여 각 행정단위에 중심사원이 있었다. 우왕 9년 9월에 "대설진병법석우중외불사 공일백오십소(大設鎭兵法席于中外佛寺 共一百五十所)"라 하여 151소의 사원에서 진병법석이 열렸음을 알 수 있다. 『고려사』 지리지 서문에 나타난 지방단위 수인 경(京) 4, 목(牧) 8, 부(府) 15, 군(郡) 129를 합친 156과 대략 일치하므로 진병법석이 전국지방 단위를 망라하여 설치된 것으로 보인다. 고려 초 읍기의 정비와 함께 이러한 중심 사원이 정비되었을 것이다. 그런데 이 사원들은 읍기 정비 시 치소(治所)와 가까운 읍내에 위치했을 것이다.

이 사원들은 군현의 자복(資福: 복을 구함)과 관련된다 하여 자복사(資福寺)로 불렸다. 태종 6년 3월 선교각종합유사사를 정할 때 "신구도각사(新舊都各寺), 각도계수관(各道界首官), 각관읍내자복(各官邑內資福), 읍외각사(邑外各寺)"라 하여 각관 즉 군현 단위의 읍내(邑內) 곧 치소 가까이에 자복사가 위치했음을 짐작할 수 있다. 태종 7년 12월 의정부의 요청을 허락한 제주자복사(諸州資福寺)에 대해 산수가 빼어난 곳의 대가람으로 망폐사원을 대체한다는 기사에서, 여러 고을의 자복사가 대체로 읍기의 중심부의 치소와 가까이 위치했으나 망폐한 경우는 산수가 좋은 곳의 사원으로 대신한 것으로 볼 수 있다. 각관 읍내의 사원이 폐사가 진행되고 있는 조선 초의 사정이 반영된 것이다.

'각도계수관(各道界首官)'에도 '각관읍내자복(各官邑內資福)'과는 분류를 달리하는 사원이 존재했음을 시사한다. 이로 보아 고려 시기 각 계수관(界首官)에도 중심 사원이 존재했다고 추측된다. 국왕의 생일에 동서양경(東西兩京)과 4도호(都護) 8목(牧)은 각기 소재한 불사에서 기상추복도량(祈祥迎福道場)을 열게 한 기사에서 계수관에 소재불사의 존재를 알 수 있다. 계수관은 원정, 동지, 팔관회 때도 하표(賀表)를 올리는 것으로 미루어 부(府), 군(郡), 현(縣) 단위의 자복사와는 격을 달리하는 중심사원이 존재했다.

불교계의 내원당, 개경 사원, 자복사 등과 승과, 종파, 고승과 문도, 승계, 국사·왕사 등의 조직이 흡사 관료계의 궁중, 부중, 지방 행정기구와 그 관료공급원인 유생, 그리고 과거제, 좌주와 문생, 관계, 재상 등의 조직으로 병행되는 모습을 볼 수 있다. 고려 사회는 불교 교단 체제와 유교 관료 체제가 병립하는 사회였다.

생애 의례와 불교

불교는 국가와 사회적 제도를 기반으로 성행하면서 인생관에 깊은 영향을 미쳤다. 인생관은 생의 마디마다 나타나는 생애 의례에 잘 반영된다. 출생·결혼·장송·제례 등에 인생관이 극명하게 투영된다.

먼저 출생과 관련한 것이다. 고려 시기의 묘지명 자료를 보면 "무자(無子)"인 경우도 있으며, 자식이 모두 출가한 경우도 더러 있다. 3세 이전 이성(異姓) 수양(收養) 등이 법제에 보인다. 이는 혈연적으로 자식을 꼭 보아야 한다는 의식이 강하지 않았던 것으로 짐작할 수 있다. 그리고 부계 의식도 강하지 않았음을 짐작할 수 있다. 불교의 윤회환생설(輪廻還生說)의 영향이 아닌가 한다. 실제로 고려 후기 권준(權準)의 묘지명에는 그가 고려 전기 문종에게 세 딸을 들여 '해동갑족(海東甲族)'으로 불린 경원 이씨 이자연이 그 전신(前身)이라고 했다. 중서령 창화 이공 묘지가 임진에 있고 그 곁에 자효사가 있었는데, 권준이 이를 수리하고 "내가 그 전신(前身)이 아니겠는가"라고 했다. 곧 부계로 이어지는 부자 관계로 인식하기보다 자식은 부모를 인연으로 하여 태어난 존재일 따름이며 부모의 후신(後身)이라는 의식은 없었다.

결혼과 관련해서는 남녀의 상대적 지위 문제가 존재한다. 고려 시기에는 여성의 불교신앙 활동이 활발하여 사회적 지위가 높았다. 물론 관직에 나아가지는 못하지만, 그들의 지위를 보장하는 혼인 형태인 일부일처제(一夫一妻制)가 시행되었고, 사위가 처가살이하는 솔서혼(率壻婚)도 많았으며, 남편이 죽고 난 뒤 재가(再嫁)하는 데 아무런 법적·도덕적 제약이 없었다. 이를 굳이 불교적 인생관의 반영이라 할 수는 없지만, 적어도 고대로부터 고려까지 계승된 여성의 지위가 상대적으로 높았던 유산을 불교가 변질시키지 않았을 것이다.

죽음에 대한 인식은 장법에 반영된다. 고려 시기에는 대부분 화장(火葬)을 채택했다. 주로 사원에서 종명(終命)하고, 거기에 빈소가 설치되었으며, 사원 주변에서 화장하여 2차로 묘소를 두었다. 이러한 관행은 관인층이 남긴 석관과 묘지명에서 대체적인 경향을 알 수 있다. 이러한 장법과 사원을 이용한 장송은 불교의 영향이라 할 수 있다. 신라 시기에도 이러한 경향을 확인할 수 있는데, 화장하여 산골한 예를 보여주는 「감산사아미타여래조상기」 등 금석문 기록이나, 화장후 유골을 보관하는 골호(骨壺) 등 고고학적 유물에서 알 수 있다. 주로 화장을 함으로써 시신의 보존은 중시되지 않은 것을 알 수 있다. 곧 죽으면 시신과 영혼이 즉각 분리된다고 생각한 듯하다. 이러한 관념은 불교의 윤회환생사상에 따른 것으로 짐작된다.

조상 추모 방법으로 고려 시기에는 고문서와 금석문에 나타난 사례를 보면, 사원에 기일보(忌日寶)를 설치하여 조상을 숭배했다. 기일보는 사원에서의 제례 형태인 기일재(忌日齋)를 위한 기금이었다. 고려시대에 제례를 상례와 함께 대부분 불교식으로 행했다. 따라서 기일보는 사원에서 유치할 수 있는 보 중에서 가장 보편성을 지닌 것이었다. 기일보는 신라 때부터 그 사례가 보인다. 김유신을 위해 취선사(鷲仙寺)에 설치한 공덕보(功德寶)와 고려 초의 광학(廣學), 대연(大緣)의 부모를 위한 기일보가 그것이다. 통일신라 때부터 혈족의 개인적인 원당과 원탑의 경영이 활발해지고 불교의 보편화와 함께 가장 두드러질 수 있는 신앙은 조상숭배였다. 사원에서 기일에 맞추어 불교식 제례를 올려서 조상의 명복을 기원했는데, 그 운영기금은 기일보의 설치로 마련되었다.

관인층 이하의 경우도 부모의 기일이 되면 사원에 나아가 불교식 제례를 지냈다. 사원경제가 비대해지자 그에 대한 억제 조치로서 부모 기일 외에는 사원 출입을 금지했는데, 이를 보면 조상 제사는 사원을 이용하는 것이 관습화되었음을 알 수 있다. 조선 초기 조정에서 불교식 제례로 가산을 탕진하는 경우가 많다고 하는 논의에서도, 조상숭배가 사원을 중심으로 기일재의 형식으로 뿌리 깊게 존재했음을 알 수 있다.

기일보는 특정 유공 관인을 위해 국가에서 설치하는 경우도 있고, 조상뿐만 아니라 누이동생 혹은 일찍 죽은 아들 등 직계조상이 아닌 자신과 관련되는 혈족의 기일재를 위해 설치하는 경우도 있었다. 그러나 기일보의 대부분은 선망(先亡) 부모를 위한 것이었다. 기일보의 기금은 친족의 공동출자로 조달되었다. 그러므로 제사가 장자 위주로 상속되지 않았고 가산 또한 자녀 균분상속이었다. 장남이 중시되지 않는 당시의 가족 구성과 조선 초기에 보이는 윤회봉사(輪廻奉祀) 자료로써 간접적으로 추정된다. 친족의 범위는 부계·모계·처계 등이 비교적 균등하게 포함되었다. 이 기일보는 사원에 기탁되어 사원에서 기일재의 모든 행사를 대행하여 주었다. 그리고 이러한 조상숭배는 세대가 바뀌면서 새로이 계속 늘어나고 반복되는 의례이므로, 다른 특정한 계기로 설치되는 보(寶: 재단)보다 안정적이고 가장 많은 기탁자가 있었다.

이상에서, 불교 이념 시기인 고려 시기에는 남아선호가 없었다. 남녀의 지위도 상대적으로 대등한 면을 볼 수 있다. 제사에서도 자손이 공동으로 추모하는데, 거기에 처계·모계·부계 등이 균등한 친족 구성 곧 '일문(一門)'으로 참여함을 볼 수 있다. 불교 인생관이 반복적인 생애 의례에 반영됨으로써 고려 시기는 수평적 사회 구조 혹은 다원적 성격을 유지한 것이다.

보론

보론 1

고려시대 동아시아 한문불교문화권의 불교 교류

박용진 | 국민대학교 교양대학 교수

10세기 고려·오대·송 불교계의 교류

고려는 918년에 건국하여 후삼국이 정립(鼎立)하는 가운데 중국 오대의 여러 나라와 교류했다. 중국의 송나라는 960년에 건국되어 오대의 전란을 수습하며 사회를 안정시켜 나갔다. 이 시기 후삼국과 고려의 대중국 불교 교류는 자국의 외교와 함께 다양하게 전개되었다.

9세기 전반에 신라의 입당구법승은 남악 회양의 법사 마조 도일의 문하와 활발히 교류했지만, 845년 회창 폐불 이후 나말여초 시기를 보면 870년 이후 구법한 경유·사무외대사·충잠·찬유·현휘·긍양·경보 등의 선종 승려가 있었으며, 이들은 모두 청원 행사계와 교류했다. 주로 청원행사의 법사 석두 희천계인 약산 유엄, 단하 천연, 천황 오도의 문하와 교류하는데, 약산 유엄계로는 동산의 법사인 운거 도응, 그리고 석상 경저의 문하와 교류했고, 단하천연계로는 투자 대동과 교류한 찬유가 있다. 덕산 선감계로는 설봉 의존과 교류한 현눌·영조·대무위가 있고, 의존의 법사인 장경 혜릉(854~932)과 교류한 구산·징관·중봉 등으로 구분된다.

한편 고려 초기 930년 이후 중국으로 나아가는 교류승은 오월국의 청원 행사의 법안 문익-천태 덕소의 사법인 영명 연수와 교류한 점이 특징적이라고 할 수 있다. 이와 같은 불교 교류는 고려와 오월국의 정치적인 관계 속에 이루어졌다. 이 시기 불교 교류의 특징은 시기별 교류 대상이 변화한 것인데, 이는 중국 불교계의 동향과 밀접한 관련이 있고, 특히 선종 종파의 성쇠와 관련이 있다. 고려의 삼국통일 이후 광종 대의 불교 교류는 중국 법안종과의 교류가 중심이 되었는데, 이는 조동종의 성립과 전개에 동산 문하의 도응과 조산 본적의 문하는 발전하지 못했고, 그들의 주석처는 운문종과 법안종의 인물로 대치되어 전승되었다. 이렇듯 법안종의 지역적 전개와 활동의 범위가 확장되면서 광종 대의 구법과 교류 역시 주로 법안종으로 전개된 것이다.

광종 대(949~975)에는 많은 승려가 남중국으로 가서 교류했는데, 청원 행사의 9세이자 법안 문익의 법을 잇고 귀국한 영감과 혜거가 있고, 혜거·영준·지종은 영명 연수와 교류했다. 또한 고려 승 36인은 모두 법안 문익 또는 그의 법사에게 나아갔다. 비슷한 시기에 영명 연수의 스승인 천태 덕소의 법사와 교류한 혜홍 및 진관 석초 등이 있었다.

고려 초기 광종 대는 화엄과 천태사상이 유행했고, 특히 천태사상 전개의 근거는 지종·덕선·제관·의통 등의 중국 교류 활동에서 찾을 수 있다. 다만, 제관과 의통은 중국에서 활동하고 귀국하지 않았기 때문에 고려 불교계에 영향을 미쳤는지 의문이며, 또한 천태종 승려의 활동 역시 찾아보기 어렵다. 의통(927~988)은 936년부터 944년 사이에 중국으로 가서, 천태 덕소(891~972)에게서 참학했고, 이어 나계 의적(917~987)에게 나아가 천태교학을 배웠다. 의통은 968년에 그곳에 전교원을 세웠고, 천태교관을 펴다가 988년에 입적했으며, 천태종의 제16조가 되었다. 그의 문하에는 사명 지례 등이 배출되어 송대 천태종을 중흥시켰다. 제관은 광종 21년(960) 오월왕 전숙의 요청으로 파견되었으며, 찬술로 『천태사교의』가 전한다. 또한 비슷한 시기에 중국에 간 지종은 광종 6년(955) 항주의 연수 문하에서 수학하고, 광종 21년(961)에는 국청사의 의적에게 나아가 천태교학을 전수받았으며, 『송고승전』을 편찬한 찬영과 교류한 뒤 광종 21년(970)에 귀국해 법안종과 법화 및 천태사상을 보급했다.

한편 이 시기 고려와 오월의 불교 교류를 보면 불교 전적의 교류가 활발했다. 오월왕 전숙은 천태 지의가 찬술한 『법화문구』를 고려에서 구해 유통시킨 바 있고, 고려에 사신을 보내 전쟁으로 산일된 천태종 교전을 구하고자 했다. 이에 광종은 961년(광종 12)에 제관을 파견하여 천태 교전을 전했다. 이때 전한 천태 전적은 최초의 목판 대장경 『개보장』에 입장되는 등 송의 천태종을 재흥하는 계기가 되었다.

고려시대 불교 교류에서 구법승 못지않은 중요한 역할은 한 것이 사신단이다. 고려 초기 사신단의 불교 교류는 대장경 요청과 관련이 있다. 성종 8년(989)에는 사신 한인경과 위덕유가 대장경을 구했고, 991년에는 한언공이 사은사로 가서 황제에게 상주하여 대장경을 구해 귀국했다. 이 대장경이 고려 초조대장경의 저본으로 활용되었을 것이다. 이렇듯 고려 초기 오대와 송 불교계와의 교류는 인적·물적 교류를 통한 불교문화의 상호 교류 속에 자국의 불교를 보충하는 방향으로 전개되었다.

11~12세기 고려와 송·요·일본 불교계의 교류

고려 성종 대에는 송나라에서 간행한 대장경을 수입하는 등 활발히 교류했지만, 거란의 침입 등 국제 정세의 변화에 따라 고려와 송의 국교는 단절되었다. 그 이후 고려 문종 대(1046~1083)에 국교가 재개되면서 불교 교류도 재개되었다. 이 시기 불교계는 고려 중기 문벌귀족이 대두하면서 교종의 화엄종과 유가종이 불교계를 주도하는 가운데 선종의 활동은 다소 침체되었다. 의천은 입송구법 이후 화엄종을 중심으로 천태종을 개창하면서 고려 불교계를 재편했다.

11세기의 여·송 불교 교류는 화엄종의 의천과 선종의 담진의 활동이 대표적이다. 여·송의 국교 재개 이후의 불교 교류로는 1076년에 담진을 비롯한 당진(黨眞), 여현(麗賢)이 입송해 항주 천축사와 수도 개봉에 가서 1080년까지 체재 후 귀국했다. 이때 담진은 송 신종에게 법원대사라는 법호를 받았으며, 송의 수도인 개봉에서 운문종의 대각 회련의 뒤를 이어 개봉의 정인사(淨因寺)를 주관한 임제종의 정인 도진(淨因道臻, 1014~1093) 등과 교류하여, 임제종과 운문종의 선풍을 수입하는 계기를 마련했다. 또한 그는 1085년 의천의 입송구법을 도왔고, 예종 대에는 요나라 대장경 『요장』을 구입했으며, 이후 왕사와 국사를 지냈다.

이 시기 동아시아 불교계에서 주목되는 인물은 의천으로, 1085년에 송나라에 가서 화엄종의 정원, 법상종의 혜림, 계율종의 원조, 선종 운문종의 요원과 종본, 서천범학(西天梵學)의 천길상(天吉祥) 등 여러 종파의 인물과 교류했다. 특히 의천은 입송구법 시 화엄과 천태교관에 깊은 관심을 보였고, 송의 현수교관과 천태교관을 전법했으며, 이를 기반으로 천태종을 개창했다. 동아시아 불교계에서 의천의 공헌은 불교 주석서(註釋書)인 장소(章疏)를 결집하고 유통한 것이다. 그는 문종 27년(1073)에 장소를 결집해 교장(敎藏)을 조성할 것을 발원한 이래 고려를 비롯해 송·요·일본의 장소를 수집했다. 고려 전기에는 고려대장경의 정장(正藏)과 속장(續藏)이 조성되었지만, 신라 이래 경론의 주석서는 많이 일실된 상태였다. 의천은 입송구법 시 송승 정원 등을 통해 장소를 수집했으며, 귀국 후에는 고려의 현행 장소에 더해 송과 요나라에서 새로 수집한 장소를 종합하여 그 목록인 『신편제종교장총록』(이하 『교장총록』)을 편찬하고, 홍왕사 교장도감에서 교장을 간행했다. 『교장총록』은 불교 경론을 주석한 장소 목록의 효시인 점에서 높이 평가되고 있다. 수록된 장소는 1010부 4880권이며, 현재 동아시아 불교계에 약 380여 부가 전존한다.

한편, 고려 승려의 왕래는 다양한 형태로 전개되었지만, 송과 일본의 승려가 고려에 입국해 활동한 기록은 일부에 그친다. 오대 시기에는 오월의 승려 자린이 후백제와 일본을 방문한 뒤에 고려에 입국해 천태교법을 전했다. 1096년에는 송나라 자은종승 혜진과 성총이 입국해 고려의 불교 성지를 순례하고자 했다. 그 이후 송나라 승려의 고려 내왕이 다수 있었을 것으로 추정되지만, 자료에서는 거의 확인되지 않는다.

고려와 요의 불교 교류는 국가와 왕실의 후원 아래 대장경 및 불서의 교류가 중심이 되었다. 1083년에 의천이 요 도종에게 원효의 장소를 전했고, 도종은 이 불서를 수교해 반행토록 했다. 요나라 대장경의 전래는 문종 17년(1063), 문종 26년(1072), 숙종 4년(1099), 예종 2년(1107)에 이루어졌다. 고려와 요나라의 장소 교류는 의천이 편찬한 『교장총록』에 수록된 요나라 승려 15인의 찬술 72부를 통해 살펴볼 수 있다. 『현밀원통성불심요』 등 요나라의 장소는 고려 홍왕사 교장도감에서 간행되어 송과 일본으로 전해졌다. 11~12세기 동아시아 불교계에 요나라에서 편찬된 불교 장소의 교류는 고려를 매개로 전개된 점에서 특징적이다.

고려와 일본은 공식적인 국교 없이 주로 송상을 매개로 불교 교류가 이루어졌다. 의천은 『교장총록』을 편찬한 1090년 무렵 장소를 구하기 위해 일본에 서장을 보낸 바 있다. 또한 일본에서는 1095년 홍복사가 송상 유유에 의뢰하여 법상 및 정토 관련 장소를 의천에게 구했고, 1105년에는 인화사가 대재부를 통해 고려 홍왕사 교장도감에서 조조한 『석마하연론통현초』 등을 구입했으며, 1120년에는 일본 승 각수(覺樹)가 송상을 통해 『홍찬법화전』을 비롯한 장소 100여 권을 수입했다.

고려 교장의 동아시아 유통은 한문불교문화권의 상호 교류라는 측면에서 주목된다. 동아시아의 제국이 장소를 구할 때 고려·송·요·일본 등은 자국에 없는 불서를 보충하려는 경향을 보인다. 한편, 11~12세기 동아시아 한문불교문화권의 불교 교류는 송상의 활동과 밀접히 관련된다. 송상은 고려와 송, 고려와 일본 사이에 공식적인 외교가 없는 가운데 불교문화, 불서의 교류 및 전달, 각국 불교계 동향 등에 대한 정보 전달자로의 기능을 수행했다. 이로 미루어 11세기 고려와 송, 그리고 일본 불교계는 다양한 문물이나 정보의 교류가 있었음을 알 수 있다.

고려와 송의 승려 간 직접 교류가 아닌 간접 교류의 사례도 다수 확인된다. 담진의 제자 탄연은 인종 18년(1140) 무렵 그가 지은 「사위의송」과 「상당어구」를 송상 방경인을 통해 사명 아육광리사의 임제종 선사 개심(介諶, 1080~1148)에게 보내어 인가를 청했고, 송승 계환(戒環), 자앙(慈仰) 등과도 서한을 통해 도우가 되었다. 이 외 고려의 관리가 송나라에서 재승과 축수를 할 때, 조동종 굉지 정각(宏智正覺, 1091~1157)이 상당(上堂)하여 설법한 일로 미루어 고려 불교계에는 송나라 임제종 이외에 조동종과의 교류와 함께 선풍이나 동향도 소개되었을 법하다. 이러한 경향은 12세기 선종계의 직간접적인 여·송 교류를 통해 선종 서적을 수용한 것과 관련이 있다. 가지산문의 학일은 장경 혜릉(854~932)의 어록을 통해 깨달음을 열었고, 이자현(1061~1125)은 설봉 의존의 『설봉어록』을 읽고 선적인 깨달음을 얻었다. 이와 관련해 고려 초 설봉 의존(822~908)에게 구법한 대무위·현눌·영조 등이 있었고, 혜릉에게 구법한 징관·중봉·귀산 등이 있었다. 고려 선종계의 구법승과 학일의 사상 역시 분리되어 전개된 것은 아닌 듯하다. 이러한 경향은 수선사의 『대혜어록』 활용이나 『선문염송집』 편찬과 간행을 통해서도 살펴볼 수 있다.

한편 11~12세기의 불교 교류는 사신단에 의한 교류 활동에서도 찾을 수 있다. 현종은 1019년 하정사로 최원신과 이수화를 파견해 불경을 구했고, 1022년에는 한조를 비롯한 사신단 179명이 입송해 대장경을 구해왔다. 또한 선종 2년(1085)에는 사신을 통해 대장경을 구했다. 고려에서 송판 대장경의 수용은 고려의 불교 인쇄문화의 전기를 가져왔고, 불교 지식의 보급과 확산에 기여했다. 이렇듯 고려 사신단은 외교 본래 목적의 수행 이외에 불교 교류 활동도 전개했음을 알 수 있다.

고려 중기 사신단의 활동 가운데 숙종 3년(1098)에 사신으로 파견된 윤관과 조규 일행은 항주 혜인원에 은 1300량을 희사하여 화엄대각을 세우고 경전을 안치했다. 앞서 의천이 선종 4년(1087)에 금서『화엄경』3종을 기진한 일과 무관치 않을 듯하다. 항주의 혜인원은 의천의 지원으로 부흥한 이래 꾸준히 고려와 교류했으며, 훗날 충선왕은 이곳에 대장경을 기진했다. 또한 인종 4년(1126) 김부식은 이주연 등과 함께 송 황제의 즉위 하례사로 입송했고, 일행은 명주 연경원 원조법사 범광(1064~1113)을 방문해 신라 원효의 논소 200여 권을 기증했다. 이 가운데『화엄경소』와『금강삼매경소』는 송나라 혜홍(1071~1128)의『임간록』에 인용되어 활용되었다. 이렇듯 사신을 매개로 고려의 불서가 송나라에 유통되어 불교계에 활용되었다.

13~14세기 고려와 원·일본 불교계의 교류

1127년 북송이 망한 이후부터 몽골과의 강화가 이루어지는 1270년 이전까지 12~13세기에 고려 승려의 입송구법은 사서에 잘 나타나지 않는다. 이 시기 고려 승의 입송구법은 제한적이었고, 송대선의 수용과 이해는 선적을 중심으로 이루어졌다. 다만, 무신집권기에 송상이 약 36회 내왕한 것으로 보아 불전을 포함한 불교 교류는 지속되었을 것으로 보인다. 무신집권기의 불교 교류 사례를 살펴보면, 1230년대 고려의 공공상인(空空上人)과 송의 선승 조파(祖播)가 불구와 시문을 교류한 일이 있었고, 1258년에 백련사 진정국사는 탁연이 송나라 연경사에서 받은 『불설명』·『조사찬』·『정토원기』를 보았고, 1262년에는 송 연경사의 존숙들이 쓴 『법화수품찬』을 받아보는 한편, 두 차례에 걸쳐 회신으로 찬문을 보냈다. 그 외 원오국사 역시 연경사의 법언(法言)에게서 「불거기(佛居記)」를 받았다는 기록으로 보아 무신집권기에도 송상이 매개한 불교 교류가 부분적으로 이루어졌음을 알 수 있다.

한편, 보조국사 지눌(1158~1210)은 『육조단경』과 이통현의 『화엄론』, 대혜 종고의 『대혜어록』을 통해 깨달음을 얻어 그의 사상을 형성했다. 지눌을 이은 혜심(1178~1234)은 수행의 요체로 지관정혜와 간화일문을 들면서, 이는 지관정혜가 자연히 그 안에 포함된 것으로 그 방법은 대혜서에 갖춰져 있다고 했다. 이렇듯 초기 수선사 계열에서는 간화선 수행의 지침서로서 『대혜어록』을 수용해 활용했다. 수선사 제2세 혜심은 『선문염송집』을 편찬했는데, 그 내용은 당대를 주로 하여 북송 대까지의 선문 조사에 관한 고칙 공안과, 그것에 대한 후인의 염제송고(拈提頌古) 등의 착어류(著語類)를 모은 것이다. 이는 송에서 간행된 선적의 수용과 관련이 있는데, 혜심 이전에 고려와 송의 불교계 교류를 통해 전래된 것이다. 일례로 『종경촬요』는 1132년 무렵 편찬되었고, 이후 고려에 전래되어 혜심이 1213년에 『종경촬요』를 중간(重刊)한 점으로 미루어, 그 이전 시기의 불서의 교류를 추정해 볼 수 있다.

기타 13세기 여·송 불교 교류를 알 수 있는 것은 고려에서 간행된 선적을 통해 살펴볼 수 있는데, 『육조단경』·『정법안장』·『조당집』·『종경록』·『남명천화상송증도가사실』·『선종유심결』·『선문삼가염송집』·『중첨족본선원청규』·『종문척영집』·『주심부』·『중편조동오위』·『조정사원』·『인천보감』 등이 있다. 천태종의 불서 교류를 반영하는 자료로는 1232년에 백련결사가 본격적으로 결사를 표방한 후 간행된 천태종 교전으로 『홍찬법화전』·『법화문구병기절요』·『묘법연화경현의』·『법화문구기』·『주인왕호국반야경』이 있고, 1240년 최이의 지어(識語)가 실린 계환의 『묘법연화경해』, 1245년에 분사도감에서 간행된 종의의 『천태삼대부보주』 등이 있다. 한편, 이 시기에 이인로(1151~1220)가 혜홍(慧洪)의 『냉재야화』와 『균계집』을 읽은 것으로 미루어보아 다양한 송의 선적이 고려에 수용되어 선사를 비롯해 문인들에게 확산된 모습을 찾을 수 있다.

이상에서 살펴보았듯이 12세기 전반부터 13세기 후반까지는 고려와 송의 교류가 제한된 가운데 선적을 통해 간접적으로 공안선을 수용했고, 이는 선의 이해와 실천에서 스승과 제자 간의 문답이나 인가 과정이 없어 결국 송대선의 수용과 이해에 일정한 한계를 노정한 셈이다. 송대선이 선적으로 정리되어 간행된 시기가 12세기이다. 이를 고려 선종계에서 13세기에 수용해 간행하는 한편, 고려 선종의 기준에 부합되는 다양한 선적을 편찬하고 유통했다. 이러한 한계는 13세기 후반 이후 고려와 원과의 교류 속에서 변화를 맞았다.

13~14세기 고려와 원·일본의 불교 교류에 대해 살펴보기로 한다. 고려와 원이 강화를 맺은 13세기 후반부터는 원도인 연경으로 향하는 육로를 통해 공·사적 교류 활동이 이루어진다. 불교 교류 역시 육로와 해상을 통해 전개된 점이 이전 시기와 구별된다. 특히, 한국 불교사에서 13~14세기 여·원 불교 교류는 조계종의 법통과 연관되는 임제종과 교류했다는 점이 특징적이다.

13세기 후반부터 14세기까지 고려 승의 입원구법을 살펴보면, 원감국사 충지는 충렬왕 12년(1286) 4월 수선사의 제6세 주법이 되었다. 그는 원나라에 가서 황제 세조를 만났다. 1290년에는 유가종의 혜영이 사경승 100명과 함께 원나라로 가서 활동했으며, 충렬왕 21년(1295)에는 요암 원명(了庵元明) 등 8인이 휴휴암의 몽산을 방문했고, 1296년 12월에 내원당 대선사 혼구 등 10명이 휴휴암의 몽산을 찾았다. 14세기에는 화엄종의 우운(友雲), 천태종의 의선(義旋), 선종의 굉연(宏演), 유가업의 해원(海圓), 고림 청무(古林淸茂, 1262~1329)와 교류한 진장로(眞長老), 1335년 무렵의 혜월과 달죽 등이 있고, 이들은 원도인 연경을 찾은 뒤 강남의 불교 성지를 순례하거나 고승을 참방했다.

14세기 중엽 입원구법은 원의 임제종과의 교류가 중심이 되었다. 태고 보우는 1346년에 연도를 거쳐 강남 남소(南巢) 수성의 문인과 교류했고, 이어 호주(湖州) 하무산(霞霧山) 천호암(天湖菴)의 석옥 청공(石屋淸珙)에게 나아가 인가를 받고 1348년 봄에 귀국했다. 혜근은 1348년에 원도의 법원사에 도착해 지공을 찾아 법을 구하고 나서 약 10년간 불적 순례와 구법 활동을 전개했다. 혜근은 1348년부터 10년간 지공과 처림에게서 법을 구하고, 천암 원장 등 호구소륭계의 고승들을 두루 찾았다. 또한 명주의 관음신앙 성지인 보타낙가산, 석가사리 신앙 성지인 아육왕사 등 주요 불교 성지를 순례했다. 무학 자초는 공민왕 2년(1353)에 원도에 가서 3년간 체류했으며, 백운 경한은 1351년에 원나라에 가서 임제종의 석옥 청공에게 법을 구하고, 1352년에 해로를 통해 귀국했다. 1364년에는 공민왕 대 국사로 활동한 화엄종의 천희가 해로를 통해 항주로 가서 구법했다.

한편, 여원 교류기에는 시대적 특성을 반영하듯 고려의 국왕과 관료를 비롯한 재원 고려인의 불교 교류가 다수 확인된다. 충선왕 왕장은 원도에서 활동하면서 강남의 불적을 순례하는 한편, 고승을 두루 방문했다. 1319년 3월 이제현 등과 함께 천목산 환주암의 중봉 명본을 찾는 한편, 항주 혜인사에서 반곡선사(盤谷禪師)를 맞아 화엄대의를 듣기도 했다. 충선왕과 명본이 서신을 교류한 기록이 남아 있고, 초석 범기(楚石梵琦, 1296~1370)는 그 서신을 필사해 남기기도 했다. 이렇듯 원나라에서 이루어진 충선왕의 불교와 관련된 활동은 불적 순례, 불교학 교류, 대장경 기진 등 다양했다.

고려 승의 일본 구법은 요연 법명(了然法明, ~1251~)이 알려져 있다. 법명은 원나라 경산의 무준 사범(無準師範, 1178~1249)에게 참학했고, 일본이 부처의 땅(佛地)이라는 이야기를 듣고는 1247년에 일본으로 갔다. 1251년 3월 18일에는 데와국(出羽國) 젠켄센(善見山)에 교쿠센지(玉泉寺)를 개창했고, 이어 호쿠에쓰(北越)에 주석하고 있던 조동종의 도겐(道元, 1200~1253)을 찾아 불법을 계승했다. 또한 일본 조동종의 『홍화계보전(弘化系譜傳)』 권2에 따르면 고려 승 무외 원소(無外圓昭, 1311~1381)도 있다. 이 외 고려 승으로는 고려 수정사(水精寺) 공실 묘공(空室妙空)이 일본에 입국해 고호 겐니치(高峯顯日, 1241~1316)의 교학을 배우고, 게호선사(慶芳禪師, ?~1381) 등을 배출했다. 또한 고려 말에 일본을 유람하고 중국의 강남에 구법한 자휴(自休)·복암(復菴)·막막(莫莫) 등이 있다.

다음은 원과 일본 승의 고려 불교계 교류와 활동을 살펴보기로 한다. 고려에 입국한 원나라 승려로는 1304년 들어와 활동한 철산 소경(鐵山紹瓊), 1326년의 지공(指空), 14세기 중엽의 무극 장로(無極長老) 등이 있다. 1304년 원나라의 강남에 있던 철산 소경은 해로를 통해 입국했다. 소경은 임제종 몽산 덕이의 법통을 이었는데, 고려 후기 몽산의 간화선풍이 유행하는 가운데 사법제자가 고려를 방문한 셈이다. 소경의 입국을 주선한 인물은 당시 원나라에서 유력(遊歷)한 충감(沖鑑)이다. 충감은 중국의 강남 지역을 유력할 때, 소경의 도행이 높다는 이야기를 듣고서 함께 고려로 와서 3년간을 수행했다. 또한, 1354년에는 호주(湖州, 현재 절강성 호주시) 하무산 천호암의 승려 법안(法眼)이 해로를 통해 입국했다.

한편, 14세기 중엽 회암사에는 원나라 승 무극 장로가 체재하고 있어, 고려와 원의 불교계가 활발히 교류했음을 알 수 있다. 원의 임제종 승 초석 범기는 고려의 회암사에 머물던 무극 장로에게 서신을 보내기도 했다. 보우는 무극을 통해 석옥 청공 등 원나라 임제종의 계파와 정보를 교류한 바 있다. 또한, 충숙왕 6년(1329) 이후 1333년 1월을 전후한 시기에 이곡(1298~1351)은 무극의 시에 차운하여 그의 문도인 경초에게 전별시를 보냈다. 이러한 자료를 통해 고려와 원 불교계의 교류와 교섭이 다양하게 전개되었음을 알 수 있다.

이 외에도 인도 출신의 지공은 원도에서 활동하던 중 1326년 고려에 와서 1328년까지 2년 7개월 체류했고, 원나라로 돌아간 뒤에도 고려 말 불교계를 주도한 혜근·보우·경한 등과 교류했다. 지공이 입적한 뒤 회암사에는 그의 사리탑과 탑비가 세워졌다. 지공의 고려 불교계 활동으로는 승속에게 안선(安禪), 수계와 계법 전수, 범어 불전의 교정, 불적의 성지인 금강산 순례 등이 있다. 기타 담당법사(湛堂法師) 성징(性澄)은 1323년을 전후해 고려에 와서 천태 교전을 구해 돌아갔다.

일본 승의 고려 구법과 활동은 고종 3년 일본 승이 고려에 와서 불법을 구한 기록, 1259년 일본 승려가 거제도의 승려 홍변(洪辯)을 찾아와 『법화경』을 구한 일, 1359년의 중암 수윤(中菴守允, 1333~?), 1340년대의 석옹(石翁), 1378년 일본 동복사(東福寺) 승으로 추정되는 대유(大有), 1390년 영무(永茂) 등이 개경 인근 사원에 머물면서 교류했다. 보우가 교류한 일본 승려로는 석옹, 지성 선인(志性禪人), 웅선인(雄禪人), 중암 수윤 등이 있었다. 일본 승려가 원나라 왕래 시 표착 등의 사유로 고려에 체류한 사례는 다수 확인된다. 충숙왕 11년(1324) 7월에 원나라로 가던 일본 승 대지(大智, 1290~1366)가 고려에 표착해 고려 국왕에게 게송을 바치고 귀국했다. 일본 승 여문(如聞)은 충목왕 즉위년(1344)에 제주도에 표착했다가 고림 청무(1262~1329)의 어록을 필사해 돌아갔다. 중암은 일본 승으로 개경 인근의 영은사에서 머물렀다. 중암은 1381년을 전후해 여러 해 고려에 체류했는데, 이색을 비롯한 유학자와도 교류했다. 이 외에 일본 승려의 기사는 13~14세기 『고려사』 등에 일부 보이지만, 불교 교류와 직접 관련되지 않거나 일본 승이 일·중 왕래 시 고려의 본토나 탐라에 표착한 기록이 확인된다.

보론

2

불교 사서의 수용과 편찬

김윤지 | 고려대학교 인문융합연구원 박사후연구원

불교는 한국 고대에 전래되어 삼국에서 차례로 공인되었고, 신라에서 확산되었으며 고려에 이르러 더욱 성했다. 이러한 흐름 속에서 승려는 불교의 수행자였을 뿐 아니라, 많은 저술 활동을 펼치는 등 일대 지식인의 면모를 보였다. 그중에는 불교 경전에 대한 탐색 외에도, 고승의 전기를 담은 승전(僧傳)이나 사서의 편찬 등에 관심을 기울인 이들이 있었다. 이는 고·중세 동아시아 승려들에게서 나타나는 보편적인 양상이었으며, 고려에서도 마찬가지였다.

1215년(고종 2)에는 화엄(華嚴) 승려 각훈(覺訓, ?~?)이 『해동고승전(海東高僧傳)』이라는 제목으로 우리 역사 속 고승의 전기를 수집·간행한 바 있고, 그 일부가 현재에도 전한다. 이후 13세기 후반경에는 『삼국유사(三國遺事)』가 간행되었다. 이는 승려 일연(一然, 1206~1289)의 찬술로 이해되고 있다. 그 체재와 내용은 한국 고대의 역사 일반에 해당하는 부분과 해당 시기의 불교사에 관한 것이 복합적으로 담겨 있다. 『해동고승전』과 『삼국유사』는 고려 승려들의 저작으로 오늘날 한국 중세 불교 사서를 대표한다. 두 사서에는 고려 승려들이 인식한 불교사 정리의 필요성, 여러 불교 전적 등을 접한 그들의 승전 편찬 욕구 등이 반영되어 있다.

승전(僧傳)에 대한 인식과 변용

김대문의 『고승전』과 각훈의 『해동고승전』

중국에서는 양나라 승려 혜교(慧皎)가 찬술한 『양고승전(梁高僧傳)』을 비롯해 중국 고승들의 전기를 정리하는 승전 편찬의 역사가 확인된다. 『양고승전』·『속고승전(續高僧傳)』·『송고승전(宋高僧傳)』 등이 중국의 대표적인 고승전이다.

우리의 경우에도 일찍이 신라 김대문(金大問, ?~?)이 『고승전(高僧傳)』을 지었다는 사실이 전한다. 그는 『계림잡전(鷄林雜傳)』·『고승전』·『화랑세기(花郎世記)』·『악본(樂本)』·『한산기(漢山記)』 등을 저술한 신라의 역사가로 알려졌다. 그가 '고승전'이라는 명칭을 사용한 것으로 보아 이미 중국의 고승전을 접했던 것 같다. 다만 김대문의 『고승전』은 현재는 전하지 않는다. 1145년에 찬술된 『삼국사기(三國史記)』 김대문 열전의 기록을 통해 당시까지는 『고승전』·『화랑세기』·『악본』·『한산기』 등이 존재했다는 사실을 알 수 있을 뿐이다.

김대문의 『고승전』이 이후 13세기경에 찬술된 『해동고승전』이나 『삼국유사』 등에 직접 인용된 사실은 찾을 수 없으나, 간접적으로 반영되었을 가능성은 있다. 특히 『삼국사기』·『해동고승전』 등이 편찬되기 한참 전에 의천(義天, 1055~1101)이 일찍이 "『해동승전(海東僧傳)』을 읽었다"라는 기록이 남아 있는데, 당시 그가 읽었다는 『해동승전』이 김대문의 『고승전』이었을 것으로 추정되고 있다. 김대문의 『고승전』이 『해동승전』이었다면 이는 신라를 위시한 우리 고승들의 전기였을 것이다.

이후 1215년(고종 2)에 이르러 앞서 말한 화엄 승려 각훈의 『해동고승전』이 편찬되었다. 이 책은 이후 찬술된 『삼국유사』는 물론이고 여타의 문집에서 인용되고 있으므로, 간행된 후에 널리 읽힌 것으로 추정된다. 이는 현재에도 실물이 전해지고 있어 우리 역사에서 현전하는 가장 오래된 고승전으로 귀중한 가치를 지닌다. 다만 『해동고승전』은 아쉽게도 권1과 권2만이 남아 있어 전체 분량은 물론이고 그 체재나 내용을 온전히 파악하기는 어려운 실정이다. 권1은 「유통일지일(流通一之一)」로 석가의 생애, 불교가 중국에 전래된 기사와 연대, 순도(順道, ?~?)와 망명(亡名, ?~?) 등 승려의 전기에 관한 것이다. 권2는 「유통일지이(流通一之二)」로 승려 각덕(覺德, ?~?) 등의 전기와 찬(贊)이 실려 있다.

『해동고승전』의 현전하는 편목은 유통(流通)뿐이다. 중국의 승전인 『양고승전』·『속고승전』·『송고승전』 등은 각각 10개의 편목으로 구성되어 있다. 그중 역경(譯經), 의해(義解), 습선(習禪), 명률(明律), 유신(遺身), 송경(誦經) 혹은 독송(讀誦), 흥복(興福) 등 7개의 편명이 공통적으로 확인되며, 그중에서도 역경 편은 세 고승전의 모두 가장 처음에 배치되어 있는 중요한 편목이다. 각훈은 이와 같은 승전의 체재를 파악하고 있었으나, 『해동고승전』을 편찬하면서 그 처음에 역경이 아닌 유통 편을 설정했다. 그는 유통 편을 설정한 이유를 상세히 밝혀두었는데 중국의 세 고승전은 모두 맨 처음에 역경 편을 두고 있으나, 우리나라의 경우에는 불교 경전을 번역한 일이 없기 때문에 생략했다고 했다. 또, 그는 도(道)라는 것은 저절로 널리 알려지는[弘布] 것이 아니라 사람에 의해 홍포되는 것임을 먼저 말함으로써 『해동고승전』의 첫 편명을 유통으로 한 의미도 밝혀두었다. 즉, 그는 우리의 상황에 맞게 『해동고승전』 체재를 새로 구성했다.

국내외 불교 전적의 수용과 독창적인 체재의 설정, 『삼국유사』

『삼국유사』는 총 5권으로 간행되었다. 그 마지막인 권5의 앞머리에는 "국존 조계종 가지산하 인각사 주지 원경충희대선사 일연이 지었다(國尊曹溪宗迦智山下麟角寺住持圓鏡冲照大禪師一然撰)"라는 구절이 있다. 이 책은 대체로 그의 저작으로 여겨지지만, 본문 중에는 "무극이 기록했다(無極記)"라는 구절이 보이기도 한다. 무극(無極)은 일연의 제자 혼구(混丘, 1251~1322)가 일연이 사망한 뒤, 자신의 말년에 사용한 호이다. 『삼국유사』는 일연의 단독 저서라기보다는, 제자들이 자료를 수집하거나 공동 작업을 했을 가능성, 혹은 제자들이 일연의 사후에 간행했을 가능성이 제기되고 있다.

앞서 한 차례 언급했듯, 중국의 『양고승전』·『속고승전』·『송고승전』 등은 각각 10개의 편목으로 구성되어 있다. 그중 역경, 의해, 습선, 명률, 유신, 송경 혹은 독송, 흥복 등 7개의 편명은 세 고승전에서 공통적으로 확인된다. 『삼국유사』는 왕력(王曆), 기이(紀異), 흥법(興法), 탑상(塔像), 의해(義解), 신주(神呪), 감통(感通), 피은(避隱), 효선(孝善) 등 9개 편목 144항목으로 구성되었다. 『삼국유사』의 경우 9개 편목 가운데 중국의 세 고승전과 동일하게 의해 편을 설정했고, 『속고승전』과 『송고승전』에서 보이는 감통(感通) 편도 실었다. 또한 『삼국유사』를 보면 중국의 승전이 여러 차례 언급·인용되고 있다. 『삼국유사』의 찬자가 중국 승전을 열람한 것이 확인되며, 양자 간에 동일한 편목도 확인된다. 『삼국유사』의 체재 구성은 승전의 영향을 일정 부분 받았다.

그러나 『삼국유사』의 편명 중에는 중국 승전에서는 찾아볼 수 없는 독창적인 것도 있다. 왕력·기이·효선 편 등이 그러한 예이다. 또한 중국의 승전들 외에도, 이전 혹은 동 시기에 찬술된 국내외 불교 서적의 영향을 복합적으로 받았을 가능성도 상정되었다. 일례로 당나라 승려 도세(道世)가 편찬한 『법원주림(法苑珠林)』의 편목 또한 『삼국유사』의 편목과 유사한 점이 있어 주목을 받았다.

『삼국유사』는 왕력부터 효선에 이르기까지 9개 편목으로 구성되었다. 왕력은 신라, 고구려, 백제와 가락국, 후고구려, 후백제 등에 관한 연표이다. 따라서 서문이 끝나고 가장 먼저 시작되는 편목은 기이인데, 그 처음은 고조선이며 뒷부분의 후삼국 성립과 멸망에 이르기까지 우리나라의 역사가 57개 항목으로 서술되어 있다. 기이 편은 『삼국유사』에서 가장 많은 분량을 차지한다.

다음으로 홍법 편에서는 삼국의 불교 수용과 융성을 다루었고, 탑상 편은 불탑과 불상에 관한 내용이며, 의해 편에는 신라시대 고승들의 전기가 정리되어 있다. 신주 편은 신라의 밀교 승들에 관한 내용이고, 감통 편은 신앙으로 인한 감응에 관한 것이며, 피은 편은 속세를 떠나 은둔을 택한 고승들의 사례를 모아두었다. 마지막으로 효선 편을 설정하고 여기에 불교적 효행과 선행을 보여주는 이야기들을 수록했다.

정리하면 『삼국유사』는 총 5권 중 1~2권에 일반 역사를 기록한 왕력과 기이 두 개 편목이 있고, 불교사를 다룬 3~5권에는 홍법 이하 효선까지 7개 편목이 있다. 사서의 전반부에 일반 역사를 서술하고, 후반부에는 불교사로 채우는 이중 구성 체재는 『삼국유사』의 독특한 점으로 꼽힌다.

참고로 1237년 송나라 종감(宗鑑)이 찬술한 『석문정통(釋門正統)』과 1269년 지반(志磐)이 편찬한 『불조통기(佛祖統記)』의 경우 본기(本紀)·세가(世家)·지(志)·열전(列傳) 등을 중심으로 한 정사(正史) 체재로 편찬되었다. 『삼국유사』의 전반적인 구성이 일반사에 해당하는 왕력과 기이 편을 먼저 두고, 그 뒤에 홍법부터 효선까지의 불교사였다는 점에서 13세기경 『석문정통』·『불조통기』의 영향을 받았을 가능성이 제기되기도 한다. 『삼국유사』는 중국 불교 사서의 편찬, 국내 불교 문헌의 다양한 영향 속에서 새롭게 짜인 독특한 체재라고 할 수 있다.

『삼국유사』의 찬자는 다종의 자료를 인용하면서 본문에 그 전거를 밝혀 두었다. 전거로는 고기(古記), 사지(寺誌), 금석문(金石文), 승전(僧傳), 향전(鄕傳) 및 국내외의 사서와 문집, 불교 전적 등이 확인되어 관련 자료를 광범하게 수집하면서 또한 인용의 객관성을 확보하려 노력한 점이 높이 평가되고 있다.

국내 사서로 가장 많이 참고한 것이 당시 간행되어 있던 관찬 사서 『삼국사기』로, 이 책에서 직접 인용한 내용이 많다. 중국 사서로는 『구당서(舊唐書)』·『신당서(新唐書)』·『통전(通典)』·『한서(漢書)』·『사기(史記)』 등 다양한 편이며, 이 외에 서명을 적지 않고 인용한 사례도 더러 있다. 승전의 경우에는 『양고승전』·『속고승전』·『송고승전』 등 세 고승전 외에도 『법현전(法顯傳)』·『대당서역기(大唐西域記)』·『대당서역구법고승전(大唐西域求法高僧傳)』 등이 확인된다.

선종사 편찬의 노력과 『삼국유사』의 선종사 부재

신라 하대에는 국내외에서 수학한 다수의 선승들이 각 지역에 산문을 개창하고 많은 제자를 양성하며 활발히 활동했다. 그러나 『삼국유사』에는 이들 가운데 몇 명의 선승을 둘러싼 사건이 수록되었을 뿐이며, 이마저도 선승으로서의 생애나 사상과는 무관한 내용을 기술했다. 신라 교종 승려들에 관한 내용은 수록되어 있으나, 선종의 역사나 선종 승려의 전기 등은 거의 보이지 않는다. 이는 일연이 선종 승려였음을 생각할 때 다소 의아한 대목으로 여겨졌다.

『삼국유사』에 신라 이래 선종사에 대한 언급이 거의 없는 이유로 『선문염송(禪門拈頌)』과 『조당집(祖堂集)』 등을 통해 고려에 이미 신라 선종사에 대한 인식이 자리하고 있었기 때문이라는 의견이 제기되기도 했다. 일연은 충렬왕의 공경을 받아 국존(國尊)이라는 당시 최고의 승려 직함을 받은 고승으로, 입적 후에는 그의 생애를 기록한 추모비가 건립되었다. 비문에는 당시 세상에 전하는 그의 저작이라 하여 8종의 서명이 열거되어 있는데 그중 『중편조동오위(重編曹洞五位)』 2권, 『조파도(祖派圖)』 2권, 『조정사원(祖庭事苑)』 30권, 『선문염송사원(禪門拈頌事苑)』 30권 등 선종 승려들의 계보를 비롯한 선적(禪籍)들이 다수 확인된다. 이는 대체로 중국 선적을 수용해 우리 선종사를 자체적으로 정리한 저작들로 파악되고 있다. 12세기 고려 승려들은 송의 선승들과 직간접적으로 교류하며 다양한 선사상을 수용하고 있었고 실제로 13세기 초에는 이로부터 새로 접하고 수용한 선적들이 다수 간행되는 단계에 이르렀다. 일연 역시 이러한 분위기 속에서 자체적으로 선종사의 정리를 시도한 것으로 보인다. 『삼국유사』에는 신라 선승 혹은 선종사에 대한 내용이 부재하다시피 하지만, 일연은 별도의 개인 저작을 통해 이를 집중적으로 다루었다.

한국 고대 역사 자료의 보고 『삼국유사』의 '발견'

12세기경 고려에서는 당시 왕조 이전의 역사를 잘 모르는 이가 많고, 이를 또한 온전히 담고 있는 사서 자체가 부재한다는 점이 지적되면서 사서 편찬 작업이 본격적으로 단행되었다. 『삼국사기(三國史記)』는 인종(仁宗)의 명을 받은 김부식(金富軾, 1075~1151)의 주도로, 이하 편수관들이 편찬한 관찬 사서이다. 이는 본기(本紀)와 열전(列傳)을 중심으로 한 기전체(紀傳體) 형식으로 우리 역사의 고대 신라, 고구려, 백제의 역사가 서술되어 있다. 한편 『삼국유사』는 서명을 통해 알 수 있듯, 이 책은 삼국의 '유사(遺事)'에 대한 저술이다. 서명뿐 아니라 내용적으로도 이에 앞서 편찬된 『삼국사기』에서 빠뜨린 사적을 중요하게 다루고 있다는 점이 주목되었다.

불교는 한국의 고대국가가 성장하는 과정에서 전래·수용·공인되어 지배층은 물론이고 민간에서 널리 신앙되었다. 이에 따라 불교는 왕조의 역사, 다종의 설화, 사찰과 불탑 및 불상의 조성 등에서 나타난 이적(異蹟), 승려를 비롯한 다양한 인물군의 불교 행적 등에 이르기까지 한국 고대문화가 발전하는 데 유의미한 요소가 되었고, 실제로 불교의 색채를 드러내는 많은 자료들이 생성되었다. 『삼국유사』의 찬자는 사서의 후반부를 불교사로 가득 채움으로써 기존에 『삼국사기(三國史記)』에서는 괴력난신(怪力亂神)이기 때문에 언급하지 않았던 신이(神異)한 이야기들을 건국 시조의 비범함과 신성성이 드러나는 것이므로 이야기할 수밖에 없다고 하며 채록했다. 그 외에도 다종의 설화를 채록했다.

『삼국사기』는 1145년 세상에 나온 뒤 조선시대에 이르기까지 한국 고대사의 정사(正史)로 간주되었다. 이후 편찬된 사서들은 각각의 사론에 따라 편찬되기는 했으나 수록한 자료들은 『삼국사기』를 크게 벗어나지 않았다. 그러나 20세기 초에 이르러서는, 『삼국사기』 초기 기록에 보이는 일부 비합리적인 내용과 신라사 중심의 서술, 삼국 이전의 역사를 다루지 않은 점 등이 지적되기 시작했고, 사서 자체에 대한 비난 어린 평가도 생겨났다.

『삼국유사』는 간행 당시에는 크게 조명받지 못했던 것 같다. 이 사서의 주요 찬자로 여겨지는 일연의 비에는, 그가 지은 8종 77권의 저서가 열거되었으나 그중에 『삼국유사』에 대한 언급은 없다. 또, 고려 후기에 간행된 전적들 가운데 『삼국유사』를 인용한 사례는 보이지 않는다. 조선시대 여러 전적의 경우 그 인용 사례가 보이기는 하지만, 『삼국유사』에 수록된 신이한 사적들을 부정적인 시선으로 기술한 것이 많았다. 『삼국유사』가 조선 후기에 이르기까지 계속해서 간행·유통된 사실은 확인되지만, 처음 간행되었던 13세기경 고려 당대에는 물론이고 조선시대까지도 『삼국사기』에 비해 중요하게 여겨지지는 않았다.

『삼국유사』는 오히려 20세기 초 최남선 등 근대 지식인들의 '발견'으로 높이 평가되기 시작했다. 그들은 『삼국유사』가 한국 고대 문화의 원형을 담고 있다고 여겼으며, 신화에서 보이는 세계사의 보편성과 『삼국사기』에서 다루지 않은 고조선 등 우리 역사의 오랜 전통을 간직하고 있다는 점을 크게 주목했다. 오늘날 『삼국유사』는 『삼국사기』와 함께 한국 고대사의 보고이자 근간이 되는 귀중한 자료로 여겨지고 있다.

보론 3

대장경의 조성

최연주 | 동의대학교 문헌정보학과 교수

대장경의 전래

대장경(大藏經)은 산스크리트어로 트리피타카(Tripitaka)이다. 이는 세 광주리라는 뜻으로 경(經), 율(律), 론(論)을 지칭한다. 삼장(三藏) 또는 일체경(一切經)으로 번역되기도 하며, 모든 불교 전적(典籍)을 아우르는 용어이다.

우리나라에 불교 전적이 처음 전해진 것은 고구려 소수림왕 2년(372)이다. 당시 전진왕(前秦王) 부견(符堅)이 승려 순도(順道)를 시켜 경문(經文)을 보냈다. 이때 경문은 필사된 불교 경전으로 여겨진다. 이후 고구려, 백제, 신라는 불교 경전을 중국으로부터 수시로 입수 또는 전래받았다. 신라 선덕여왕 12년(643)에 자장(慈藏)대사가 당(唐)에서 귀국할 때 대장경 일부를 가져와 통도사에 안치했다. 경순왕 2년(928) 묵(默)화상이 후당(後唐)에서 대장경을 싣고 왔고, 신라 말 보요(普曜)선사도 오월(吳越)에 두 번 가서 대장경을 싣고 왔다. 당시 대장경 체제 및 규모는 파악할 수 없으나 교학 발전에 크게 기여했으며, 훗날 고려대장경 판각에 기반이 되었을 것이다.

고려 건국 직후 신라 승려 홍경(洪慶)이 후당(後唐) 민부(閩府)에서 대장경 일부를 배에 싣고 고려에 이르자, 태조가 친히 예성강에서 맞이하여 제석원(帝釋院)에 안치했다.

한편 대장경을 목판에 최초로 새긴 것은 송나라 초기이다. 태조 개보(開寶) 4년(971) 착수하여 태종 태평흥국(太平興國) 8년(983) 성도(成都)에서 완성했다. 규모는 1075부 5048권으로, 이를 북송관판(北宋官版), 또는 개보칙판(開寶勅板), 촉판(蜀版) 대장경이라 부른다. 북송관판대장경 판각 영향을 받아 요나라(거란)도 7대 홍종(興宗) 1년(1031)부터 23년(1054)까지 대장경을 판각했다. 규모는 총 579질 5028권이다. 북송관판대장경과 거란대장경은 현재 전하지 않아 구체적인 내용을 알 수 없으나, 거란대장경은 함차(函次) 규모와 체제에서 북송관판대장경과 다른 것으로 알려져 있다.

고려 성종 8년(990)과 10년(992)에 송나라 태종에게 대장경을 공식 요청하자 북송관판대장경을 인출해 고려에 하사했다. 이때 별도 판각한 『어제비장전(御製秘藏詮)』 등도 함께 보냈다. 요나라도 고려 문종 17년부터 거란대장경을 여러 차례 보냈다. 이는 송나라를 견제하기 위한 정치적 의도도 있었다. 송나라와 요나라의 대장경은 두 차례 판각(板刻)된 고려대장경에 많은 영향을 주었다.

고려대장경의 판각

고려는 목판에 대장경을 두 차례 판각했다. 현종 2년(1011) 착수하여 선종 4년(1087)에 최종 마무리된 초조(初彫)대장경, 고종 23년(1236) 착수하여 고종 38년(1251)에 최종 마무리된 재조(再彫)대장경(이를 『고려대장경』이라 약칭한다)이다. 두 차례 판각된 대장경 명칭에 대해 다양한 견해가 있다.

초조(初彫)와 재조(再彫)라는 용어는 판각 횟수를 기준으로 구분한 것으로, 역사적 사실을 반영하지 못한다는 한계가 있었다. 그래서 초조대장경은 대구 부인사에 소장되었으므로 '부인사장(符仁寺藏)대장경판', 재조대장경은 당시 수도였던 강화경(江華京)에서 판각되었으므로 '강화경판(江華京板)고려대장경'으로 부르자는 제안도 있었다. 이는 판각 횟수에 대한 모순을 바로잡고 우리 역사성을 담아 민족적 자긍심을 느낄 수 있는 명칭으로 본 것이다. 일부에서 일관성이 부족하므로 그 의미를 잘 전달할 수 있는 명칭이어야 한다는 주장이 제기되었다. 그래서 보관 장소를 기준으로 '부인사장(符仁寺藏)고려대장경'과 '해인사장(海印寺藏)고려대장경'으로, 판각 당시 수도를 기준으로 '개경판(開京板)고려대장경'과 '강화경판고려대장경'이 적합한 명칭이라 주장했다. 한편 고려시대 판각했으므로 '고려대장경판(高麗大藏經板)', 해인사에 소장되어 있으므로 '해인사대장경판(海印寺大藏經板)', 경판 매수를 기준으로 '팔만대장경(八萬大藏經)'으로 부르고 있다. 앞으로 『고려대장경』의 역사성을 담을 수 있는 명칭이 정해지기를 기대한다.

두 차례 판각된 대장경은 서로 연관되어 있으므로 그 판각 배경에 대해 살펴보기로 하자. 고종 38년 9월 임오일 기사에 따르면 "왕이 성(城, 강화도의 궁성)의 서문 밖 대장경판당(大藏經板堂)에 행차하여 백관을 거느리고 분향했다. 현종 때 판본이 임진년 몽골 병사에 의해 불탔다. 왕이 여러 신하와 함께 다시 발원하여 도감을 설치하고 16년 만에 공역을 마쳤다"(『고려사』 권24)라고 한다. 현종 때의 판본은 초조대장경을 의미한다. 몽골군에 의해 초조대장경이 불타자, 다시 대장경 판각에 착수했다. 따라서 고려의 대장경 판각은 외적 격퇴와 관련이 깊다. 고종 24년(1237) 이규보가 지은 「대장각판군신기고문(大藏刻版 君臣祈告文)」에 구체적으로 나타난다. "그들은 지나가는 곳에 있는 불상(佛像)과 범서(梵書)를 마구 태웠습니다. 이에 부인사에 소장된 대장경 판본도 남김없이 태워버렸습니다. …… 이제 재집(宰執) 문무백관 등과 함께 큰 서원(誓願)을 발하여 이미 담당 관사(官司)를 두어 그 일을 경영하게 했고……" (『동국이상국집』 권25)라고 했다. 이 두 사료를 통해 다양한 역사적 사실을 이해할 수 있다.

현종과 신하들은 거란군이 침입해 오자 부처의 힘으로 이를 물리치기 위해 대장경 판각을 발원하고 주도했다. 얼마 후 강감찬이 이끄는 고려군이 귀주(龜州, 현재 평안북도 구성시)에서 거란군을 크게 물리쳤는데, 이를 계기로 대장경 판각을 호국(護國)사업으로 인식하게 되었다. 부인사에 보관 중인 초조대장경이 몽골군에 의해 소실되자, 이를 통분히 여겨 다시 판각에 착수했다. 현종 2년 거란군 침입을 격퇴하기 위해 초조대장경 판각을 추진했으므로 이번에도 몽골군을 물리치기 위해 대장경을 판각한다면 곧 격퇴될 것이라 굳게 믿고 있었다. 이규보 「군신기고문」에 "옛적 현종 2년 거란 임금[契丹主]이 군사를 크게 일으켜 정벌해 오자, 왕은 남쪽으로 피난했습니다. 거란군은 오히려 송악성(松岳城)에 주둔하고 물러가지 않았습니다. 그러나 왕이 이에 신하들과 함께 더 할 수 없는 큰 서원을 발하여 대장경 판본을 고른 뒤에 거란군이 스스로 물러갔습니다. 그렇다면 대장경도 한가지이고, 전후 판각한 것도 한가지이며, 군신이 함께 서원한 것 또한 한가지인데, 어찌 그때에만 거란군이 스스로 물러가고 지금의 달단(韃靼, 몽골)은 그렇지 않겠습니까"(『동국이상국집』 권25)라고 한 사실에서 이러한 믿음을 잘 알 수 있다. 이는 이규보뿐 아니라 고려 사람들의 염원이었다. 따라서 『고려대장경』 조성(彫成)은 고려 사람들의 염원을 담아 추진한 사업이었다.

고종 18년 첫 침공 이후 몽골군은 살육과 방화, 약탈을 일삼았다. 그들에 의해 경주 황룡사 및 9층 목탑과 부인사에 보관되었던 대장경판이 불탔다. 이 문화재들을 호국의 상징으로 인식하고 있던 고려 사람들은 큰 충격에 빠졌다. 한편 몽골 침입으로 죽음의 고비를 무수히 넘긴 병사는 물론, 자신 또는 가족의 목숨과 삶의 터전이 무너질 위기에 직면한 고려 사람들은 소재(消

災) 염원을 불교에서 찾고 있었다. 당시 상황을 인식한 최씨 무인정권은 대장경 조성 사업에 적극적으로 참여하게 되었다. 흩어진 민심을 결집하고 나아가 항몽(抗蒙) 역량을 북돋을 수 있는 계기가 될 것으로 믿었다. 그래서 당시 실권자였던 최이는 『고려대장경』 조성 사업에 모든 역량을 모아 최선의 노력을 다하지 않을 수 없었다.

『고려대장경』 조성은 고종의 명령으로 추진된 국가 주도 사업이었다. 조성과 관련된 발원(發願) 의례(儀禮)의 시행과 도감 운영, 그리고 발원문 작성, 교감 등 핵심 정책은 고종을 중심으로 한 재추회의에서 결정되고 집행되었다. 대장도감과 분사대장도감(이를 분사도감이라 약칭한다)은 국가 공적인 행정 기구로서 중앙 행정체계에 의해 운영되었다. 최씨 무인정권은 사업의 정책 결정과 도감 설치, 막대한 사재(私財) 시납 등에서 핵심적인 역할을 담당했다.

다음은 『고려대장경』의 조성 체제와 그 과정을 살펴보자. 『고려대장경』 각 경전의 권말 간기(刊記)에 "□□년 고려국 대장도감에서 황제(皇帝)의 명령을 받들어 새기고 만들었습니다(□□歲高麗國大藏都監奉勅雕造)" 또는 "□□년 고려국 분사대장도감에서 황제의 명령을 받들어 새기고 만들었습니다(歲高麗國分司大藏都監奉勅雕造)" 등이 적혀 있다. 당시 『고려대장경』 교감의 총책임자였던 개태사 승통 수기(守其)가 적은 『고려국신조대장교정별록(高麗國新雕大藏校正別錄)』의 권수제(卷首題)에 "사문(승려) 수기 등이 황제의 명령을 받들어 교감했습니다(沙門 守其等 奉勅校勘)"라고 적혀 있다. 『고려대장경』 간기(刊記)의 "봉칙조조(奉勅雕造)", 『고려국신조대장교정별록』 권수제의 "봉칙교감(奉勅校勘)"의 의미는 황제 칙령을 받들어, 즉 고려 국왕 고종의 명을 받들어 추진했다는 뜻이다. 「군신기고문」 또한 이규보가 고종의 명을 받들어 지었다. 그러므로 『고려대장경』 조성 중심에는 고려 국왕이 있었다고 할 수 있다. 『고려대장경』 조성이 대외적인 자주성과 대몽항쟁의 의미를 내포했음을 보여준다.

의천의 『교장(敎藏)』(속장경)에는 수창(壽昌)이라는 거란 연호와 봉선(奉宣)을 표기했다. 『고려대장경』에는 중국 연호를 생략하고 간지(干支)와 봉칙(奉勅)을 표기했다. 그래서 『고려대장경』의 개별 경판 구성 형식은 초조대장경과 『교장』의 판식(板式)을 계승하고 있다. 한편으로는 13세기 중엽 고려 불교의 교학적 수준 또는 출판 능력, 그리고 자주적 대외관을 적극적으로 반영해 창조적으로 계승하고 발전시킨 것으로 이해된다.

『고려대장경』의 경판 판각과 관련된 핵심 업무는 대장도감과 분사도감이 담당했다. 대장도감은 국가 행정조직 체계 속에서 운영된 기구이다. 주 업무는 정책 수립과 집행, 그리고 판각 업무의 주관이다. 분사도감은 국가 행정 체계상 대장도감보다 하부 단위의 기구로서 자원 및 물자 조달 등의 업무를 수행했다. 『고려대장경』 간기를 분석하면 고종 24년부터 고종 29년까지 대장도감에서만 경판을 판각했다. 그러나 고종 30년부터 대장도감과 분사도감에서 경판을 동시에 판각한다. 〈표 3-1〉를 통해 『고려대장경』 조성 사업의 변화를 살펴보자. 분사도감에서 전체 판각량의 10분의 1 정도를 판각한 것으로 조사된다. 이러한 차이는 분사도감이 사업 초기에 각종 자원 및 물자 조달 등의 업무를 담당하다가, 고종 30년부터 경판을 판각했기 때문이다.

『고려대장경』 판각 추이와 몽골군의 침입 시기는 서로 연관되어 있다. 고종 26년 몽골군이 철수한 이후부터 판각량이 증가하고 있다. 그러나 몽골군이 다시 침공해 온 고종 34년에는 경판의 판각량이 현저히 줄어든다. 『고려대장경』 판각과 전황(戰況)이 밀접하게 연관되어 있음을 보여준다.

한편 대장도감은 임시 수도였던 강화경, 분사도감은 여러 지역에 설치되면서 운영되었다. 그런데 분사도감의 설치와 관련해 여러 주장이 있다. 먼저, 최씨 무인정권 1대 집권자인 최충헌의 경제적 기반이 진주(晉州, 지금의 경상남도 진주시)에 있었기 때문에 이곳에 분사도감이 설치되었을 것으로 보았다. 그러나 최씨 무인정권의 경제적 기반은 진주 등 여러 지역에 분포하고

〈표 3-1〉『고려대장경』 조성 추이와 당시 상황

연도 \ 구분	경판 산출량(장)			비고
	대장도감	분사도감	미상	
고종 24(1237)	2,957			강화도 외성(外城) 완공
고종 25(1238)	12,583		24	윤4월 황룡사탑 소실
고종 26(1239)	6,411			4월 몽골병 철수
고종 27(1240)	7,241			
고종 28(1241)	7,047			9월 이규보 사망 12월 『동국이상국집』 전집(全集) 간행
고종 29(1242)	8,964			10월 최이 진양후로 진작(進爵)
고종 30(1243)	25,480	6,095	262	1월 김미(金敉) 유배 2월 지방 순문사 및 권농사 파견 정안(鄭晏) 남해(南海)로 퇴거
고종 31(1244)	31,911	7,543	159	정안, 『금강삼매경론』 간행
고종 32(1245)	15,293	1,310		정안, 『금강반야바라밀경』 등 간행
고종 33(1246)	9,732	844	60	정안, 『불설예수시왕생칠경』 간행
고종 34(1247)	2,335	609		7월 아모간 지휘로 몽골군 침입
고종 35(1248)	38	723		3월 최항 추밀원지주사(樞密院知奏事)로 삼음
고종 36(1249)				백분화 『남양선생시집』 간행 11월 최우 사망
고종 37(1250)			30	1월 승천부 궁궐 완공 8월 강화도 중성(中城) 완공
고종 38(1251)			22	5월 정안 백령도 유배 후 처형 9월 고종 대장경판당 분향 『동국이상국집』 후집(後集) 간행

있었으므로, 분사도감이 진주에만 설치되었다는 주장은 설득력을 잃게 되었다. 다음, 『종경록』 권27의 간기와 판각에 참여한 각수(刻手)를 종합해 남해의 분사도감에서 『고려대장경』 경판 전부를 판각했다고 주장한다. 『종경록』 권27의 간기 "정미세고려국분사남해대장도감개판(丁未歲高麗國分司南海大藏都監開板)"을 근거로 남해(南海, 현재 경상남도 남해군)에 설치된 것으로 보았다. 특히 『종경록』 권27에서 최동(崔同)과 윤기(尹基)라는 각수가 조사되었는데, 이 각수의 활동 양상을 분석한 결과 대장도감과 분사도감에서 동시에

경판을 동시에 판각했다. 이를 근거로 『고려대장경』 경판은 남해의 분사도감에서 전부 판각되었다고 주장한다. 일부 각수의 활동 양상을 분석해 남해의 분사도감에서 『고려대장경』 전체를 판각했다는 결론은 무리가 따른다는 지적이 많다. 1990년 중반 이후부터 『고려대장경』판 계선(界線)에 새겨진 인·법명*이 조사되었다. 조사된 인·법명을 연인원으로 추산하면 3000여 명에 이르고, 이들의 활동 양상은 아주 다양하다. 예를 들면 최소 1년부터 최장 12년간 활동하기도 했다. 또 대장도감 또는 분사도감에서만 활동한 이들도 있다. 대장경판이 남해에서 전부 판각되었다는 주장과 관련하여 각수뿐 아니라 판각을 위한 조직과 물자의 수급, 경판 보관 등에 대한 합리적 사료 해석과 세밀한 활동 양상의 분석 등이 뒤따라야 한다.

『고려대장경』 판각을 위해서는 필수적으로 필사자·각수 등 현장의 전문 인력 확보와 원활한 물자 조달이 이루어져야 한다. 몽골과의 전쟁 중에 8만여 매의 방대한 경판을 효율적으로 판각하기 위해서는 경판을 특정 지역에서만 판각하지 않았을 것이다. 최근 『고려대장경』 조성과 관련된 전적(典籍) 및 경전 간기를 다각도로 분석한 결과 중요한 사실이 몇 가지 밝혀졌다. 이규보 문집 『동국이상국집』 후집 권12 발문 끝부분의 "신해세고려국분사대장도감봉칙조조(辛亥歲高麗國分司大藏都監奉勅雕造)"를 통해 분사도감의 조직 체계 일부가 밝혀졌다. 경상도 안찰사와 진주목 부사 등의 대읍(大邑) 지방행정 조직 체계를 활용해 『동국이상국집』 후집이 진주(晉州) 분사도감에서 간행된 것이다. 그리고 고종 35년 경상진안동도(慶尙晉安東道) 안찰부사 도관낭중(按察副使 都官郎中) 전광재(全光宰)가 주관해서 판각한 『남명천화상송증도가사실』 발문을 통해 분사도감의 체계를 알 수 있다. 발문 내용을 요약 정리

* 경판의 계선 부근에 새겨진 이름이 인명인지 법명인지 구분하기가 어렵고, 재물 또는 몸 보시자인지도 알 수 없다. 이에 인·법명으로 약칭한다.

하면 다음과 같다.

안찰부사 전광재가 사업을 주관하여, 실무 간사(幹事)는 비구 천단(比丘 天旦)을 선임해 맡기고, 교정은 선백(禪伯) 거상인(擧上人)에게 맡겼다. 그리고 능력 있는 필사자를 모집해 글씨를 쓰게 하고, 능숙한 각수를 선발해 판각했다. 『동국이상국집』 후집과 『남명천화상송증도가사실』 간행 체계를 종합하면 분사도감의 총괄 책임자는 안찰부사이다. 그는 실무 업무를 관장하면서 총괄하는 중책을 담당했다. 그 아래에 각종 실무는 행정 관원이 담당했는데, 이는 지방의 행정 조직 체계가 분사도감 체계로 적극적으로 활용되고 있었음을 말해준다. 그렇다면 분사도감은 계수관(界首官)이 파견된 대읍(大邑)을 비롯해 여러 지역에 설치·운영되었을 것이다.

한편 경판 하나가 완성되기까지 교감자, 교열자, 필사자를 비롯해 목수와 각수 등 수공업자, 그리고 각종 실무를 담당하는 현장 인력들이 필수적으로 참여해야 한다. 대장경을 목판에 새길 때 저본(底本)이 반드시 확정되어야 한다. 이때 경전 교감은 단계별 또는 분야별로 전문가 집단이 주요 내용을 토론하고, 불완전한 내용을 비교·검토하는 과정을 거쳐 확정한 후 판각했을 것이다. 경전 교감에 교열자 및 필사자가 동시에 참여했지만, 판각은 단계별 분업을 통해 진행되었을 것이다. 그래서 대장도감과 분사도감의 운영 방식을 별도 판각 공간, 즉 공방(工房)이 하부 조직 단위로 구축되어 경판을 판각했을 것이다. 예를 들어 『아육왕경』 권1의 마지막 장에 “을사세고려국대장도감봉칙조조”라는 간기와 계선 밖에 음각으로 ‘중방(中房)’과 ‘한립(漢立)’이 새겨져 있다. 여기서 ‘중방’은 경판 판각을 위한 별도의 공방으로 추정된다. ‘중(中)’방으로 밝힌 것은 다양한 형태의 공방 존재를 의미하지 않을까. 한편 사원도 『고려대장경』을 조성한 것으로 밝혀지고 있다. 해인사·수선사·단속사·하거사 등이 대표적인 사례이다. 이를 종합하면 도감 산하에는 각종 공방이 존재했고, 주요 사원도 경판 판각에 참여했음을 짐작할 수 있다.

『고려대장경』 조성 사업은 교(敎)·속(俗) 이원적인 형태로 운영되었다. 전문 인력은 국가 행정 조직과 불교계 등에서 참여했는데, 이는 각수의 활동 양상을 통해 확인할 수 있다. 대장경판에는 인·법명이 새겨져 있다. 최근 다양한 계층이 조사되었는데, 몇 가지 사례를 소개하면 다음과 같다. "천태산인요원(天台山人了源)"·"도인녹상(道人祿祥)"·"비구효겸각(比丘孝兼刻)" 등을 통해 승려들이 참여했음을 알 수 있다. 또 "천허각수(天虛刻手)"·"각자계안(刻者戒安)" 등을 통해 승려 각수들이 참여했음을 알 수 있다. 그리고 고종 25년 판각된 『마하반야바라밀경』 권13에서 "대절도(大節刀)"·"진사임대절간(進士林大節刊)"이라 새겨 임대절이라는 각수는 자신이 진사(進士)임을 밝혔다. 또 "진사 영의(進士 永義)"도 있다. 과거에 급제한 관료들도 판각에 참여하고 있음을 알 수 있다. 고종 24년 판각된 『대반야바라밀다경』에 참여한 허백유(許白儒)는 자신의 직책을 "대정(隊正)"이라 했다. 고종 24년과 25년 판각된 『대반야바라밀다경』 권175과 권182에 참여한 천균(天均)과 영수(永壽)는 '충주(忠州)'라는 지명을 같이 새겨 충주 사람이라는 사실을 드러냈다. 『자비도량참법』 권9에는 "호장배공작(戶長裵公綽)", "호장중윤김연(戶長中尹金練)"이 있는데, 이들은 지역 여론을 주도하는 토착 세력들이다.

당시 사원에서 활동하던 승려 각수도 조사되었다. 고종 23년 해인사에서 활동하던 대승(大升), 고종 23년 12월 정안(鄭晏)이 주도해 간행한 『묘법연화경』을 판각한 명각(明覺)도 『고려대장경』에서 조사되었다. 각 경판에 새겨진 인·법명, 특정인의 발원문(發願文)이나 발원자(發願者)의 인명 또는 관직 등을 통해 다양한 계층이 참여했음을 확인할 수 있다. 왕실과 귀족을 비롯해 관료층, 문인지식인, 호장을 비롯한 향촌 세력 그리고 군현민 등 다양하게 조사되었다. 이들은 재원(財源)을 시주(施主)한 '재보시' 그리고 '몸보시' 등을 통해 적극적으로 동참했다. 그리고 화엄종, 유가종, 천태종 등 여러 종파도 적극적으로 참여했을 것이다. 이를 종합해 보면 대장경 조성에 고종을 정점으로 왕족과 관료층은 물론 유불학(儒佛學) 지식인, 민중 등 모든 계층이 참여했다.

『고려대장경』의 조성 의의

초조대장경을 비롯해 북송관판대장경·거란대장경 등이 전해지지 않는 상황에서 각 대장경의 내용을 파악할 수 있는 유일한 대장경이 바로 『고려대장경』이다. 내용 면에서 표준이 되는 정본(定本)대장경이라 할 수 있다. 철저한 교감 과정을 거쳤기 때문에 세계사적인 가치를 지닌 것으로 평가받고 있다.

『고려대장경』을 판각하면서 국제적 통일대장경 조성의 필요성을 인식하게 되었을 것이다. 수기(守其)대사를 필두로 하여 당시 교감을 맡은 학승들은 문제점이 있을 때, 철저히 논의해 글자 한 자의 오류도 바로잡았다. 그 내용을 정리한 것이 『고려국신조대장교정별록』이다. 당시 교감자들은 오류와 착란(錯亂)된 채 기록되고 유통된 경전 내용을 정정(訂正)했고, 잘못된 내용에 대해서도 상세하게 정리해 두었다. 특히 교감자들은 경전의 체계화와 함께 교감하면서 드러난 오류를 모두 밝혔다. 일부 경전의 시시비비에 대해서는 그 근거를 남겨두었는데, 이는 후대에서 바로잡아 주기를 바랐던 것이 아닌가 한다.

현재 해인사에 소장된 『고려대장경』은 고려가 축적한 불교 지식의 총결집체라고 할 수 있다. 『고려대장경』은 대장경 체제를 독자적으로 발전시키면서 내용 면에서 혁신성이 반영되어 있다. 당시 동북아시아에 있던 북송관판대장경, 거란대장경, 초조대장경 등을 재편성하면서 대교(對校)하고 교감(校勘)하여 통합 대장경으로 조성했다. 여기에 대각국사 의천이 편찬을 주도한 『교장』을 계승하고 이를 반영했다. 그러므로 당시 동아시아에 산재한 대장경을 체계적이고 비판적으로 수용해 조성한 대장경이 바로 『고려대장경』이다.

보론 4

고려 불화와 사경

이승희 | 순천대학교 남도문화연구소 교수

조성 배경과 후원 계층

고려는 정치·경제·문화 등 사회 전반에 걸쳐 불교적 사고가 지배하는 불교국가이다. 국가 차원에서 왕족과 귀족의 비호 아래 수도 개경을 비롯해 전국에 수많은 사찰이 세워지거나 중창되었다. 전각 안에는 예불을 목적으로 불상을 조성해 안치하고, 내외 벽면에는 불화를 그리고 목부재는 화려한 문양의 단청으로 꾸몄다. 전각 안에는 불교 의식을 행할 때 필수적으로 사용되는 범종과 향로 같은 각종 의식구와 장엄구를 갖춰놓았다. 현재 남아 있는 고려시대의 불교 유물들은 고려 사회의 귀족적인 문화를 반영하듯 매우 화려하면서도 품격 있으며 제작 기술도 수준 높다.

고려 불교 예술품 가운데 단연 최고의 정수로 평가받고 있는 것이 고려 불화이다. 현전하는 고려 불화는 약 170여 점이 알려져 있다. 대부분 몽골항쟁이 끝나고 13세기 말부터 14세기 후반에 집중적으로 그려졌다. 불화에는 누가, 언제, 어떠한 목적으로 제작했는지를 밝힌 화기[畵畫]가 있게 마련이다. 비록

20여 건의 불화에만 남아 있지만 불화 조성의 후원 세력을 알려주기에 충분하다. 1286년 〈아미타여래도〉를 발원했던 염승익(廉承益)은 충렬왕(재위 1274~1308)의 신임을 받았던 최고위층 귀족이었으며, 일본 가라쓰(唐津) 가가미진자(鏡神社)에 전하는 1310년 〈수월관음도〉는 충렬왕의 세 번째 비인 숙창원비(淑昌院妃)였다가 1308년 충렬왕이 돌아가시자 충선왕(재위 1308~1313)의 후궁이 된 왕숙비(王淑妃)가 발원한 불화이다. 또한 일본 지온인(知恩院)에 소장된 1323년 〈관경16관변상도〉는 역대 왕비나 후궁들의 귀의처인 정업원(淨業院)의 주지 등 최고위직 승려들이 발원한 불화이다. 왕실 인물, 최고위층 귀족이나 승려 외에도 내시 서지만, 하위 무관, 신앙단체인 향도(香徒)가 참여한 사례도 있다. 향도 구성원의 신분을 정확히 알 수는 없지만, 불화 조성을 후원할 만큼 상당한 지위와 경제적 여유를 지녔던 계층으로 추정된다.

고려에서는 건국 초부터 대규모 불교사원이 건립되었고 국가와 왕실 차원에서 다양한 법회가 열렸다. 법회 시 불화를 걸어 의식에 활용했을 가능성이 크지만, 그 양상을 알 수 없다. 다만 불화의 활용 양상은 고려 후기 충렬왕 대 개성의 귀족들 사이에서 확인된다. 그 예로 개성의 보암사(寶岩寺)라는 절에서는 재상 등 벼슬에서 물러나거나 한가한 사람들 40여 명이 모여 신앙결사를 만들었다. 이들은 다달이 육재일(六齋日)에 함께 모여 『법화경』을 읽고 해석하며 서로의 이해를 도왔다. 그리고 15일이 되면 모두 원(院)에 모여 아미타여래를 공양하고, 재를 베풀어 밤을 새워 정진하며 정토에 가기를 기원했다고 한다(了圓, 『法華靈驗傳』). 이러한 소규모 재의식에 아미타불화가 봉안되었을 것으로 추정된다. 고려 후기 많은 수의 아미타불화가 제작되었던 것은 귀족 사이에 정토왕생을 기원하는 신앙결사가 그만큼 성행했다는 사실을 보여준다. 아미타불화 외에도 다양한 목적으로 불화가 제작되었지만, 대체로 1~2미터 되는 작은 크기의 불화가 다수인 것으로 보아 개인의 신앙 활동을 위한 원불(願佛)로 제작되었을 가능성이 크다.

극락왕생을 거쳐 성불(成佛)을 추구하다

고려 불화 가운데 아미타정토도는 죽은 이후의 내세관과 극락왕생에 대한 염원이 담겨 있는 불화로 고려인들의 정토와 성불에 대한 불교적 인식을 잘 보여준다. 아미타정토불화는 누구도 경험해 본 적 없는 죽음이라는 미지의 세계에 대한 두려움을 신앙 활동을 통해 극복하고자 조성했던 것이다. 지극한 즐거움만 존재한다는 극락세계에 왕생하고자 하는 염원은 인간이라면 누구나 갖는 근원적인 염원인 만큼 고려 후기 아미타정토불화의 조성은 크게 성행했다. 고려 아미타정토불화에는 정토삼부경 중 『관무량수불경』의 내용을 그린 관경변상도 5~6점이 전하고, 아미타불 입상 또는 좌상을 중심으로 관음·세지 보살 혹은 8대 보살을 권속으로 그린 아미타불화가 있다.

『관무량수불경』은 마가다국의 아사세 왕자가 아버지인 빔비사라 왕을 감옥에 가둬 죽이려 한 비극적인 사건을 계기로 석가모니불이 설법한 경전이다. 아사세 왕자의 패륜으로 매우 큰 고통을 겪던 위제희 왕비는 석가모니불에게 이 고통에서 벗어날 방법을 간절히 구한다. 이에 석가모니불은 왕비에게 극락세계의 16장면을 보며 관상수행하는 방법을 알려주어 고통에서 벗어날 수 있도록 도와준다. 〈관경서분변상도〉는 마가다국에서 벌어졌던 그 비극적인 사건을 그린 불화이고, 〈관경16관변상도〉가 관상수행을 도울 수 있도록 극락세계를 16장면으로 표현한 불화이다. 고려 〈관경16관변상도〉의 구성과 도상은 송대 절강성 영파불화의 영향을 받았을 것으로 추정된다. 하지만 영파에서 제작된 〈관경16관변상도〉는 알려진 바가 없고, 일본 가마쿠라시대 모사한 2점의 작례가 있을 뿐이다. 고려 후기 〈관경16관변상도〉는 일본의 작품보다 규모가 클 뿐 아니라 표현적인 면에서도 뛰어나 12~14세기 동아시아 관경변상도를 대표할 만하다.

〈관경16관변상도〉 가운데 1300년경 제작된 사이후쿠지(西福寺) 〈관경16

〈그림 4-1〉 관경16관변상도

고려 1300년경, 비단에 채색, 202.8×129.8cm, 일본 후쿠이현(福井縣) 사이후쿠지(西福寺) 소장.

관변상도〉는 고려 후기 아미타불화의 도상을 이해하는 데 중요한 단서를 제공한다(〈그림 4-1〉). 16관 중 1~7관까지는 극락세계의 아름다운 경관을, 8~13관까지는 극락세계에 머물고 있는 아미타불과 관음·세지보살의 진신을, 14~16관까지는 9품 왕생 장면이 표현된다. 상품부터 하품까지 근기가 다른 왕생자들은 연화화생 한 모습으로 극락세계에서 아미타불의 설법을 듣고 있다. 하단 양측에는 아미타여래가 왕생자에게 성불의 수기를 내리고 있다. 극락이라는 배경과 성불의 수기 장면은 결국 아미타극락세계가 성불에 도달하기 위해 잠시 머물며 수행을 할 수 있는 장소임을 의미한다.

불교에서 극락왕생하는 방법은 두 가지로 나뉜다. 부처님의 힘에 의해 왕생하는 타력(他力)왕생과 스스로의 수행과 노력으로 극락왕생을 추구하는 자력(自力)왕생이다. 타력왕생법은 근기(根機)가 낮은 사람이라도 간절한 마음으로 염불수행을 한다면 누구라도 아미타불의 구제력(救濟力)으로 정토왕생 할 수 있다는 것이다. 이에 비해 자력왕생은 근기가 높은 존재에게 적용된다. 즉 인간은 누구나 마음속에 불성을 지니고 있으며 그것을 깨달아가는 수행이 중요하며, 나아가 자력 수행을 통해 극락왕생을 한다면 한층 빨리 성불에 이를 수 있다는 것이다. 고려 후기 관경변상도는 이러한 자력왕생 신앙과 수행에 근거하여 제작되었다. 관경변상도와 아미타불화 조성을 발원했던 왕실, 귀족, 고위 승려들은 스스로를 근기가 높다고 인식하고 성불을 위한 관상수행을 열심히 했던 것으로 추측된다.

귀족계층에서 이러한 수행관을 가질 수 있었던 것은 당시 성행했던 『법화경』 신앙과 관련이 있다. 고려의 수도 개성에서는 벼슬에서 물러난 사람들이 염불결사를 조직하고 특정 사찰에 모여 다달이 특정한 날을 정해 「법화경』을 읽고 공부했다. 그리고 매달 15일에 아미타여래에게 재를 올리며 아미타정토회향(阿彌陀淨土廻向)을 염원했다. 『법화경』은 영취산에서 행한 석가모니불의 설법을 적은 경전으로, 석가모니불의 영원성과 모든 인간은 성불할 수 있다는 가르침이 담겨 있다. 『법화경』에는 정토왕생에 대한 메시지가 담겨 있지 않음에도, 고려의 귀족 계층에서는 『법화경』에 의지해 정토왕생을 기원한 것이다. 『관무량수불경』, 『무량수경』, 『아미타경』의 정토삼부경이 아닌 『법화경』에 사상적 기반을 둔 아미타정토신앙은 고려 후기 왕실 및 귀

〈그림 4-2〉 아미타불도
고려, 14세기, 비단에 채색, 185.0×86.5cm, 일본 교토 조호지(正法寺) 소장.

족 사회의 특징적인 신앙 형태라고 할 수 있다.

고려 후기 아미타불 입상의 전형적 모습을 보여주는 불화가 조호지(正法寺) 소장 〈아미타불도〉이다(〈그림 4-2〉) 아미타불은 허공에 선 채로 오른손을 아래로 내려 손바닥이 보이도록 내밀고 왼손은 가슴 앞에서 엄지와 중지

〈그림 4-3〉 아미타25보살내영도
가마쿠라 14세기, 일본 교토 지온인(知恩院) 소장.

를 맞닿은 형태의 수인을 취한 모습으로 형상화되어 있다. 아미타불이 취한 수인을 일본에서는 내영인(來迎印)이라고 부른다. 실제로 일본의 〈아미타내영도〉 중에는 아미타성중이 화면의 향좌측에서 향우측으로 구름을 타고 극락세계에서 사바세계로 속도감 있게 내려오고 왕생원에 앉아 염불을 하며 아미타불을 기다리는 왕생자의 모습이 표현된다(〈그림 4-3〉). 구름을 타고 빠르게 내려오는 표현은 아미타정토에서 사바세계로 하강하는 모습을 강조하기 위한 회화적 장치이다. 이에 비해 고려 후기의 아미타불도에서는 일본의 내영도와 마찬가지로 아미타불이 오른손을 내민 수인과 자세를 취하고 있지만, 하강을 의미하는 구름은 표현되어 있지 않다. 이처럼 고려와 일본의 아미타불 도상에 차이를 보이는 이유는 서로 다른 역사와 불교문화, 정토신앙의 차이에 기인한다. 즉 일본에서는 염불을 통한 타력왕생신앙을 중시하는 정토불교 문화가 성행했던 데 비해 고려 사회에서는 일상에서 선정에 들어 관상수행[禪觀修行]을 하며 극락왕생과 성불을 위해 공덕을 쌓는 것이 중요하다는 인식이 저변화되어 있었던 것이다.

아미타불의 권속으로 양옆에 관음·세지 보살이 등장하는 것이 일반적이지만, 때로는 관음·지장 보살이 등장한다. 세지보살 대신에 지장보살이 협시로 자리하는 것은 지옥의 중생까지 구원 대상을 확장했던 당시의 불교신앙 경향을 반영한다. 아미타불의 협시로 8대보살이 등장하는 것도 고려 불화에서만 볼 수 있는 특징적인 현상이다. 8대보살은 불공(不空)이 번역한 『팔대보살만다라경』에 등장하며, 그 팔대보살은 역시 불공이 번역한 『보현보살행원찬』에도 보인다. 고려 후기에는 『40권 화엄경』의 마지막 품인 「보현보살행원품」을 따로 사경할 만큼 보현보살행원 신앙을 중시했다. 따라서 〈아미타팔대보살도〉는 「보현행원품」과 『보현행원찬』을 토대로 추구했던 고려 후기 귀족 계층의 자력적이면서 실천적인 대승 차원의 아미타정토 신앙이 반영되어 있다고 할 수 있다.

수월관음과 선재동자의 구도행

고려 귀족사회의 회려함과 아취(雅趣), 그리고 대승 차원의 보살도를 강조한 불화가 〈수월관음도〉이다. 고려 수월관음도를 대표하는 일본 가가미진자(鏡神社)에 소장된 〈수월관음도〉는 정교한 필치와 색채감, 섬세하면서도 화려한 문양 표현 등에서 당시 최고 기량의 화가가 그렸다는 것을 알 수 있다(〈그림 4-4〉). 아름답고 풍만한 얼굴의 관음보살은 부드럽고 덕성스러운 모습이다. 풀방석이 깔린 암좌에 반가 자세로 걸터앉은 모습에서 편안함이 느껴진다. 얼굴과 가슴 등을 옅은 금색으로 밝게 채색한 수월관음은 화불이 있

〈그림 4-4〉 수월관음도
고려, 1310년, 비단에 채색, 419.5×254.2cm, 일본 가가미진자(鏡神社) 소장.

는 보관 위로부터 투명한 베일을 걸치고 있다. 구름문과 화려한 봉황을 금니로 수놓은 베일은 몸이 비칠 정도로 투명해 오묘한 느낌을 준다. 보수 과정에서 약간 변형이 생기기는 했지만 관음보살은 두광을 비롯해 커다란 원광을 뒤에 두고 있으며, 오른쪽 옆으로 버들가지가 꽂힌 정병이 놓여 있다. 뒤쪽에는 대나무 두 그루가 있으며, 암좌 아래 연못같이 보이는 물속에는 붉고 흰 산호들과 보주들로 화려하다. 암좌의 형태는 기괴하게 느껴질 정도로 굴곡이 심하다. 오른쪽으로 살짝 틀어 앉은 관음보살의 시선이 머무는 곳에는 무릎을 살짝 굽힌 채 두 손을 모아 경건한 모습으로 법을 구하는 선재동자가 보인다. 선재동자가 찾아온 시간은 늦은 밤인 듯 화면이 어둡게 처리되어 있지만 거친 바위 면은 달빛을 받아 반짝반짝 금빛으로 빛나면서 몽환적인 분위기를 자아낸다.

깨달음을 얻기 위해 구도행을 떠난 선재동자의 여정은 화엄경 「입법계품」에 자세히 쓰여 있다. 선재동자가 구도의 여정에서 만난 53지식인은 화엄경의 수행 단계를 비유한다. 마치 53층의 계단을 밟고 올라가듯 『화엄경』의 진리를 배워간다는 의미이다. 그중 관음보살은 27번째로 찾아간 선지식인이다. 그런데 선재동자가 찾아간 관음보살을 수월관음으로 특정하여 부르는 이유는 무엇일까. 아마도 당시 발원자였던 귀족 계층의 신앙 경향을 반영한 것으로 추측된다. 동아시아에서 가장 대중적으로 인기 있던 보살이 관음보살이다. 관음신앙이 성행하면서 관음이 가진 다양한 성격은 분화하게 되고 여러 변화관음이 생기게 된다. 그중 한 분이 수월관음이다. '수월(水月)' 은 '수중월(水中月)'의 줄임말로 물속에 비친 달을 의미한다. 대승 교리에서 '수월'의 의미는 심오하다. 수월은 모든 존재하는 것이 영원하지 않으며 고정된 실체가 없음을 의미하는 공(空)을 비유하는 용어이다. 공사상은 불교의 핵심적인 사상 가운데 하나이다. 우리가 일체의 모든 법이 실체를 가지고 있지 않다는 것을 안다면 완전한 깨달음의 경지에 이르렀다고 할 수 있다. 이러한 개념은 화엄경 80권의 「십지품(十地品)」에 잘 드러난다.

일체의 법이 요술 같고 꿈같고 그림자 같고 메아리 같고 물속의 달 같고 거울 속의 영상 같고 아지랑이 같고 화현(化現)과 같으므로 평등하다.

다시 말해 물속에 달 같다는 비유의 의미는 인연에 따라 잠시 나타난 것일 뿐 실체가 아니라는 뜻이다. 이러한 개념에 비추어본다면 〈수월관음도〉에서 선재동자의 앞에 있는 관음 자체도 선재의 구도행과 그 인연에 따라 나타난 존재라는 의미일 것이다. 다만 수월관음이 감응하는 데에는 전제가 뒤따른다. 14세기에 찬술된 「보타락가산전(補陀洛迦山傳)」에서 "거울에 비친 상이나 물에 비친 달은 모두 청정한 마음 '청정심(淸淨心)'에서 비롯된다"라고 쓰여 있는데, 이는 수행을 통해 청정심을 가진 연후에 비로소 중생의 요청에 감응한 관음의 현신을 볼 수 있다는 의미일 것이다. 따라서 현신한 수월관음도의 존재는 선재의 구도행과 깨달음의 정도를 상징적으로 드러내는 것이며, 고려 귀족 사회의 화엄신앙과 수행관이 투영되어 있다고 할 수 있다.

고려 후기 몇몇 〈수월관음도〉 중에는 하단에 집에 불이 나거나 뱀에 물리거나 호랑이에 쫓기는 등 횡액(橫厄)을 만난 사람들의 모습이 그려진 예가 있다. 이러한 표현은 『법화경』 '관세음보살보문품'에 근거를 둔 칠난삼독(七難三毒)으로 대표되는 다양한 재난과 사고에 맞닥뜨린 중생들의 천태만상을 상징한다. 이 장면은 각각의 상황마다 관세음보살이 다양한 모습으로 응신해 중생을 구제한다는 상징성을 지닌다. 결과적으로 고려 후기의 〈수월관음도〉에는 『화엄경』과 『법화경』에서 설하는 관음의 두 가지 이미지가 모두 중첩되어 구현되어 있다고 할 수 있다.

지옥 중생의 구원자 지장보살과 심판자 시왕

명부(冥府)세계에서 생전의 삶에 대한 심판이 이루어진다는 개념이 정립되면서 고려 후기에는 지옥 중생의 구제자로서 지장보살과 심판자로서 시왕 신앙이 성행했다. 석가는 자신이 입멸하고 미륵불이 이 세상에 올 때까지 중

〈그림 4-5〉 지장시왕도

고려 14세기, 비단에 채색, 115.0×58.8cm, 일본 야마가타현(山形縣) 게조인(華藏院) 소장.

생을 구제하는 역할을 지장보살에게 위촉했으며, 지장보살 역시 지옥의 중생까지도 빠짐없이 구제하겠다고 굳게 서원했다. 지장보살은 왼손에 보주, 오른손에 석장(錫杖)을 잡고, 머리는 삭발 혹은 두건을 쓴 승려의 형상으로 표현된다. 명주는 어두운 명부세계를 비추고, 석장은 지옥문을 깨뜨려 중생을 구제하고자 하는 지장보살의 자비로움을 상징한다. 지장보살의 좌우에는 도명존자(道明尊者)와 무독귀왕(無毒鬼王)이 시립한다. 도명존자는 지옥사자의 실수로 명부에 갔다가 지장보살을 친견했다는 당나라 개원사의 승려로 늙은 비구의 모습으로 표현된다. 무독귀왕은 원류관을 쓰고 합장을 하거나 경궤(經軌), 경함(經函) 등을 든 제왕 혹은 문관의 모습으로 무간지옥에 떨어진 어머니를 찾아 지옥에 간 바라문의 딸에게 지옥을 안내해 준 인연으로 지장보살의 협시가 되었다. 그 바라문의 딸이 지장보살의 전신이다.

지장삼존 외에 문수보살의 화신인 금모사자(金毛獅子)가 등장하거나 호법신인 범천과 제석천, 사천왕 등이 함께 그려지기도 한다. 사천왕은 인간세계에 내려와 인간들이 행한 선업과 악업을 관찰하고 이를 범천과 제석천에게 보고하는 역할을 했기 때문에 권속으로 편입된 것으로 추측된다. 사후 세계의 심판장인 명부에서 인간들의 죄의 경중을 가려 죄를 묻는 열 명의 심판관과 명부의 권속들이 함께 그려진 군도 형식의 〈지장시왕도〉도 있다(〈그림 4-5〉). 한편 지장보살과 관음을 병립한 〈관음지장병립도〉, 혹은 아미타불과 병립한 〈아미타지장병립도〉 등 지장보살을 중심으로 한 다양한 조합이 이루어졌다. 두건형의 비구의 형상과 금모사자의 등장은 돈황 벽화에서 볼 수 있어 고려 지장시왕도와 중앙아시아 지역 미술과의 친연성을 살필 수 있으며, 제석과 범천, 사천왕 도상은 고려 지장보살도에서만 볼 수 있는 특징적인 요소이다.

고려 불화 도상의 다양성

고려 불화에는 아미타불과 관음, 지장보살 외에도 대승경전에서 설한 다양한 부처님이 형상화되었다. 화엄계 불화로는 『대방광불화엄경』의 주존불

〈그림 4-6〉 오백나한도

고려 1236년, 비단에 수묵담채, 54.0×37.2cm, 한국 국립중앙박물관 소장.

이자 진리의 빛을 형상화한 〈비로자나삼존불도〉, 법계를 열어 보여주고 계신 노사나불을 중심으로 문수 및 보현 보살을 비롯한 10대보살과 청법보살 및 청문중을 표현한 〈원각경변상도〉가 있다. 약사불 계열의 불화에는 동방 유리광세계의 교주로 중생의 질병을 치료하고 재앙을 소멸시켜 주는 약사불을 단독으로 그린 예와 협시인 일광 및 월광 보살과 8보살 및 약사12대원을 상징하는 12신장을 함께 그린 〈약사삼존십이신장도〉가 있다. 또한 천공의 온갖 별자리가 부처님으로 변신하여 지상으로 내려오는 장면을 그린 〈치성광여래강림도〉가 있으며, 석가가 입멸하고 오랜 시간이 지난 후 세상에 내

〈그림 4-7〉 만오천불도

고려 13세기 중반~14세기, 175.9×87.1cm, 일본 히로시마시(廣島市) 후도인(不動院) 소장.

려와 용화수 아래에서 세 번의 설법을 하여 모든 중생을 빠짐없이 구제한다는 내용을 표현한 〈미륵하생변상도〉가 있다.

고려시대에는 석가모니 부처님의 교화를 받고 아라한과를 증득한 나한에 대한 신앙도 성행했다. 고려에서는 국난과 천재지변을 극복하기 위해 나한재(羅漢齋)와 오백나한재(五百羅漢齋)를 빈번히 개최했다. 한 폭에 한 명씩의 나한을 수묵담채로 그린 나한도는 몽골 침입 시기인 1235~1236년에 그려졌다(〈그림 4-6〉). 이 불화들은 화기가 남아 있는 중요한 사례로 몽골군의 빠른 퇴치와 국토의 안녕, 왕의 만수무강 등을 기원하고 있다. 산수를 배경으로

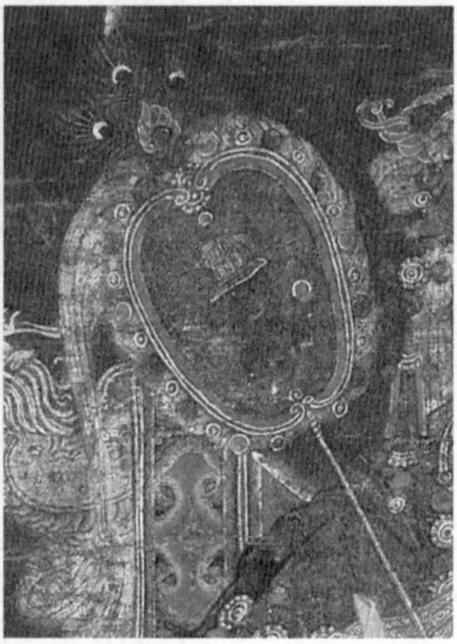

〈그림 4-8〉 제석천도

고려 14세기, 97.9×54.5cm, 일본 교토 쇼타쿠인(聖澤院), 오른쪽 그림은 제석천의 천선(天扇)에 그려진 선견성.

오백나한을 한 폭에 표현한 일본 지온인(知恩院) 소장 〈오백나한도〉는 겹겹이 중첩되는 골짜기와 그 사이를 흐르는 계곡 주변에서 자신만의 수행 방식으로 정진하는 나한의 무리들이 놀랍도록 정교하고 치밀한 필선으로 표현되어 있다. 이 외에도 구름문 위로 16나한이 석가여래에게 공양을 드리러 가는 모습을 형상화한 〈석가삼존십육나한도〉도 있다.

보살의 도상으로는 대자대비를 상징화한 〈천수관음보살도〉와 큰 원광을 배경으로 앉아 있는 관음보살의 법의와 주변을 극도로 작은 크기의 불보살로 장식한 〈만오천불도〉가 있다. 이 〈만오천불도〉의 도상과 표현은 동시대 다른 나라의 불화에서 볼 수 없는 독창적인 것이다(〈그림 4-7〉).

신중도로는 고대 인도의 토속신인 군신 인드라(Indra)를 불교적으로 변용해 그린 〈제석천도〉가 있다. 〈제석천도〉는 송대 황실 여성의 모습으로 봉황으로 장식된 의자에 앉아 있으며 손에는 천선(天扇)을 들고 있다(〈그림4-8〉 왼쪽). 천선에는 해와 달이 돌고 있는 수미산과 제석천이 살고 있는 선견성(善見城)이 그려져 불화의 주인공이 제석천임을 강조한다(〈그림 4-8〉 오른쪽). 인도의 토속신인 일광의 신 마리시(Marīci)가 불교의 호법신(護法神)으로 수용되어 변용된 마리지천을 그린 불화도 있다. 얼굴이 셋이고, 팔이 여덟인 천신이지만 연화대좌 위에 보탑, 칼, 정병, 연화 등을 들고 있는 보살의 형상으로 표현되어 있다. 고려 불화의 도상과 표현은 매우 다양하며 동시대 중국이나 일본에서는 볼 수 없는 고려 불화만의 독창성을 지닌다.

불화의 재료 및 기법, 표현상 특징

고려 불화의 아름다움은 동아시아 불화 가운데서도 독보적이다. 원의 탕후(湯垕)가 쓴 『고금화감(古今畫鑑)』에서 "고려의 관음보살도는 매우 공교(工巧)하다. 이는 당의 위지을승(尉遲乙僧, 627~649년 활동)의 필의(筆意)에서 나와 그 섬세함이 지극하다"라고 평할 정도였다. 실제로 원 황실에서 관음보살도를 몇 차례 요청했을 정도로 관음보살을 비롯한 고려 불화의 가치는 원나라에까지 알려졌다. 관음보살을 비롯한 불보살들의 형상은 우아하며 원만하다. 이들이 걸친 법의(法衣)와 천의(天衣)는 유려할 뿐 아니라 주홍과 녹색, 청색 등의 원색이 잘 어우러져 조화를 이룬다. 그 위에 금니(金泥)로 화려하면서도 섬세하게 표현된 문양은 옷감의 원색과 잘 어우러져 고려 불화만의 독자적인 아름다움을 구현한다.

고려 불화의 품격 있는 아름다움은 배채법(背彩法)이라는 표현 기법에서 비롯된다. 복채법(伏彩法)이라고도 불리는 이 기법은 화면 뒤에 색을 칠해 화면 앞으로 스며 나오게 하고, 앞면에는 엷게 채색하여 은은하면서도 깊이 있는 자연스러운 색감을 만들어낸다. 각 존상의 상호(相好)와 신체를 포함해 가사, 장신구, 화면의 바탕 등에 폭넓게 사용되었다. 배채를 이용한 채색법이 가능했던 것은 올이 곱고 섬세한 반투명의 비단을 바탕천으로 사용했기 때문이다. 비단 위에는 우리가 현대에 흔히 볼 수 있는 수용성이나 지용성 물감이 아닌 광물성 안료와 식물성 안료를 사용해 채색한다. 광물성 안료는 유색 광물을 곱게 갈아 수비하여 만든 것으로, 광물 특유의 광택과 선명함이 불화의 아름다움을 만들어낸다. 불화에서 주로 사용되는 색상은 붉은색·녹청색·군청색으로, 붉은색은 진사(辰砂), 녹청색은 공작석(孔雀石), 군청색은 남동광(藍銅鑛)과 같은 광물로 만든다. 안료 원료인 암석들은 금값에 견줄 정도로 값비싼 광물로서 대부분 수입하여 사용했다. 따라서 고려 불화 조성을 발원하고 후원했던 사람들은 고가의 귀한 재료를 구하거나 제공할 수 있는 왕실과 개경의 귀족, 혹은 지방 귀족 계층이었다는 사실을 짐작할 수 있다.

불화를 그릴 때에는 색을 혼합해 쓰지 않고 원색을 그대로 살려 선명한 색감을 만들어냈다. 고려 불화의 아름다움은 화려함, 섬세함, 고급스러움으로 표현할 수 있는데, 이러한 미감은 균형 잡힌 조형미와 원색을 살린 선명한 색채 위에 금니의 정교한 문양이 조화를 이루며 극대화되었다고 할 수 있다.

불화를 그리는 방법을 간단히 살펴보겠다. 먼저 표현하려는 대상을 종이 위에 목탄 등을 사용해 밑그림을 그린다. 밑그림을 밑에 놓고 위에 바탕천을 올려 고정시킨 후 밑그림을 따라 그리는데 이것을 출초(出草)한다고 한다. 출초가 끝난 후에는 채색을 한다. 채색이 완료되면 상호와 신체의 윤곽선을 먹선으로 그리고, 먹선 위에 다시 붉은 선을 긋고 다시 붉은색으로 바림하여 입체감을 살린다. 불화를 그리는 과정에서 볼 수 있는 고려 불화의 특징은 금니와 금선을 적극 활용한다는 것이다. 불보살의 상호와 신체를 금니로 칠할 경우 붉은 선으로 윤곽과 이목구비를 표현한다. 법의와 천의 등도 기본선을 먹선으로 잡아준다. 먹선의 굵기에 생동감 있는 변화를 주고, 그 위에 가는 금선을 그어 강조하는 것은 고려 불화를 특징짓는 표현 기법이다. 고려 불화에서 금선은 옷 주름을 비롯해 영락 장식, 연꽃, 부채 등 거의 모든 윤곽선에 사용되었다.

법의와 천의를 장식하는 문양은 고려 불화의 아름다움을 완성하는 중요한 요소이다. 존상에 따라 사용되는 문양에 조금씩 차이가 있다. 여래가 입은 붉은 가사에는 연화당초원문(蓮華唐草圓文)을, 녹색의 대의에는 구름 사이로 봉황이 노니는 운봉문(雲鳳文)을 주로 그렸다. 그 외에 연화문·보상화문·국화문·모란당초문·초화문 등 식물 문양을 다양하게 활용했으며 운문·칠보문·연주문·금문·귀갑문 등을 그렸다. 붉은색이나 녹색에 그려진 이 문양들은 금니로 그려져 불화의 화려함을 배가시킨다. 고려 불화의 다양한 문양은 매우 섬세하게 그려지며 개별적으로 보아도 그 자체로 아름답다. 치밀하게 표현된 금색의 화려한 문양들은 불화의 조형 및 색상과 조화를 이루며 고려 불화의 독자적인 아름다움을 완성한다.

사경의 공덕과 아름다움

고려 불화에 버금가는 최고 예술의 경지를 보여주는 것이 사경(寫經)이다. 사경은 불법의 유포 혹은 공덕을 쌓기 위한 목적으로 불경(佛經)을 베껴 쓰는 일이다. 사경을 하는 과정은 수행을 위한 신앙행위로 인식되었다. 『법화경』

「법사품(法師品)」에는 사경이 십만억 부처님께 공양하는 일과 같다고 하여 한없이 큰 사경의 공덕이 강조되어 있다. 사경은 신성한 종교적인 의식이므로 최상품의 사경지를 준비하는 과정부터 정결한 장소인 사경소(寫經所)를 마련하여 장엄한 의식 절차에 따라 경건한 자세로 진행되었다는 사실이 〈신라백지묵서 대방광불화엄경〉(국보 196호)의 발원문에 자세히 기록되어 있다.

사경은 고려시대 왕실과 귀족사회에 폭넓게 확산되어 국가적·개인적 차원에서 성행했다. 고려시대에는 여러 차례 쪽물로 염색해 검은빛을 띤 푸른색 바탕지[紺紙]를 만들거나 도토리 삶은 물을 들인 갈색빛이 도는 바탕지인 상지(橡紙)를 만든 후에 금이나 은을 이용해 경문을 쓰거나 변상도를 그려 화려하면서도 장식적인 사경을 제작했다. 사경 조성의 목적은 국가적 안위와 부모의 무병장수, 자식의 입신출세, 그리고 공덕을 쌓아 극락왕생하기를 기원하는 등 다양하다.

고려의 사경은 표지와 변상도, 경문, 조성기로 구성된다. 표지에는 금 또는 은니로 보상화문(寶相華文)을 화려하게 그리고, 이어서 경전의 내용을 압축적으로 표현한 변상도를 그린다. 유려한 금선으로 표현된 고려 사경변상도의 섬세한 화풍은 아름다운 색채의 고려 불화와 필적할 만한 풍격을 지녔다는 평가를 받는다. 고려 전기의 대표적인 사경은 일본 교토국립박물관에 소장된 1006년 작 〈대보적경〉으로, 목종의 어머니이자 경종의 비인 천추태후(千秋太后) 황보씨(皇甫氏)가 당시 최고의 권력자였던 김치양(金致陽)과 함께 발원한 사경이다. 단순한 선을 꺾어 중첩해 연결한 결계(結界) 안에 삼보살(三菩薩)이 산화공양(散華供養) 하는 모습이 변상도로 그려져 있는데, 단정한 필치로 묘사된 보살의 형상이 풍만하면서도 유려하다(〈그림 4-9〉). 변상도에 이어 쓴 사경의 글자체는 장방형의 자형으로 반듯하면서도 각이 잡혀 당대(唐代) 유명한 서예가 구양순(歐陽詢, 557~641)의 서체를 닮아 있다. 구양순체는 북송 태종 년간(재위 976~997)에 개판된 대장경 서체로 사용되었다.

〈그림 4-9〉 감지은니대보적경변상도

『대보적경』 권32(1006), 일본 교토박물관 소장.

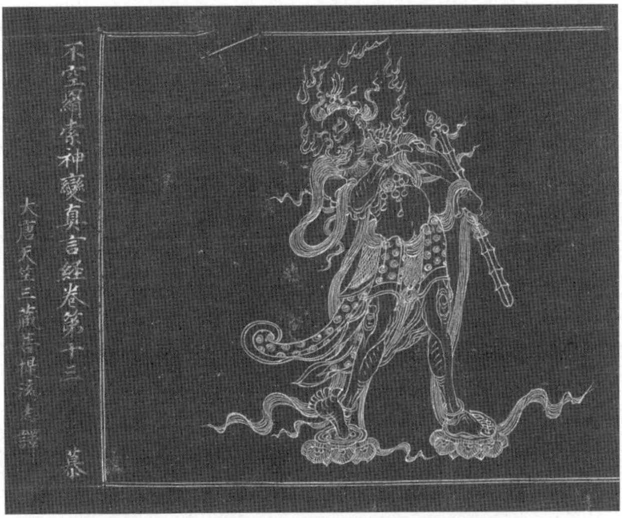

〈그림 4-10〉 감지금니불공견색신변진언경호법신장도

『불공견색신변진언경』 권13(1275), 서울 리움미술관 소장.

고려 전기 사경의 서체는 판각체로 변모한 구양순체가 근간이 되었다고 할 수 있다. 고려 전기의 사경으로 일본 와카야마(和歌山) 곤고부지(金剛峰寺) 에 소장된 『감지금자묘법연화경』 8권(1081)은 온전한 형태로 남아 있는 소중

한 유물이다.

사경 제작의 전성기는 원 간섭기이다. 충렬왕 대에는 국가기구로서 상존했던 사경원(寫經院)과 별도로 금자원(金字院)과 은자원(銀字院)을 임시 기구로 설치하고, 전문적인 사경승을 배치해 대장경을 사서했다. 이 시기 대표적인 사경은 1275년 〈감지은니불공견색신변진언경(紺紙銀泥不空羂索神變眞言經)〉으로, 경전 앞에 그려진 금강저를 들고 화염에 휩싸인 용맹스러운 모습의 금강역사(金剛力士)는 고려 후기 왕실사경 변상도에서만 볼 수 있는 특징적인 호법신장 도상이다(〈그림 4-10〉).

국가와 왕실 차원으로 이루어진 사경 외에도 귀족이나 승려들은 개인과 가족의 안위와 무병장수, 극락왕생을 기원하며 사경 제작에 적극적이었다. 고려 후기 가장 많이 제작되었던 경전은 『묘법연화경(妙法蓮華經)』이다. 『묘법연화경』에는 "이 경전을 받아 지니거나 읽거나 외거나 베껴 쓴다면 그 공덕으로 깨달음을 얻을 것이다"라는 공덕 사상이 언급되어 있어 공덕경으로서 널리 서사(書寫)되었다. 『화엄경』도 많이 사성되었는데, 그 양이 방대해 전체를 사서하기보다는 40권 『화엄경』의 마지막 품인 「보현행원품(普賢行願品)」만을 따로 사서하기도 했다. 『금강반야바라밀경(金剛般若波羅密經)』, 『아미타경(阿彌陀經)』 등도 즐겨 사경으로 제작되었다.

무신집권기~원 간섭기에 송·원대 판본의 수입이 이루어지면서 중국 판본화는 사경변상도의 도상에 영향을 미쳤다. 일본 교토(京都) 호샤쿠지(寶積寺) 소장 〈감지은니묘법연화경(紺紙銀泥妙法蓮華經)〉의 권수 호법신으로 위태천이 표현된 것도 중국 판본을 통해 새로운 도상이 유입된 결과이다. 일본 사가(佐賀)현 나베시마보효회(鍋島報效會) 소장 〈묘법연화경(妙法蓮華經)〉 8권본의 변상도에 표현된 영산회상도는 법화경의 내용을 축약하여 소규모로 제작한 소자본[小字本, 혹은 세자본(細字本)] 형식의 남송 대 판본화를 그대로 차용해 그렸다(〈그림 4-11〉).

〈그림 4-11〉 감지금니영산회상도변상도

1332년, 31.6×11.0cm, 일본 나베시마보효회 소장.

〈그림 4-12〉 감지금니화엄경보현행원품변상도

화엄경보현행원품 권34, 1334년, 34×11.5cm, 서울 호림박물관 소장.

원 불교문화의 영향을 받은 사경변상도에는 티베트 양식의 도상과 표현이 등장한다. 호림박물관에 소장된 1334년 작 〈감지금니화엄경보현행원품(紺紙金泥華嚴經普賢行願品)〉은 안새한(安賽罕)이 부모의 훈육은공(訓育恩功)을 기리고 자신의 승진을 기념하기 위해 사경한 것이다. 변상도 가운데에는 보현보살이 위치하고 그를 향해 합장하고 법문을 듣고 있는 보살들이 좌우대칭으로 자리하고 있다(〈그림 4-12〉). 보살들의 조밀한 옷 주름, 연속된 횡줄로 그어 만든 배경 등은 여백을 거의 남겨두지 않는 14세기 사경변상도 양식을 보여준다. 한편 보살들의 화려한 보관이나 법의, 얼굴 모습은 원나라를 통해 유입된 티베트식 불교 도상의 영향을 받은 것이다.

변상도 양식의 변화뿐 아니라 사경의 서체도 고려 전기와는 다르다. 1275년 〈감지은니불공견삭신변진언경(紺紙銀泥不空羂索神變眞言經)〉 권13의 사경 서체는 전체 구성 면에서 행간과 자간의 간격이 넉넉하며 필치의 아름다움이 잘 살아 있다. 장방형의 글씨체에 마르고 단정하며 엄정한 느낌을 준다는 점에서 고려 전기의 구양순풍 사경체를 따른다고 할 수 있다. 하지만 운필법이 부드러워지고 자형(字形)이 납작해진 경향은 왕희지의 전아한 서풍이 반영된 것이다. 한편 일본 교토(京都) 호샤쿠지(寶積寺)에 소장된 사경의 서체는 글씨에 살집이 많아 당대 유행한 안징경 서체의 영향도 보인다.

고려 후기인 14세기 중후반이 되면 고려 사경의 서체에 조맹부체의 영향이 강하게 나타난다. 충선왕(재위 1308~1313)은 원의 연경에 체류할 때 만권당(萬卷堂)을 세워 조맹부(趙孟頫), 요수(姚燧), 염부(閻復) 등과 교류했다. 만권당은 원의 신문화 수용의 창구 역할을 했던 곳으로 조명부체가 고려에 알려져 유행하는 배경이 되었다.

화려하게 꽃피웠던 고려 불교문화의 우수성을 보여주었던 사경문화는 고려 말의 혼란기를 거쳐 조선 초기에 이르러 점차 사라진다. 성리학을 추종하는 신진사대부들에게 고급 종이에 염색을 하고 금·은니를 써서 사경을 하는 일은 사치로 인식되었고, 문종 대 불상 제작과 불사, 사경을 금지함에 따라 금자(金字) 사경 풍습은 점차 사라지고, 개인 차원에서 이루어진 사경만이 면면히 이어졌다.

보론 5

고려시대의 사원 건축

한지만 | 명지대학교 건축학부 교수

고려시대 사원의 가람 구성과 기능

불교국가 고려는 역사상 가장 융성한 불교문화를 이루었으며 그 중심에 사원 건축이 있었다. 고려를 세운 태조가 남긴 중요한 열 가지 가르침인 「훈요십조」에는 불교와 관련해 당부하는 세 가지 항목이 포함되어 있다. 국가를 위해 불교를 숭상하고 사원을 지어 승려들이 머물며 수행토록 하되, 도선이 국토의 산수를 살펴 미리 장소를 정한 곳 이외에는 함부로 사원을 짓지 말고, 국가적 불교 행사인 연등회와 팔관회를 열어 국민을 화합하게 할 것을 당부했다.

고려는 우선 불교국가로서의 면모를 갖추기 위해 개국 초부터 도성인 개경에 많은 사원을 건립하여 기존에 신라 왕경 경주 중심으로 되어 있던 사원의 분포를 개경 중심으로 재편했다. 태조는 즉위한 이듬해에 법왕사·왕륜사·영통사 등 10개의 사원을 세웠고, 그 뒤로도 재위 기간 동안 흥국사·구산사·안화사·개국사 등 많은 사원을 도성 안팎에 건립했다. 개경의 사원 건립은 고려 전기 동안 지속되어 12세기 전반에 이르러 일단락되었다. 그중에서 이름이 알려진 몇몇 사원을 들어보면 봉은사·불일사·귀법사·현화사·홍왕사·국청사 등이 있으며, 기록으로 확인되는 것만 해도 70곳 남짓이나 된다.

개경에 건립된 사원들은 선종과 화엄종·법상종·천태종 등 주요 종파의 거점이 되어 왕사나 국사로 책봉된 고승들이 머물렀다. 왕실의 적극적인 지원을 받아 건립된 사원의 웅장한 불전과 탑은 개경의 도시 경관을 특징짓는 중요한 요소가 되었다. 1123년에 고려를 다녀간 북송의 사신이 남긴 기록에는 도성 안의 광통보제사라는 사원을 소개하면서 불전의 웅장함이 궁궐보다 더 했고, 높이가 200척(약 60m)이 넘는 5층탑이 솟아 있다고 했다. 이보다 앞서 문종의 명으로 개경 남쪽에 건립된 홍왕사는 가람의 규모가 2800칸에 달했고, 3층의 불전과 금으로 만든 탑이 있었으며, 둘레에 성벽을 쌓고 1000명의 승려를 선발해 머물도록 했다고 한다. 이런 사원들이 도성 안팎 도처에 자리하여 불교 국가의 도성다운 장엄하고 다채로운 경관을 이루고 있었다.

왕실뿐 아니라 백성까지 깊게 불교를 믿었던 고려의 사원은 종교시설로서 수행과 예불 같은 기본적인 기능 이외에도 연등회와 팔관회를 비롯해 재난을 없애고 국가와 왕실의 안위를 기원하는 각종 의례가 빈번하게 개최되었고, 많은 사람들이 모이는 곳이기 때문에 다양한 사회적 기능을 수행했다. 그래서 큰 사원들은 주불전이 있는 중심 가람에 더해 별도로 구획된 여러 개의 원(院)으로 구성되어 종교뿐 아니라 다양한 기능을 담아내는 사회적 복합시설로서 기능했다. 예를 들어 개경의 홍왕사는 홍교원·천복원·대시원·홍교원·감덕원·정각원 등의 원으로 이루어져 있었고, 영통사에는 경선원·선소원·중각원·보소원이 있었으며, 현화사에는 장홍원·상청원·안성원이 확인된다. 지방의 큰 사원으로 11세기에 크게 확장된 김제 금산사에는 주불전이 있는 중심 가람 이외에 광교원과 봉천원이 있었다.

주불전이 위치하는 중심 가람의 형태는 회랑으로 구획한 내부에 탑과 불

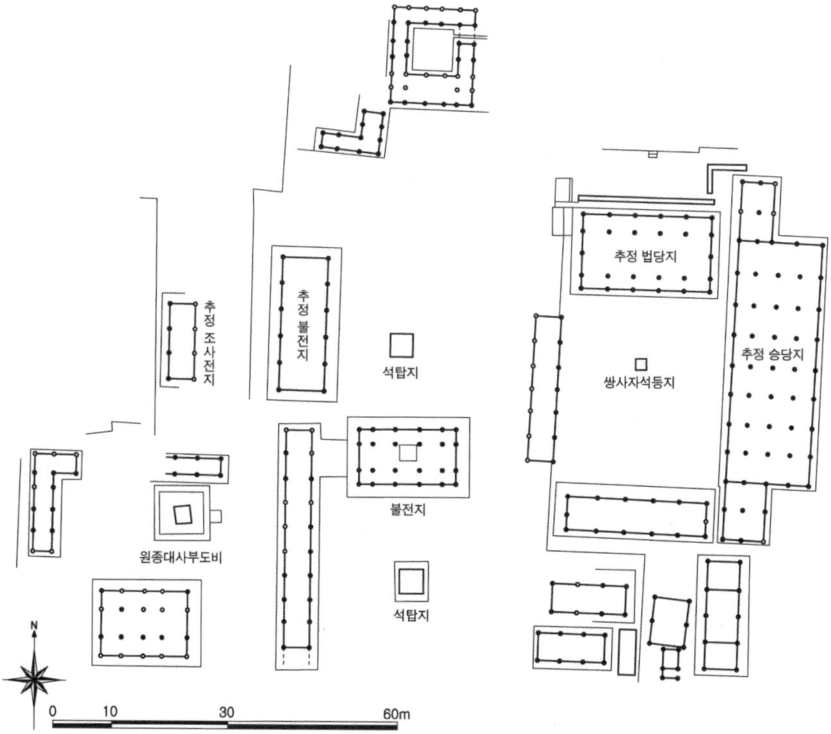

〈그림 5-1〉 12~13세기 고달사 가람 추정 배치도

전, 강당이 정연하게 앞뒤로 배치되는, 고대 이래 가람 배치의 기본 틀이 오랫동안 유지되었다. 이것이 고려 후기로 가면서 불전 좌우의 회랑이 사라지고 부불전이나 보살전 등과 같은 건물로 대체되는 변화를 보인다.

고려시대에는 신앙의 대상이 다양해지면서 주불전 이외에도 예불을 위한 다양한 전각이 건립되었는데, 이것들이 부불전으로서 주불전과 함께 중심 가람을 구성하거나 별도의 원에 지어지기도 했다. 불전은 이전과 마찬가지로 금당으로 부르는 경우도 있었으나 능인전(석가모니), 무량수전(아미타불), 비로전과 보광전(비로자나불), 약사전(약사불), 미륵전과 자씨당(미륵불), 관

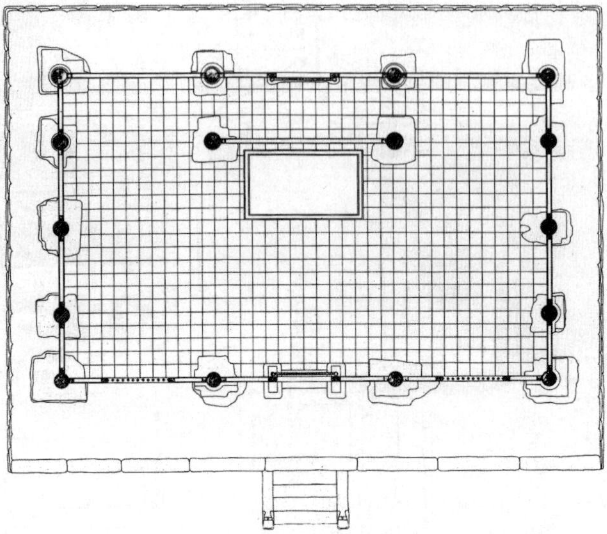

〈그림 5-2〉 봉정사 극락전 평면도

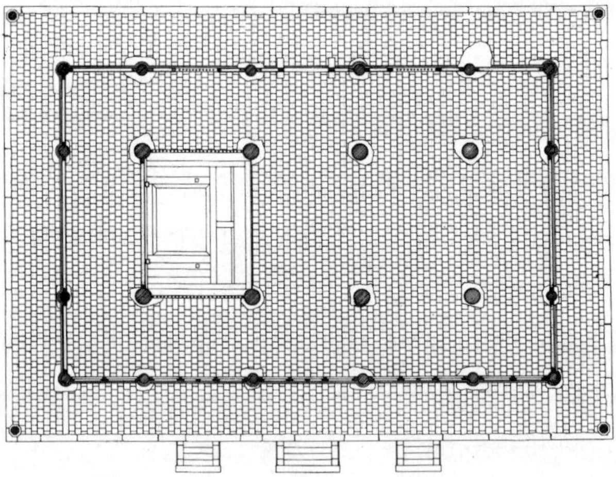

〈그림 5-3〉 부석사 무량수전 평면도

음전(관음보살), 나한전(나한), 지장전(지장보살), 제석전(제석천) 등과 같이 안에 봉안하는 부처와 보살의 종류에 따라 명칭이 다양해졌다. 고대 사원의 금당은 내부의 중앙에 거대한 불단을 조성하고 그 위에 여러 불상과 보살상, 신중상을 함께 봉안하는 것이 일반적인 형태였다. 고려시대에 들어와서는 신앙 대상별로 독자적인 불전을 만들게 되면서 상대적으로 불단이 차지하는 면적이 줄어들었고, 불단을 뒤로 물려서 전면에 예배 공간을 확보하는 경향이 나타났다. 이러한 변화는 12세기 중반에 창건된 것으로 추정되는 봉정사 극락전, 1308년에 건립된 수덕사 대웅전, 14세기 후반에 수리된 부석사 무량수전 등에서 확인할 수 있다.

불전 앞에는 탑도 꾸준하게 건립되고 있었다. 실물이 남아 있지는 않지만 문헌에 의하면 목탑도 많이 조성되었는데, 이 중에는 내부에서 사람이 상층부로 올라갈 수 있는 구조로 된 탑도 여럿 확인된다. 고려 후기에는 석탑을 세우는 것이 일반적이었다. 고려시대의 석탑은 신라에서 완성된 정형 석탑의 기본형을 계승하면서 기단부에 다양한 변화가 나타나고 높이는 5층 이상으로 높아지며 가늘고 긴 형태가 되어 이전의 신라 석탑에 비해 전체적으로 조형의 균형감이 덜한 형태가 되었다. 옥개석은 낙수면의 경사가 급해지고 처마 양끝의 곡선이 강조되었으며 추녀가 곡선으로 변했다. 탑신 아래에 받침석을 더하고 기단과 탑신의 면에 조각 장식이 베풀어지는 것도 고려시대 석탑에서 보이는 특징이다. 옛 백제 지역에서는 삼국시대에 건립된 정림사지 오층석탑과 같은 백제 석탑의 조형을 모방한 탑이 나타났고, 이 밖에도 금산사 육각다층탑, 월정사 팔각구층탑, 네 마리의 사자가 탑을 받치고 있는 제천의 사자빈신사지 사사자구층석탑 등과 같은 다양한 형태의 탑이 지어졌다. 후기에는 원나라의 영향을 받은 독특한 조형의 마곡사 오층석탑, 경천사지 십층석탑이 나타났는데, 경천사지 십층석탑은 원나라 장인이 와서 만든 탑이다.

〈그림 5-4〉 마곡사 오층석탑

개경에 위치한 사원 중에는 별도의 원을 구획하여 그 안에 선왕과 왕비의 진영을 모시고 명복을 기원하는 진전(眞殿)을 건립한 원찰(願刹)이 많았다. 그중에서도 태조의 진전이 있는 봉은사는 태조의 기일뿐만 아니라 연등회와 그 밖에 중요한 일이 있을 때에도 왕이 직접 행차해 참배하는 위상이 높은 사원이었다. 광종이 어머니의 원찰로 창건한 불일사의 발굴 도면을 보면 탑과 주불전, 강당이 일직선상에 정연하게 배치된 중심 가람 주위에 회랑으로 구획된 여러 원들이 구성되어 있는 것을 볼 수 있는데, 이 중에서 중심 가람 서쪽의 원이 진전 영역이었을 것으로 추정되고 있다. 원 안에서 뒤쪽에 진전을 두고 그 앞에 불전을 세워 명복을 빌었던 것으로 보인다. 왕실 이외에 귀족들도 개경 인근과 지방의 크고 작은 사원을 원찰로 지정해 후원하는 경우도 많았다.

왕사나 국사가 그 직에서 물러나면 왕명으로 지방의 사원을 하산소(下山

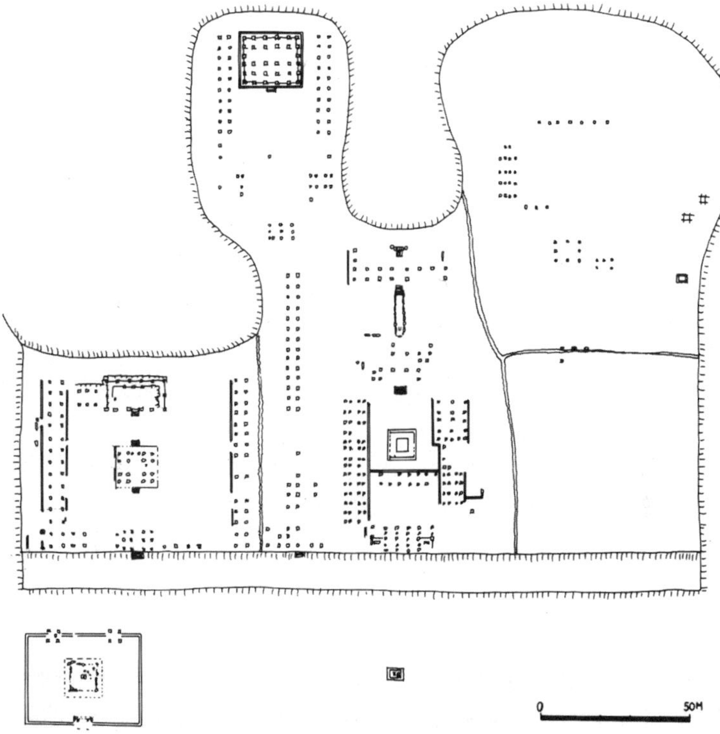

〈그림 5-5〉 불일사지 배치도

所)로 지정해 그곳으로 내려가 머물게 했다. 그들이 입적하면 사원 주변에 부도를 건립해 유골을 봉안하고 생전의 업적을 새긴 비를 세우며, 진영을 봉안하는 조사당을 짓고 일곽을 구획하여 원을 만들었다. 승려의 유골을 봉안하는 부도는 신라 말에 중국으로부터 선종과 함께 도입되면서 선종 사찰에만 만들어지다가 고려시대에는 종파와 무관하게 건립되었다. 신라 말에 팔각원당형의 고유한 형태로 완성된 부도의 조형은 고려시대에 들어와 다양한 형태로 전개되어 갔다. 원주 법천사지에는 고려 전기의 법상종 고승 지광국사의 부도와 비, 조사당 등으로 구성된 원의 터가 잘 남아 있다. 특히 지광국사의 부도인 현묘탑은 고려 전기의 화려하고 세련되면서도 전체적인 비례와

〈그림 5-6〉 지광국사 부도

〈그림 5-7〉 원주 법천사지 지광국사 부도원

조형의 완성도를 잘 이뤄낸 고려 전기 불교예술의 걸작이다.

고려 후기 선종 사원의 가람 배치

주요 교통로의 요지에 여행자들을 위한 객관(客館)을 갖춘 사원을 경영한 것도 고려시대 사원의 큰 특징이다. 이런 사원은 전국적인 역로망이 정비된 11세기에 출현해 12세기 무렵까지 집중적으로 나타나다가 원 간섭기 이후에 쇠퇴했다. 11세기 초에 현종의 명으로 창건된 천안의 봉선홍경사에는 불전과 회랑, 문 등으로 이루어진 200여 칸 규모의 본사에 부속해 광연통화원이라는 원을 별도로 구획해 만들고, 그 안에 객관 80칸을 지어 여행객들에게 제공했다고 한다. 객관은 여행객이 묵을 수 있는 객실과 마구, 그리고 누각이나 정자 등도 갖추고 있었다. 개경과 남경을 잇는 교통로에 위치한 혜음령에 건립된 파주 혜음사에는 객관과 더불어 왕이 행차했을 때 머물기 위한 행궁까지 지었다고 했는데, 근래의 발굴조사를 통해 그 면모의 일부가 확인되었다.

혜음사의 발굴 유구에서 주목되는 점은 물을 이용하는 방식이다. 산자락 경사지에 사원의 터를 조성할 때 단순히 산에서 흘러내리는 물을 빼내는 것이 아니라 물길을 가람 안으로 끌어들여 건물 사이사이에 수로와 수조를 만들어 물이 흐르고 머물도록 하여 사원 안 곳곳에서 감상할 수 있게 했다. 이처럼 물길을 가람 내부로 끌어들이거나 연못을 조성해 부처가 주재하는 불국토의 청정한 세계를 꾸민 사례는 고려시대 사원에서 종종 확인된다.

고려 전기의 불교계를 주로 왕실과 문벌귀족의 지원을 받는 교종 사원이 주도했다면, 무신 집권으로 시작된 고려 후기에는 지방의 선종 사원이 이끌었다. 13세기 초 보조국사 지눌은 순천의 조계산 수선사에서 세속화된 불교계를 정화하고 선종과 교종의 통합을 추구하며 수행에 전념하는 신앙결사를

〈그림 5-8〉 파주 혜음사터 배수시설

이끌고 있었는데, 당시 실권을 장악한 무신정권은 이를 적극 지원해 사원을 크게 확장했다. 이후로 수선사는 많은 국사를 배출하며 고려 선종의 중심 사원으로 이름을 떨쳤고, 뒤에 송광사로 이름이 바뀌었다. 송광사에는 13세기 무렵 왕명으로 가람의 현황을 기록한 문서가 불완전한 상태로 남아 있고, 인근의 곡성에 있는 선종 사원 태안사에도 같은 시기에 동일한 목적으로 작성된 것으로 보이는 문서가 전하고 있다. 이 문서에 기록된 가람 구성을 보면 예불을 위한 불전 이외에 선종에서 중시하는 참선 수행을 위한 승당, 주지 스님이 제자들을 모아 설법하는 법당, 주지의 거처인 동시에 제자를 따로 불러 수행의 정도를 확인하고 지도하는 방장, 그리고 주지를 도와 사원 운영을 분담하는 역할을 맡은 승려들의 요사 및 기타 집단 수행 생활에 필수적인 주방·욕실·창고 등을 갖추고 있었다. 이렇게 예불과 수행에 필요한 건물들로 구성된 당시 선종 사원의 모습은, 중심 가람 이외에 다양한 기능을 하는 원과 불전으로 구성되어 대규모 불교 의례가 행해지던 고려 전기 교종 사원과는 사뭇 달랐다.

고려는 주로 중국의 송나라와 불교를 비롯한 문화 교류를 했다. 무신 집권기에 중국 대륙의 북방에서는 거란의 요나라에 이어 여진족이 세운 금나라가 세력을 떨치며 고려와 송을 압박했고, 이에 고려는 송과 국교를 끊고 금과 형식적인 외교관계를 맺고 있었다. 이러한 외교 상황은 그 이전인 10세기 말부터 11세기에 걸쳐 요나라가 고려를 압박했을 때도 마찬가지였다. 이러한 국제적 여건 속에서 고려와 송나라 사이의 승려 왕래를 매개로 한 불교문화의 교류는 매우 제한적으로 이루어질 수밖에 없었다. 이것은 고대와는 달리 고려시대 불교 사원의 모습이 중국의 문화적 영향에서 벗어나 독자성을 발휘해 나가는 계기가 되었다.

중국과의 교류는 13세기 후반 이후 원 간섭기로 들어서면서 재개되었다. 당시 중국에 건너가 장기간 체류하면서 중국 역사상 선종이 가장 번성했던 송, 원의 선종 사원을 직접 체험하고 귀국한 나옹선사 혜근은 왕사에 책봉된 다음 회암사를 크게 중창했다. 나옹이 중창한 회암사는 당시의 모습을 상세히 기록한 문헌이 남아 있고, 근래의 발굴조사와 연구 성과가 더해져 가람 구성의 전모가 어느 정도 밝혀졌다. 가람 배치에서 중심축이 강조되고 건물들이 좌우대칭 구도를 이루며, 이전에는 볼 수 없었던 독특한 형태를 한 건물의 존재 등은 중국 사원 건축의 영향으로 인정되는 부분이다. 그러나 가람 중심부에서 불전의 좌우에 회랑을 두르지 않고 수행승들이 수행하고 기거하는 승당과 전단림, 파침과 같은 요사 건물을 바로 인접해 지은 것은 고려 선종 사원으로서 회암사에 구현된 고유한 특징이라 할 수 있다. 이러한 가람 중심부의 구성은 이후 선종으로 획일화되어 간 조선시대 불교 사원의 불전 앞 마당 좌우에 승려들이 수행하고 기거하는 요사가 배치되는 가람 배치로 이어진다.

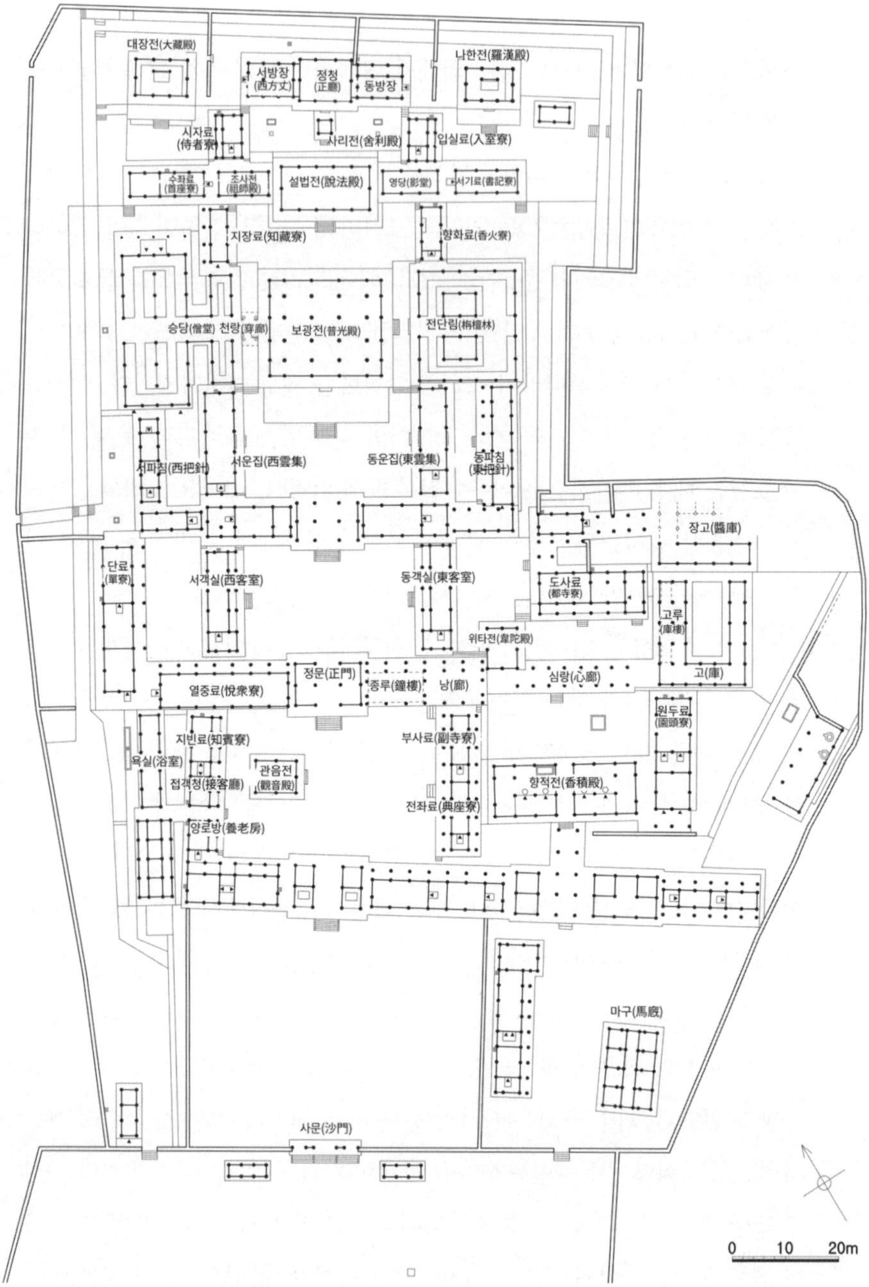

〈그림 5-9〉 고려 말 회암사 가람 배치 추정 복원도

고려시대 사원 건축의 조형미

국가 종교로 불교를 숭상했던 고려시대에는 사원 건축물을 짓는데 최고의 공력을 들였다. 이것은 현존하는 몇 안 되는 고려시대 불전을 통해 짐작할 수 있다. 고려시대에는 대규모 예불을 불전 앞의 마당에서 거행했기 때문에 마당에서 정면으로 보이는 불전의 외관을 중시했다. 불전 내부에 천장을 만들지 않고, 앞뒤에만 처마가 나오는 맞배지붕이 고려시대에 많은 것도 이와 관련 있다.

기둥과 지붕 형태에 섬세한 조형적 처리를 하여 세련된 외관을 완성했다. 둥근 기둥은 밑에서부터 위로 올라가면서 점점 굵어지다가 3분의 1 지점부터 조금씩 가늘어지는 모양의 배흘림 처리를 하여 시각적으로 안정감을 주었다. 그리고 기둥의 높이를 중앙에서 양끝으로 가면서 점점 높여가는 귀솟음 기법을 구사했다. 이에 맞춰 처마도 양끝에서 위로 살짝 들리게 하여 경쾌한 형태를 만들었다. 그리고 건물 외곽의 기둥을 내부로 살짝 기울어지도록 세우는 안쏠림 처리를 하여 안정감 있는 외관을 만들었다.

기둥 위에는 돌출된 처마를 안정감 있게 받치고 장식 효과를 내기 위해 공포를 구성했다. 고려시대의 불전에는 세부 부재의 가공 수법에서 차이는 있지만, 대체로 기둥 위에만 공포를 짜는 주심포형식이 사용되었다. 주심포형식의 불전은 내부에 천장을 설치하지 않기 때문에 건물을 구성하는 모든 부재가 건물의 안팎으로 노출된다. 이렇게 되면 맨 아래의 기둥에서 맨 위의 지붕틀까지 모든 부재가 단지 건축물을 안전하게 지지하는 기능뿐만 아니라 아름답게 보이도록 하는 장식재로서의 역할도 겸해야 한다. 그래서 고려시대 주심포형식 불전은 마치 조각품을 만드는 것처럼 정교하게 가공한 세부 부재 하나하나가 모여 전체적으로 세련된 조형미를 완성하고 있다.

고려 말 14세기 무렵에는 기둥과 기둥 사이에도 공포를 구성하는 다포형

〈그림 5-10〉 부석사 무량수전 공포

〈그림 5-11〉 수덕사 대웅전

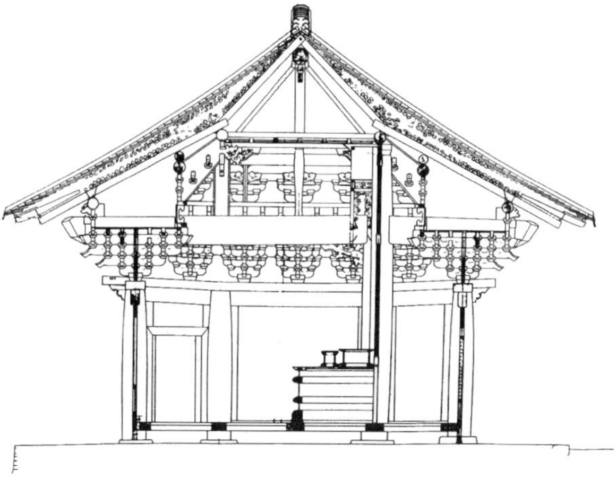

〈그림 5-12〉 연탄 심원사 보광전 단면도

식을 사용한 불전이 나타났다. 현존하는 건물 중에는 1374년에 건립된 것으로 알려진 북한의 연탄 심원사 보광전이 가장 이른 시기의 사례이다. 지붕의 모양은 사면 전체에 처마를 구성하는 팔작지붕이고, 내부에는 천장이 설치되어 있으며, 공포 이외에 세부적으로 사용된 부재의 종류나 가공 방식 등 여러 면에서 이전의 주심포형식 불전과는 사뭇 다른 모습이다. 기둥과 기둥 사이에도 공포를 짜는 다포형식의 공포는 이전부터도 있었을 것으로 추정되나, 이렇게 새로운 형식의 건물이 본격적으로 나타난 데는 중국 원나라의 영향이 컸다. 고려 말 이후의 사원에서는 이러한 다포형식 불전이 주류를 이루었고, 이는 조선시대로 이어진다.

보론 6

밀교와 다라니신앙

김수연 | 이화여자대학교 사학과 교수

신인종과 총지종: 고려의 밀교 종파

밀교란 비밀불교(秘密佛敎)를 줄인 말로, 현교(顯敎)의 상대 개념이다. 현교는 겉으로 드러나 있는 가르침이라는 의미인데 석가모니(釋迦牟尼)의 설법이나 문자를 통한 가르침을 지칭한다. 한편 밀교에서는 언어·문자에 의한 설법만으로는 깨달음을 얻을 수 없고, 깨달음은 직관에 의해서만 체득된다고 본다. 따라서 언어·문자로 교리의 내용을 파고들기보다는 주문을 외고 수인(手印)을 맺으며, 관법수행(觀法修行)을 하여 깨달음을 얻고자 한다. 처음에는 대승경전 속에 다라니 주문이 적극적으로 포함되는 형태로 나타나기 시작하다가, 7세기에 인도에서 『대일경(大日經)』과 『금강정경(金剛頂經)』(밀교의 양대 경전으로 일컬어진다)이 성립되면서, 이 경전들을 중심으로 하는 체계화된 밀교가 대두되었다. 다라니신앙과 체계화된 밀교 교학은 중국을 거쳐 신라로 전래되었다.

신라시대에는 밀본(密本)·명랑(明朗)·혜통(惠通) 등이 밀교에 기반을 둔 주술신앙을 전개했다. 밀본은 『약사경(藥師經)』과 주술로 선덕여왕의 병을 치료했고, 명랑은 문두루비법(文豆婁秘法)을 펼쳐 당군(唐軍)을 물리쳤으며, 혜통은 다라니 주문으로 사람들을 치료했다. 이후 당에서 체계화된 밀교를 배우고 돌아온 유학승들이 귀국해 활동했다. 유학승들이 들여온 밀교 교학은 혜통·명랑 계통이 행하는 밀교 작법(作法)과 어우러지면서, 통일신라 시기 밀교 확산의 바탕이 되었다. 신앙 면에서는 『무구정광대다라니경(無垢淨光大陀羅尼經)』·『수구다라니경(隨求陀羅尼經)』·「준제진언(准提眞言)」 등 여러 종류의 다라니가 유통되었다. 진성여왕 대가 되면 다라니의 형식을 빌린 참언(讖言)이 등장할 정도로 밀교의 다라니신앙이 신라 사회에 녹아들어 있었다. 신라 밀교는 밀교 작법과 다라니신앙을 중심으로 확립되어 갔다고 할 수 있다.

고려시대 밀교는 신라 밀교의 전통을 계승했다. 특히 고려시대에는 신인종(神印宗)과 총지종(摠持宗)이라는 종파가 성립되어 사회 활동을 전개함으로써 밀교신앙 확산의 기틀을 다졌다. 신인종은 외적을 물리치기 위한 의례인 문두루비법(文豆婁秘法)으로 대표되는 종파였다. 신인종의 종찰(宗刹)인 현성사(賢聖寺)는 국가 수호를 위한 도량으로 이름이 높아, 대몽항쟁기 강화도 천도 때 강화도로 이전되기도 했다. 총지종은 다라니 염송을 통한 치병 활동을 주로 전개했다. 왕실 의료의 한 부분을 담당했으며, 고려 후기에는 궁궐에서 액막이를 위한 다라니 염송 활동도 전개했다.

이러한 신인종·총지종의 활동은 신라 밀교에서 연원을 찾을 수 있다. 신인종을 대표하는 문두루비법은 문무왕 대 명랑이 처음 개설한 이래로 이어져 오던 의례였다. 총지종의 치병 활동은 혜통의 맥을 잇고 있다. 신라시대에 밀교신앙이 무르익으며 고려 초에 밀교 종파가 성립할 수 있었던 것이다. 나아가 총지종은 수행의 측면에서 『대일경』에 입각한 아자(阿字) 관법수행(觀法修行)을 했던 것으로 보인다. 아자 관법수행이란 '아' 자를 관상(觀想)하며 밀교의 본존불인 대일여래(大日如來)와 본인을 일체화하여 성불에 이르려는 수행 방법이다. 외적 퇴치, 질병 치료 등 현세 구복적인 활동 외에도 진리를 깨닫고 성불하고자 하는 불교 본연의 수행 활동도 전개하고 있었던 것이다.

그러나 조선 초에 단행된 몇 차례에 걸친 종파 통폐합 결과, 밀교 종파는 세종 6년(1424) 이후 사라졌다. 이때의 종파 통폐합은 각 종파의 종지(宗旨)의 유사성에 의해 이루어진 것이었다. 우선 신인종은 중관(中觀) 계열의 종파로 보이는 중도종(中道宗)과 통폐합되어 중신종(中神宗)이 되었다가 교종에 편입되었다. 한편 총지종은 남산종(南山宗)과 통폐합되어 총남종(摠南宗)이 된 후, 선종에 편입되었다. 총지종은 관법수행을 하고 있었기 때문에 고려시대부터 선종 승계를 받았는데, 이러한 수행의 측면이 부각되어 조선 초에 선종에 편입된 것으로 생각된다.

다라니경 간행에 담긴 소망들

경전은 부처님의 말씀을 전달하는 매개이다. 경전이 간행·유통되던 모습을 살펴보면 그 사회에서 사상과 신앙이 전파되던 양상과 성격 등을 알 수 있다. 고려시대의 밀교 경전은 성격별로 크게 두 유형으로 나눌 수 있다. 대장경 등 경전 집성(集成)에 포함되어 있는 경전들과 단본(單本)으로 간행된 경전들이다. 전자는 당시 동아시아에서 유통되던 경전 목록에 근거해 밀교 경전들을 간행했다는 데 의미가 있다. 이는 고려가 동아시아의 사상적 흐름을 공유하고 있었다는 의미이다. 한편 후자, 즉 단독으로 간행된 경전들은 당시의 신앙 경향을 가늠할 수 있는 척도가 된다. 당대인들이 기원을 담아 다라니를 읽고 신앙했던 그 모습 자체이기 때문이다. 따라서 이 장에서는 후자를 중심으로 이야기를 전개하겠다.

현재까지 전해오는 고려시대 간행 밀교 경전들은 대부분 다라니 주문과 그 효험을 설하는 내용이 중심을 이루는 다라니경으로, 현재 총 12종의 경전이 전해진다. 각 경전이 어떤 내용과 효험을 담고 있는지 간단히 살펴보자.

① 『보협인다라니경(寶篋印陀羅尼經)』: 이 다라니를 탑에 봉안하고 공양하면 일체 여래가 탑을 보호할 것이라는 공덕을 설한다.

② 『불설해백생원결다라니경(佛說解百生寃結陀羅尼經)』: 죄악과 고통, 원수를 소멸시키기 위한 다라니이다.

③ 『불정심다라니경(佛頂心陀羅尼經)』: 난산(難産)과 질병 치료가 주된 효험이다. 또 이 다라니를 지니고 다니면 몸을 보호할 수 있고 수명을 연장할 수 있다.

④ 『장수멸죄다라니경(長壽滅罪陀羅尼經)』: 아이를 잉태했을 때, 낳을 때, 아이가 병들었을 때 이 다라니를 독송하면 무거운 병과 전생의 업장(業障)이 모두 소멸할 것이라고 설한다.

⑤ 『범서총지집(梵書摠持集)』: 범자(梵字)로 쓰인 다라니 모음집으로, 판본에 따라 100여 종에서 600여 종까지 다양한 다라니가 수록되어 있다.

⑥ 『소재길상경(消災吉祥經)』: 성변(星變: 천체의 비정상적인 운행 또는 그로 인해 발생하는 재앙)을 없애는 효험이 있다.

⑦ 『불설범석사천왕다라니경(佛說梵釋四天王陀羅尼經)』: 약사여래와 사천왕 등에게 질병·기근·병란 등이 소멸되기를 기원하는 내용이다.

⑧ 『대비심다라니경(大悲心陀羅尼經)』: 『천수경』이라고도 하며, 천수관음(千手觀音)의 다라니와 그 다라니를 수지 독송했을 때의 공덕을 서술하고 있다.

⑨ 『오대진언(五大眞言)』: 「관음42수진언(觀音四十二手眞言)」, 「대비심다라니」, 「수구다라니」, 「대불정다라니(大佛頂陀羅尼)」, 「불정존승다라니(佛頂尊勝陀羅尼)」의 다섯 다라니가 묶여 있는 모음집이다.

⑩ 『육경합부(六經合部)』: 「백산개진언(白傘蓋眞言)」, 「여의주(如意呪)」, 「존승주(尊勝呪)」, 「대비주(大悲呪)」, 「범어심경(梵語心經)」, 「시식진언(施食眞言)」의 여섯 다라니가 묶여 있는 모음집이다.

⑪ 『**성불수구대다라니**(成佛隨求大陀羅尼)』: 「성불수구대다라니」를 시작으로 50여 종의 다라니와 18종의 부적이 실려 있는 모음집이다.

⑫ 『**불설천존각온황신주경**(佛說天尊却瘟黃神呪經)』: 온황이라는 전염병을 물리치기 위한 주문을 담고 있다.

이 가운데 흥미로운 사례를 한 가지 소개한다. 『불정심다라니경』은 다라니경을 베껴 쓰거나 지니고 다니면 몸을 보호할 수 있고, 경전에 실려 있는 다라니와 주문을 활용해 병을 치료하는 방법을 소개하는 경전이다. 여러 유물 사례를 통해 당시 사람들이 무엇을 위해 다라니경을 간행했는지를 알 수 있다.

국립중앙박물관에 소장되어 있는 소자(小字) 『불정심다라니경』은 끈으로 묶어 몸에 지니고 다닐 수 있도록 만들어진 경갑(經匣)이 함께 전해지는 유물이다. 다라니경을 호신용으로 지니고 다녔다는 것을 알 수 있다. 합천 해인사에는 단면(單面) 1판으로 된 『불정심다라니경』 목판이 있다. 해인사에는 고려대장경 외에도 여러 종류의 경전 목판들이 보관되어 있는데, 이 목판도 그 가운데 하나이다. 이 목판에는 이 경전의 효험에 대한 간단한 소개와 한자로 쓰인 다라니, 불부(佛符: 불교 부적)가 뒤이어 새겨져 있다. 『불정심다라니경』은 원래 세 권으로 구성된 경전인데, 질병 치료에 필요한 다라니와 불부만 발췌하여 판각한 것이다. 치병(治病)이라는 지향점을 명확히 드러내고 있으며, 최소 비용을 들여 최대 효과를 노린 것이라고 할 수 있다. 『불정심다라니경』은 여러 병 중에서도 특히 난산(難産)에 효험이 있는 것으로 인식되었던 것 같다. 이후 이 경전의 불부는 '난산에서 구해주는 부(符)'라는 이름으로 별도로 유통되기도 했다.

이 글에서 『불정심다라니경』을 사례로 소개한 이유는 이 경전의 사례가 고려시대 밀교 다라니경전 간행의 특징을 잘 보여주기 때문이다. 우선 고려

시대에 간행된 다라니경전은 대부분 현세 구복적 신앙과 관련이 된다. 『불정심다라니경』은 출산을 쉽게 해주고 병을 치유하는 효험이 있다. 불교에서 이야기하는 네 가지 고통(四苦: 생로병사)에 들어갈 만큼, 현세를 살아가는 인간에게 질병은 큰 고통이다. 질병 치유는 현세에서 누릴 수 있는 큰 복이다.

고려시대 다라니경전 간행의 두 번째 특징은 활용하기 용이한 형태로 제작한 사례들이 보인다는 점이다. 다라니를 휴대하면 염송하는 것과 동일한 공덕이 있으며 몸을 보호해 준다는 믿음 때문에 국립중앙박물관 소장의 『불정심다라니경』은 경갑이 함께 제작되었다. 또 해인사 소장 목판과 같은 축약본은 현실적으로 필요한 부분만 활용하기 위한 형태로 볼 수 있다.

마지막으로 단본으로 간행된 경우는 아니나, 주목해야 할 유물이 있다. 대장경에서 밀교 다라니를 뽑아 모아놓은 『밀교대장(密教大藏)』이 그 주인공이다. 충숙왕 15년(1328)에는 130권에 달하는 『밀교대장』이 금자(金字)로 조성되었다. 이 금자 『밀교대장』은 당대 명망 높은 학자 이제현(李齊賢, 1287~1367)이 서문을 썼다(「金書密教大藏序」). 그 내용에 따르면 충숙왕 15년 이전에 이미 90권의 구본(舊本)이 있었으며 여기에 40권을 추가해 130권으로 조성했다고 한다. 이 구본 90권이 언제 조성되었는지는 알 수 없다. 그러나 원종 초에 조성된 『밀교대장』 유물이 현존하고 있는 점으로 미루어보아, 원종 이전에는 90권본 『밀교대장』이 있었을 것으로 추정된다. 충숙왕 대에 조성된 『밀교대장』에는 원에서 유행하던 티베트불교의 다라니 40권이 더 추가되었다고 여겨진다. 『밀교대장』은 동아시아의 불교문화 교류를 생생히 보여주는 존재이기도 하다.

국가적 밀교 의례 개설과 위기 극복

전근대 사회에서는 종교와 정치가 연결된 모습이 종종 보인다. 특히 불교 의례는 '종교적 성격을 띤 정치 행위'라고 평가받는데, 나라에 어려움이 닥쳤을 때 불교 의례를 통해 불보살의 가호를 빌고 민심을 다독이고자 했기 때문이다. 다른 불교사상과 마찬가지로, 밀교가 국정(國政)에 직접적인 영향을 미치지는 않았다. 그러나 다양한 국가적 어려움을 해결하기 위해 밀교 의례가 자주 개설되었다. 빈번한 국가적 밀교 의례의 개최는 신라나 조선과는 다른 고려 밀교의 특징 가운데 하나이기도 하다.

고려시대에 개설된 국가적 밀교 의례는 총 17종을 헤아린다. 공작명왕도량(孔雀明王道場)과 같이 1회 개설로 그친 의례도 있는 반면, 소재도량과 같이 100회 이상 개설된 의례도 있다. 이 밀교 의례들을 간략히 살펴보자.

① **소재도량**(消災道場): 총 149회 개설. 성변(星變)과 천재지변 기양(祈禳: 재앙은 없어지기를 기원)

② **불정도량**(佛頂道場): 총 36회 개설. 자연재해와 전란(戰亂) 기양

③ **공덕천도량**(功德天道場): 총 13회 개설. 기우, 전염병 기양, 외적 기양

④ **마리지천도량**(摩利支天道場): 총 9회 개설. 전염병 기양, 외적 기양, 내란 진압, 기우

⑤ **문두루도량**(文豆婁道場): 총 6회 개설. 외적 기양

⑥ **무능승도량**(無能勝道場): 총 7회 개설. 전쟁 승리 기원

⑦ **기양 의례로서의 관정도량**(灌頂道場): 총 4회 개설. 전란 기양

⑧ **즉위 의례로서의 관정도량**: 총 2회 개설. 왕의 즉위 의식

⑨ **능엄도량**(楞嚴道場): 총 2회 개설. 성변 기양

⑩ **보성도량**(寶星道場): 총 2회 개설. 성변 기양

⑪ **공작명왕도량**(孔雀明王道場): 1회 개설. 전염병 기양

⑫ **아타파구신도량**(阿吒波拘神道場): 1회 개설. 성변 기양

⑬ **불정심도량**(佛頂心道場): 1회 개설. 전염병 기양

⑭ **염만덕가위노왕신주도량**(閻滿德加威怒王神呪道場): 1회 개설. 전쟁 승리 기원

⑮ **대불정오성도량**(大佛頂五星道場): 1회 개설. 왕의 원(元) 친조를 피하기 위해 개설

⑯ **대일왕도량**(大日王道場): 1회 개설. 왕의 원(元) 친조를 피하기 위해 개설

⑰ **진언법석**(眞言法席): 1회 개설. 침전에 큰 뱀 출현

즉위 의례로서의 관정도량을 제외하면 모두 가뭄과 홍수 등 기상이변, 천체의 비정상적인 움직임인 성변(星變), 전염병, 내·외적의 침입 등 병란(兵亂) 없애기 위해 개설된 것(기양 의례)이라는 공통점이 있다. 의례 개설 목적 면에서 보면 밀교 의례는 다른 기양 의례들과 차별화되지 않는다. 심지어 유교, 도교나 무속 의례와도 다르지 않다. 밀교 의례가 유일한 선택지가 아니라 이를 대신할 의례들이 존재했다. 이는 고려시대 밀교 의례가 정치적 통치 기제 가운데 하나로 활용되었다는 것을 의미한다.

그렇다면 기능적인 측면에서 다른 의례들과 차별화되지 않음에도 다수의 밀교 의례들이 개설되었던 이유는 무엇일까. 즉, 밀교 의례만의 특징과 그것이 위정자들의 마음을 끌었던 이유가 무엇이었는지 궁금하다.

그 이유는 첫 번째, 밀교 의례에서 다라니 염송이 이루어졌기 때문이다. 앞서 언급한 이제현 찬술 「금서밀교대장서(金書密敎大藏序)」에 의하면 다라니란 사람이 이해할 수 없는 말인데, 그렇기 때문에 사람들이 공경하고 존숭하며 그 마음에 감응하여 영험하고 기이한 행적이 많이 나타난다고 한다. 즉, 다라니를 받들면 그에 감응하여 영험이 많다는 것이다. 밀교 의례는 다라니 염송이 주를 이룬다. 그에 감응하여 재난의 기양이라는 영험이 나타나

기를 기대했던 것이다. 나아가 다라니는 사람은 이해할 수 없고 부처와 부처 사이에서만 알 수 있는 말이라고 했다. 다라니를 염송함으로써 바람이 직접 부처에게 전달될 수 있으며, 그 위신력(威信力)으로 국가적 재난을 타개할 수 있다고 생각했을 것이다.

고려시대에 밀교 의례가 개설되었던 두 번째 이유는 의례가 가시적이기 때문이다. 밀교 의례에서는 의례 집전자가 절차에 따라 재계(齋戒)를 하고 의례를 진행했다. 또 경전에서 설한 대로 단(壇)을 만들고 도량을 준비하는 등 절차가 엄격했다. 이는 의례에 대해 신뢰감을 주었을 것이다. 의례가 시작되면, 갖가지 공양물로 꾸며진 의례 개설처(開設處)와 다라니라는 낯선 언어가 신비감을 고조시켰다. 신비로운 밀교식 의례 절차는 의례에 장엄함을 더하고 전시효과를 극대화해, 참여자들에게 불보살의 위신력으로 재난을 극복할 수 있을 것이라는 기대감을 심어주었을 것이다. 요컨대 다라니가 영험을 보장했고 신비로운 의례 절차가 장엄한 분위기를 만들기에 효과적이었기 때문에 고려시대에 수많은 밀교 의례가 개설되었던 것으로 생각된다.

밀교 의례의 개설 양상은 고려시대의 역사적 흐름과 궤를 함께한다. 『고려사』와 『고려사절요』 등 기록에 의하면 고려시대의 밀교 의례는 문종 대에 시작되어, 원 간섭기에 들어서면 소재도량과 공덕천도량 등 몇몇을 제외하면 사라진다. 문종 이전 시기에도 밀교 의례가 개설되었을 가능성이 있지만, 현종 대에 거란의 침입으로 태조부터 목종에 이르는 시기의 역사가 소실되어서 기록이 남아 있지 않은 것 같다. 『삼국유사』에 따르면 태조 왕건은 "해적(海賊)"이라 표현된 후백제 수군을 물리치기 위해 문두루도량을 개설했다. 이로 미루어보아 고려 건국 초에는 신라시대에서 행했던 밀교 의례가 시행되었을 가능성이 크다. 그러나 『고려사』나 『고려사절요』에는 해당 사실이 보이지 않으니, 기록의 소실을 확인할 수 있는 부분이다.

한편 현종 대는 불교 경전에 대한 중앙집권적 해석과 선택, 합리화가 행해지면서 불교 의례가 본격적으로 개설되기 시작한 시기였다. 문종 대는 현종 대의 이러한 흐름을 잇고 있다. 문종 대에는 여러 가지 제도가 정비되면서 국가 제도의 기틀을 마련했는데, 그 과정에서 불교 의례의 폭을 밀교 의례에까지 확장시킨 것으로 보인다. 밀교 의례는 인종(재위 1122~1146) 연간까지 그때의 상황에 맞는 새로운 의례가 추가되면서 꾸준히 개설되었다.

그 후 의종(재위 1146~1170) 연간부터 몽골의 침입 전까지는, 새로운 밀교 의례가 등장하지 않고 인종 연간까지 정비된 밀교 의례를 상황에 맞추어 개설하는 경향을 보인다. 성변(星變), 기상이변과 전염병의 유행 등 위기 상황이 계속 발생하기는 했지만, 이러한 위기는 언제나 끊이지 않는 '상시적 재난'이었다. 이 시기에는 '상시적 재난'을 극복하기 위한 정형적 밀교 의례가 꾸준히 개설되었다고 설명할 수 있다.

그러다가 몽골과의 전쟁이 시작되면서, 승전을 위해 군사적 목적의 밀교 의례들이 다시 새롭게 개설되고 있다. 원 간섭기에는 불교 의례 전반에 대해 원에서 통제했는데, 특히 외적 퇴치와 전승을 위해 개설되곤 했던 밀교 의례는 금지 대상이 되었다. 그 대신 원 간섭기 이후에 여러 종파의 승려들이 나라를 위해, 국왕을 위해(때로는 원 황제를 위해) 자신이 머물던 사찰에서 개별적으로 밀교 의례를 개설하고 있어 눈길을 끈다. 다양한 종파의 승려들이 밀교 의례를 개설했다는 것은 당시 밀교신앙이 종파를 초월해 고려 불교의 기저 신앙으로 작용했음을 의미한다.

고려시대의 불교 의례는 위기 극복을 위한 국가의 노력을 가시적으로 보여주는 행위였다. 여기에서 한 가지 더 생각해야 할 점은, 사람들의 신앙적 공감대가 없는 신앙 대상을 의례의 장에 소환할 수는 없다는 것이다. 즉, 당시 밀교 의례가 개설되었다는 것 그 자체가 밀교 존격(尊格)과 다라니에 대한 믿음을 고려인들이 공유하고 있었다는 반증이다. 이렇게 사람들의 믿음을 바탕으로 오랜 기간 공적 영역에서 행한 밀교 의례는 밀교에 대한 친연성을 더욱 높여주었을 것이다. 밀교신앙이 불교의 기저 신앙으로 자리매김할 수 있었던 것은 이와 같은 신앙의 순환적 구조가 작용하고 있었기 때문이라고 할 수 있다.

다라니신앙, 고려인을 어루만지다

밀교의 다라니신앙은 현실적 이익의 추구와 극락왕생 및 파지옥(破地獄: 지옥에 떨어질 죄장을 없애는 것)을 기본으로 한다. 특히 현세 구복적 다라니신앙은 밀교신앙의 가장 근저를 이루는 신앙이다. 현세 구복적 다라니신앙의 사례는 신라시대부터 찾아볼 수 있다. 고려시대에 들어서도 이러한 흐름은 이어져, 현세 구복을 설하는 『불정심다라니경』이나 『장수멸죄경』 등이 고려 전기부터 간행되었다. 고려 후기가 되면 다라니를 염송해 사회적 혼란과 대몽항쟁 등 재난을 피하고자 했던 사례를 찾아볼 수 있다. 여러 사례 가운데 천태종 승려인 요세(了世), 선종 승려인 일연(一然) 등의 경우도 보이기 때문에 밀교의 다라니가 종파와 관계없이 염송의 대상이 되었음을 알 수 있다.

한편 다라니신앙의 또 다른 경향, 즉 죽은 후 극락에 왕생하고 지옥에 떨어지지 않기를 바라는 신앙도 다양하게 나타났다. 고려 전기에는 극락왕생을 위해 평소에 혹은 임종 전에 『천수경(千手經)』을 염송하는 인물들이 있었다. 무신 집권기에는 역시 극락왕생을 위해 묘지명에 다라니를 새긴 경우를 찾아볼 수 있다. 원 간섭기 이후가 되면 정토신앙과 밀교가 결합되는 모습이 확연히 드러난다(이 책의 「정토신앙의 성행」 참조). 극락왕생 방법을 적은 원참(元旵)의 『현행서방경(現行西方經)』에서는 염불 대신 아미타불의 진언(다라니)을 염송하도록 설하고 있다. 밀교 경전인 『팔대보살만다라경(八大菩薩曼荼羅經)』과 아미타불이 결합한 「아미타팔대보살도」가 불화도 다수 제작되었다.

여덟 보살이 아미타불을 도와 극락왕생으로 이끌어주기를 기원하는 마음이 담겨 있다. 또 파지옥을 설하는 대표 경전인 『불정존승다라니경』의 구절이 범종에 새겨지기도 했다. 종소리를 들은 중생들이 지옥에서 구제되기를 소망한 것이다. 지옥과 극락을 내세우며 정토신앙을 고취시킨 것은 고려 말 불교계의 분위기였던 것 같다. 고려 말 유학자들이 불교의 폐단을 비판하며 쓴 글들을 보면 승려들이 지옥과 극락을 언급하며 사회에 악영향을 끼친다고 서술하고 있다. 밀교신앙에서도 이와 같은 고려시대 불교신앙의 전반적인 흐름을 읽어낼 수 있다.

고려시대의 밀교는 여러 갈래의 밀교 전통을 수용했다. 송에서 번역된 밀교 경전들이 들어왔으며, 요 불교계의 사상적 영향도 보인다. 밀교 의례는 당의 사례를 많이 참고하여 개설되었고, 원 간섭기에는 티베트불교의 다라니들이 유입된 것 같다. 고려에서는 신라의 밀교 전통을 이어받은 위에 당대(當代)인 당·송·요·원의 밀교 경전과 밀교사상, 의례 등을 수용하여 고려 밀교를 구축한 것이다. 밀교 의례는 다른 의례들과 차별화되지 않은 채 통치기제로 활용되었다. 재난 해소와 극락왕생, 파지옥을 위한 다라니신앙은 종파와 승속(僧俗)을 넘어 확산되었다. 즉, 밀교의 다라니신앙은 고려시대 불교신앙의 저류(底流)로 작용하고 있었다고 할 수 있다. 이는 조선시대의 숭유억불 분위기에도 밀교신앙이 면면히 이어지고 독자적 밀교사상을 형성하는 밑거름이 되었다.

고려시대 다라니신앙은 신라에서 고려를 거쳐 조선으로 이어지는 흐름 속에 있다. 그러나 밀교 종파와 밀교 의례는 조금 다른 모습을 보인다. 고려시대 밀교 종파의 연원은 신라에서 찾을 수 있지만, 종파로 성립되었는지는 의문이다. 또 신라시대에도 문두루비법이라는 밀교 의례가 개설되기는 했지만 이것은 특수한 사례로, 밀교 의례가 본격적으로 개설되지 못했다. 독자적 밀교 종파와 국가적 밀교 의례가 아직 대두하지 않은 것이다. 한편 조선시대가 되면 사회적 패러다임이 유교로 전환되고, 불교는 개인적 종교로서의 역할을 담당하게 되었다. 그 과정에서 고려의 불교계를 해체하기 위해 종파 통폐합이 이루어졌다. 밀교 종파도 사라지고 구심점을 잃은 조선시대의 밀교는 사회나 사상계 전면에 드러나기보다는 불교신앙 속에서 다라니신앙을 중심으로 전개되었다. 밀교 의례도 불교 자체를 정치의 장에서 배제시키고자 하는 움직임 속에서 점차 자취를 감추게 되었다. 이와 같이 신라와 조선시대에는 없는 독자적 밀교 종파와 국가적 밀교 의례는 고려시대 밀교의 가장 큰 특징이라고 할 수 있다.

참고문헌

1부 고려 불교사의 흐름과 불교계의 동향

1장 고려 왕조의 불교계 정책과 불교계의 재편

김두진. 2006.『고려전기 선종과 교종의 교섭사상사 연구』. 일조각.

남동신. 1993.「나말려초 화엄종단의 대응과 ≪(화엄)신중경≫의 성립」. ≪외대사학≫, 5.

_____. 2009.「고려 전기 금석문과 법상종」. ≪불교연구≫, 30.

노명호. 2012.『고려 태조왕건의 동상』. 지식산업사.

박용진. 2011.『의천 그의 생애와 사상』. 혜안.

이기백 엮음. 1981.『고려광종연구』. 일조각.

조범환. 2008.『나말려초 선종산문 개창 연구』. 경인문화사.

정은우. 2013.「고려 청동 왕건상의 조각적 특징과 의의」. ≪한국중세사연구≫, 37.

최병헌. 1980.「고려시대 화엄학의 변천: 균여파와 의천파의 대립을 중심으로」. ≪한국사연구≫, 30.

_____. 1981.「고려중기 현화사의 창건과 법상종의 륭성」.『한우근 박사 정년기념 사학논총』. 지식산업사.

최연식. 2018.「고려초 도봉산 영국사 혜거의 행적과 사상경향: 신발견 탑비명의 내용 검토를 중심으로」. ≪한국중세사연구≫, 54.

추만호. 1992.『나말려초 선종사상사연구』. 이론과실천.

한기문. 1998.『고려사원의 구조와 기능』. 민족사.

_____. 2001.「고려시대 개경 현성사의 창건과 신인종」. ≪역사교육논집≫, 26.

_____. 2008.「고려시대 개경 봉은사의 창건과 태조진전」. ≪한국사학보≫, 33.

_____. 2010.「불교를 통해 본 통일신라 고려 왕조의 연속성: 종단사상을 중심으로」. ≪한국중세사연구≫, 29.

_____. 2020.「고려초 통진대사 양경의 행적과 태자사의 위상」. ≪한국중세사연구≫, 63.

허흥식. 1986.『고려불교사연구』. 일조각.

______. 2013.『한국의 중세문명과 사회사상』. 한국학술정보.
______. 2020.『한국금석학개론』. 려경출판사.

2장 고려 전기 불교계의 동향과 천태종 개창

김두진. 1997.『균여화엄사상연구』. 일조각.
______. 2006.『고려전기 교종과 선종의 교섭사상사 연구』. 일조각.
김상영. 1988.「고려 예종대 선종의 부흥과 불교계의 변화」. ≪청계사학≫, 5.
김용선. 1996.「고려 전기의 법안종과 지종」.『강원불교사연구』. 소화.
김철준. 1968.「고려초의 천태학 연구」.『동서문화』2. 계명대 동서문화연구소.
남동신. 2019.「고려 중기 법상종[자은종]과 해린」. ≪한국사론≫, 65.
박용진. 2011.『의천 그의 생애와 사상』. 혜안.
박윤진. 2006.『고려시대 왕사·국사 연구』. 경인문화사.
정병삼. 2018.「고려초 탄문의 불교계 활동과 보원사」. ≪사학연구≫, 132.
조명제. 2002.「고려중기 거사선의 사상적 경향과 간화선 수용의 기반」. ≪역사와 경계≫, 44.
채상식. 1994.「고려시대 불교의 전개와 성격」.『한국사』. 한길사.
최병헌. 1975.「천태종의 성립」.『한국사』6. 국사편찬위원회.
______. 1981.「고려중기 현화사의 창건과 법상종의 융성」.『한우근박사정년기념사학논총』.
______. 1983.「고려중기 이자현의 선과 거사불교의 성격」.『김철준박사화갑기념사학논총』.
______. 1990.「고려시대 화엄종단의 전개과정과 그 역사적 성격」. ≪한국사론≫, 20.
최연식. 1998.『균여 화엄사상연구: 교판론(敎判論)을 중심으로』. 서울대 박사학위논문.
한기문. 1998.『고려사원의 구조와 기능』. 민족사.
______. 2005.「예천 "중수용문사기" 비문으로 본 고려중기 선종계의 동향-음기의 소개를 중심으로」. ≪문화사학≫, 24.
허흥식. 1986.『고려불교사연구』. 일조각.

3장 무신정권의 등장과 불교계의 변화

고익진. 1978.「원묘요세의 백련결사와 그 사상적 동기」. ≪불교학보≫, 15.
김영미. 2000.「고려전기의 아미타신앙과 결사」. ≪정토학연구≫, 3.
김윤곤. 1991.「고려대장경의 조성기구와 각수의 성분」.『민족사의 전개와 그 문화』.
민현구. 1973.「월남사지 진각국사비의 음기에 대한 일고찰」. ≪진단학보≫, 36.
______. 1978.「고려의 대몽항쟁과 대장경」. ≪한국학논총≫, 1.
조명제. 2015.『선문염송집 연구: 12~13세기 고려의 공안선과 송의 선적』. 경진출판.

______. 2017.「일본·한국 중세불교사 연구와 종교개혁 담론」. ≪역사와 경계≫, 105.
______. 2018.「고려후기 수선사의 결사운동과 사상적 위상에 대한 재검토」. ≪불교학연구≫, 56.
채상식. 1991.『고려후기불교사연구』. 일조각.
최병헌. 1987.「수선결사의 사상사적 의의」. ≪보조사상≫, 1
______. 1996.「지눌의 수행과정과 정혜결사」. 김형효 외.『지눌의 사상과 그 현대적 의미』. 한국정신문화연구원.

4장 고려 말 사상계와 불교

강호선. 2011.『고려말 나옹혜근 연구』. 서울대학교 박사학위논문.
______. 2012.「고려말 선승의 입원유력과 원 청규의 수용」. ≪한국사상사학≫, 40.
인경. 2000.『몽산덕이와 고려후기 선사상 연구』. 불일출판사.
정병삼. 2009.「고려후기 체원의 관음신앙의 특성」. ≪불교연구≫, 30.
조명제. 2004.『고려후기 간화선 연구』. 혜안.
______. 2008.「14세기 고려 지식인의 입원과 순례」. ≪역사와경계≫, 69.
채상식. 1991.『고려후기불교사연구』. 일조각.
최병헌. 1986.「태고 보우의 불교사적 위치」. ≪한국문화≫, 7.
최연식. 2012.「고려말 간화선 전통의 확립과정에 대한 검토」. ≪보조사상≫, 37.
허흥식. 2008.『고려에 남긴 휴휴암의 불빛』. 일조각.

2부 고려 시기 불교사상과 신앙

5장 고려시대의 화엄종과 화엄학

남동신. 1993.「나말여초 화엄종단의 대응과 ≪(화엄)신중경≫」. ≪외대사학≫, 5.
______. 2011.「고려중기 왕실과 화엄종: 왕실출신 화엄종 5국사를 중심으로」. ≪역사와 현실≫, 79.
박용진. 2007.「『대각국사문집』의 편찬과 그 정치사회적 배경」. ≪정신문화연구≫, 30.
______. 2014.「고려 의천찬『신편제종교장총록』과 동아시아의 화엄 장소」. ≪한국학논총≫, 42.
______. 2020.「고려시대『석원사림』의 서지와 내용 연구」. ≪서지학연구≫, 81.
______. 2006.「고려중기 화엄문류의 편찬과 그 사상적 전승-『원종문류』와『원종문류집해』」. ≪진단학보≫, 101.
정병삼. 2018.「고려초 탄문의 불교계 활동과 보원사」. ≪사학연구≫, 132.
______. 2009.「고려후기 체원의 관음신앙」. ≪불교연구≫, 30.

_____. 2011. 「전문(全文)『백화도량발원문약해』와 체원의 관음신앙」. ≪불교연구≫, 34.
최병헌. 1980. 「고려시대 화엄학의 변천: 균여파와 의천파의 대립을 중심으로」. ≪한국사연구≫, 30.
_____. 1991. 「대각국사 의천의 도송(渡宋) 활동과 고려·송의 불교교류」. ≪진단학보≫, 71·72.
최연식. 2011. 「신라 및 고려시대 화엄학 문헌의 성격과 내용」. ≪불교학보≫, 60.
_____. 2013. 「진각국사 천희의 생애와 사상」. ≪문화사학≫, 39.
_____. 2016. 「한국 불교에서의 성기와 연기」. ≪불교학보≫, 74.
채상식. 1982. 「체원의 저술과 화엄사상」. ≪규장각≫, 6.
한기문. 2017. 「고려시대 화엄종과 용수사」. ≪국학연구≫, 34.
허흥식. 1981. 「고려중기 화엄종파의 계승: 원경왕사를 중심으로」. ≪한국사연구≫, 35.
_____. 1986 . 「화엄종의 계승과 소속사원」. 『고려불교사연구』. 일조각.

6장 공안선의 수용과 전개

조명제. 1999. 「고려후기 『몽산법어』의 수용과 간화선의 전개」. ≪보조사상≫, 12.
_____. 1999. 「고려후기 『선요』의 수용과 간화선의 전개」. ≪한국중세사연구≫, 7.
_____. 2004. 『고려후기 간화선 연구』. 혜안.
_____. 2006. 「원천석의 불교인식」. ≪보조사상≫, 26.
_____. 2010. 「일연의 선사상과 송의 선적」. ≪보조사상≫, 33.
_____. 2015. 『선문염송집 연구: 12~13세기 고려의 공안선과 송의 선적』. 경진출판.
_____. 2015. 「수선사의 공안선 이해와 『선문삼가염송집』」. ≪한국선학≫, 41.
_____. 2017. 「고려후기 공안선의 수용과 『남명천화상송증도가사실』」. ≪불교학연구≫, 50.
채상식. 2017. 『일연 그의 생애와 사상』. 혜안.
조명제. 2018. 「고려후기 수선사의 결사운동과 사상적 위상에 대한 재검토」. ≪불교학연구≫, 56.
_____. 2018. 「『선문염송설화』의 인용 문헌과 사상적 특징」. ≪역사와 경계≫, 108.
_____. 2022. 「고려후기 『대전화상주심경』의 수용과 사상사적 의의」. ≪불교연구≫, 57.

小川隆. 2011. 『語錄の思想史』. 岩波書店.
椎名宏雄. 1993. 『宋元版禪籍の研究』. 大東出版社.

7장 정토신앙의 성행

강호선. 2019. 「고려후기 백련결사에 대한 재검토」. ≪불교학연구≫, 58.
고익진. 1978. 「원묘요세(圓妙了世)의 백련결사와 그 사상적 동기」. ≪불교학보≫, 15.

김성순. 2014. 『동아시아 염불결사의 연구: 천태교단을 중심으로』. 비움과소통.
김수연. 2012. 「고려시대 밀교사 연구」. 이화여대 사학과 박사학위논문.
김양순. 2000. 「고려후기 백련결사의 정토사상 연구」. ≪불교학연구≫, 1.
김영미. 1998. 「고려전기의 아미타신앙과 천태종 례참법」. ≪사학연구≫, 55·56
______. 2000. 「고려전기의 아미타신앙과 결사」. ≪정토학연구≫, 3.
______. 2008. 「정화댁주 왕씨의 삶과 불교 신앙」. ≪이화사학연구≫, 37.
______. 2012. 「고려 후기 『법화경』 령험담 유포와 그 의의: 『해동법화전홍록』을 중심으로」. ≪이화사학연구≫, 45.
남동신. 2005. 「려말선초의 위경 연구: 『현행서방경(現行西方經)』의 분석을 중심으로」. ≪한국사상사학≫, 24.
라정숙. 2010. 「고려시대 정토신앙 연구」. 숙명여대 사학과 박사학위논문.
______. 2018. 「고려후기 『현행서방경』 찬술과 아미타정토신앙」. ≪한국사상사학≫, 58.
박광연. 2013. 「고려후기 '법화경 계환해(戒環解)'의 유통과 사상사적 의미: 고려후기 천태종의 사상 경향에 대한 일고찰」. ≪불교연구≫, 38.
박영은. 2015. 「고려 후기 『공덕소경(功德疏經)』 신앙의 의의: 『삼십분공덕소경』과 『삼십팔분공덕소경』을 중심으로」. ≪한국사상사학≫, 49.
박용진. 2019. 「고려후기 백련사의 불교의례 설행과 그 의의」. ≪남도문화연구≫, 37.
서윤길. 1981. 「고려의 밀교와 정토신앙: 원참의 현행서방경(現行西方經)을 중심으로」. ≪동국사상≫, 14.
이영자. 1988. 『한국천태사상의 전개』. 민족사.
정병삼. 1996. 「고려 후기 관음신앙」. ≪단호문화연구≫, 1.
______. 2009. 「고려 후기 체원(體元)이 관음신앙의 특성」. ≪불교연구≫, 30.
______. 2017. 「고려후기 불교 조영물의 발원 내용에 나타난 불교신앙의 경향」. ≪사학연구≫, 128.
채상식. 1979. 「고려후기 천태종의 백련사 결사」. ≪한국사론≫, 5.
최동순. 2014. 『원묘 요세의 백련결사 연구』. 정우서적.
최성렬. 1987. 「고려중기 수정결사와 유가종」. ≪한국불교학≫, 12.
한기문. 2019. 「고려후기 백련사 신앙결사의 배경과 전개 양상」. ≪남도문화연구≫, 37.
한보광. 1998. 「만일념불결사의 성립과 그 역할」. ≪정토학연구≫, 1.
______. 1999. 「원묘요세(圓妙了世)의 정토관: 만덕산 백련결사를 중심으로」. ≪불교학보≫, 36.

8장 주자학의 수용과 불교

도현철. 1999. 『고려말 사대부의 정치사상 연구』. 일조각.
변동명. 1995. 『고려후기 성리학 수용 연구』. 일조각.

아라키 겐고(荒木見悟). 2000. 심경호. 『불교와 유교』. 예문서원.
이정주. 2007. 『성리학 수용기 불교 비판과 정치·사상적 변용』. 고려대학교 민족문화연구원.
조명제. 1993. 「목은이색의 불교인식」. ≪한국문화연구≫, 6.
_____. 2004. 『고려후기 간화선 연구』. 혜안.
_____. 2006. 「원천석의 불교인식: 주자학의 수용과 관련하여」. ≪보조사상≫, 26.
한우근. 1993. 『유교정치와 불교』. 일조각.

溝口雄三·池田知久·小島毅. 2007. 『中國思想史』. 東京大學出版會.
小島毅. 1999. 『宋學の形成と展開』. 創文社.
土田健次郎. 2002. 『道學の形成』. 創文社.

3부 고려 사회와 불교

9장 승정 제도의 구조와 기능

김용선. 2000. 「고려 승려의 일대기」. ≪인문학연구≫, 7.
김윤지. 2020. 「고려시대 승려 비직(批職)의 운영과 그 의미」. ≪역사와현실≫, 115.
_____. 2022. 『고려 승정 연구』. 고려대학교 박사학위논문.
박윤진. 2006. 『고려시대 왕사·국사 연구』. 경인문화사.
_____. 2015. 「고려시대 불교 정책의 성격」. ≪동국사학≫, 59.
_____. 2015. 「고려전기 '사자사문(賜紫沙門)'의 의미와 역할」. ≪역사민속학≫, 49.
_____. 2016. 「고려 후기 '사호(師號)'의 운영과 그 특징」. ≪역사교육≫, 139.
_____. 2020. 「고려 전기 법호(法號)의 사용과 그 운영의 특징」. ≪민족문화연구≫, 87.
신선혜. 2017. 「신라 중고기 승직의 설치와 승단」. ≪불교연구≫, 46.
이병희. 1997. 「고려말 조선초 백양사의 중창과 경제문제」. ≪한국사연구≫, 99·100.
이재창. 1975. 「고려불교의 승과·승록사제도」. 『한국불교사상사』.원광대출판국.
장동익. 1981. 「혜심(惠諶)의 대선사고신(大禪師告身)에 대한 검토」. ≪한국사연구≫, 34.
한기문. 1988. 『고려사원의 구조와 기능』. 민족사.
허흥식. 1986. 『고려불교사연구』. 일조각.

安田純也. 2002. 「高麗時代の僧錄司制度」. ≪仏教史學研究≫, 45-1.

10장 사원의 경제 기반과 운영

김갑주. 2007.『조선시대 사원경제사 연구』. 경인문화사.

김병인. 1999.「고려시대 사원의 교통기능」. ≪전남사학≫, 13.

김삼수. 1965.「보(寶)의 전기적 자본 기능에 관한 종교사회학적 연구」. ≪아세아학보≫, 1.

김윤곤. 1982.「여대(麗代)의 사원전과 그 경작농민」. ≪민족문화논총≫, 2·3합집.

김윤곤·송성안. 1997.「고려시대 사원수공업에 관한 일검토」. ≪경대사론≫, 10.

김형수. 1995.「고려전기 사원전경영과 수원승도(隨院僧徒)」. ≪한국중세사연구≫, 2.

박경준. 2010.『불교사회경제사상』. 동국대 출판부.

배상현. 1998.『고려후기사원전연구』. 국학자료원.

_____. 2001.「고려시기 사원전과 국가, 촌락, 그리고 농민」.『한국중세사회의 제문제: 김윤곤교수 정년기념논총』.

송성안. 2001.「고려후기 사원수공업의 공장과 수공업장」.『한국중세사회의 제문제: 김윤곤교수 정년기념논총』.

_____. 2002.「고려후기 사원 수공업의 성격」. ≪경대사론≫, 12·13합집.

_____. 2016.「고려시대 사원 제지수공업과 그 운영」. ≪석당논총≫, 65.

안일환. 1974.「고려시대 통도사의 사령지배에 대한 일고」. ≪부산대교양과정부논문집≫, 4.

유교성. 1959.「고려사원경제의 성격」.『백성욱박사송수기념불교학논문집』.

이경복. 2003.「신라말·고려초 대안사의 전장(田莊)과 그 경영」. ≪이화사학연구≫, 30.

이병희. 2008.『고려후기사원경제연구』. 경인문화사.

_____. 2009.『고려시기사원경제연구』. 경인문화사.

_____. 2020.『고려시기사원경제연구』 2. 경인문화사.

_____. 2023.『조선전기사원경제연구』. 경인문화사

이상선. 1998.『고려시대 사원의 사회경제연구』. 성신여대 출판부.

이인재. 1992.「<통도사지> '사지사방산천비보편'의 분석」. ≪역사와 현실≫, 8.

이재창. 1993.『한국불교사원경제연구』. 불교시대사.

임영정. 1992.「고려시대의 사역(使役)·공장승(工匠僧)에 대하여」.『한국불교문화사상사: 가산이지관(伽山李智冠)스님 화갑기념논총』 상.

_____. 2002.「고려수원승도재고」. ≪동국사학≫, 37.

정용범. 2006.「고려시대 사원의 상업활동」. ≪부대사학≫, 30.

최길성. 1961.「1328년 통도사(通度寺)의 농장경영형태」.『력사과학』.

최삼섭. 1977.「고려시대 사원재정의 연구」. ≪백산학보≫, 23.

최연식. 2016.「고려시대 원관(院館) 사찰의 출현과 변천과정」. ≪이화사학연구≫, 52.

최영호. 2001.「고려시대 사원수공업의 발전기반과 그 운영」. ≪국사관논총≫, 95.

최재경. 1975.「조선시대 원(院)에 대하여」. ≪영남사학≫, 4.
한기문. 1998.『고려사원의 구조와 기능』. 민족사.
_____. 2006.「고려시대 비보사사(裨補寺社)의 성립과 운용」. ≪한국중세사연구≫, 21.
_____. 2010.「고려시대 사원의 정기 행사와 교역장」. ≪대구사학≫, 100.
한우근. 1993.『유교정치과 불교』. 일조각.
황인규. 1998.「고려 비보사사의 설정과 사장(寺莊)경영」. ≪동국역사교육≫, 6.

11장 향도의 활동과 사회적 기능

구산우. 2001.「고려전기 향도의 불사 조성과 구성원 규모」. ≪한국중세사연구≫, 10.
_____. 2003.『고려전기 향촌지배체제 연구』. 혜안.
김삼수. 1974.『한국사회경제사연구』(개정 4판). 박영사.
김창석. 2005.「청주의 녹읍과 향도」. ≪신라문화≫, 26.
김필동. 1986.「삼국~고려시대의 향도와 계(契)의 기원」.『한국 전통사회의 구조와 변동』2. 문학과 지성사.
서성희. 2002.「고려 초 예천 지역세력과 개심사(開心寺) 석탑 건립」. ≪역사와 세계≫, 25·26.
윤선태. 2005.「신라 중대말~하대초의 지방사회와 불교신앙결사」. ≪신라문화≫, 26.
이태진. 1972.「예천 개심사(開心寺) 석탑기의 분석」. ≪역사학보≫, 53·54.
_____. 1989.「17·8세기 향도 조직의 분화와 두레 발생」. ≪진단학보≫, 67
_____. 2008.『(증보판) 한국사회사연구』. 지식산업사.
이해준. 1983.「매향(埋香)신앙과 그 주도집단의 성격」.『김철준박사화갑기념사학논총』.
_____. 1991.「조선시대 향도와 촌계류 촌락조직」.『역사민속학』1.
_____. 1994.「향도조직」.『한국사』16. 국사편찬위원회.
_____. 1996.『조선시기 촌락사회사 연구』. 민족문화사.
정병삼. 1996.「9세기 신라 불교 결사」. ≪한국학보≫, 85.
주강현 엮음. 2016.『황철산 민속학』. 민속원.
채상식. 2012.「한국 중세시기 향도의 존재양상과 성격」. ≪한국민족문화≫, 45.
채웅석. 1992.「고려시대 향도의 사회적 성격과 변화」. ≪국사관논총≫, 2.
_____. 2000.『고려시대의 국가와 지방사회』. 서울대출판부.
_____. 2002.「여말선초 향촌사회의 변화와 매향활동」. ≪역사학보≫, 173.
_____. 2016.「한국 고대 향도의 조직과 역할」. ≪한국고대사연구≫, 81.
한기문. 2015.「고려시대 주현 자복사(資福寺)와 향도의 역할」. ≪동국사학≫, 59.
한준수. 2018.「향도를 통해서 본 신라 중·하대 지방사회의 변동」. ≪한국학논총≫, 49.
황철산. 1961.「향도(香徒, 鄕徒)에 관하여」. ≪문화유산≫, 2.

12장 고려의 사회구조와 불교

김영미. 1999. 「고려시대 여성의 출가」. ≪이화사학연구≫, 25·26.

김용선. 2004. 『고려금석문연구: 돌에 새겨진 사회사』. 일조각.

김인호. 2006. 「고려시대 성속의 경계와 개인적 넘나듦」. ≪한국사학보≫, 22.

박윤진. 2006. 『고려시대 왕사·국사 연구』. 경인문화사.

안병우. 2003. 「고려말 어느 관료의 윤회적 사생관」. 『경기 지역의 역사와 문화』. 한신대출판부.

이병희. 2008. 『고려후기 사원경제 연구』. 경인문화사.

이수건 엮음. 1984. 『경북지방고문서집성』. 영남대학교 출판부.

이정훈. 2011. 「고려후기 승려에 대한 봉군과 그 의미」. ≪역사와현실≫, 80.

한기문. 2014. 「고려시대 내원당의 기능과 위상」. ≪한국중세사연구≫, 38.

_____. 2010. 「고려시대 승려 출가 양상과 사상적 배경」. ≪한국사학보≫, 40

_____. 2011. 「고려시대 자복사의 성립과 존재양상」. ≪민족문화논총≫, 49.

_____. 1998. 『고려사원의 구조와 기능』. 민족사.

허흥식. 1986. 『고려불교사연구』. 일조각.

_____. 1988. 『한국의 고문서』. 민음사.

_____. 1994. 『한국중세불교사연구』. 일조각.

_____. 2013. 『한국의 중세문명과 사회사상』. 한국학술정보.

보론

1. 고려시대 동아시아 한문불교문화권의 불교 교류

김영미. 2002. 「11세기 후반~12세기 초 고려·요 외교관계와 불경교류」. ≪역사와 현실≫, 43.

박용진. 2013. 「고려 불교 교류」. 『한국해양사』. 한국해양재단.

_____. 2019. 「고려시대 동아시아 한문불교문화권의 해상 불교교류」. ≪한국학논총≫, 51.

이진한. 2011. 『고려시대 송상왕래 연구』. 경인문화사.

장동익. 2009. 『고려시대 대외관계사 종합연표』. 동북아역사재단.

조명제. 2004. 『고려후기 간화선 연구』. 혜안.

2. 불교 사서의 수용과 편찬

고영섭. 2014. 「육당 최남선의 『삼국유사』 인식과 「삼국유사 해제」」. ≪한국불교사연구≫, 5.

김복순. 2017. 「『삼국유사』 속의 『삼국사기』: 국내외서적 인용사례를 중심으로」. ≪동국사학≫, 62.
김상현. 1984. 「『해동고승전』의 사학사적 성격」. 『남사정재각박사고희기념 동양학논총』.
남동신. 2007. 「『삼국유사』의 사서로서의 특성」. ≪불교학연구회≫, 16.
박용진. 2021. 「고려후기 및 조선전기 불전류(佛傳類)의 간행과 유통」. ≪석당논총≫, 80.
조명제. 2010. 「일연의 선사상과 송의 선적」. ≪보조사상≫, 33.
조인성. 2022. 「김대문의 저술」. ≪인문학연구≫, 50.

3. 대장경의 조성

김윤곤. 2002. 『고려대장경의 새로운 이해』. 불교시대사.
김윤곤 편저. 2001. 『고려대장경조성명록집(高麗大藏經彫成名錄集)』. 영남대학교 출판부.
박상국. 1983. 「해인사 대장경판에 대한 재고찰」. ≪한국학보≫, 33.
박상진. 2007. 『나무에 새긴 팔만대장경의 비밀』. 김영사.
박영수. 1959. 「고려대장경판의 연구」. 『백성욱박사송수기념 불교학논문집』. 동국문화사.
서수생. 1977. 「팔만대장경판 연구-특히 이중판과 보유판에 대하여」. ≪한국학보≫, 9.
이기영. 1976. 「고려대장경: 그 역사와 의의」. ≪고려대장경≫, 48. 동국대학교 역경원.
채상식. 2013. 「『고려국신조대장교정별록(高麗國新雕大藏校正別錄)』의 편찬과 자료적 가치」. ≪한국민족문화≫, 46.
천혜봉. 1980. 『나려인쇄술(羅麗印刷術)의 발달』. 경인문화사.
최연주. 2020. 「분사남해대장도감과 정안(鄭晏)의 역할」. ≪동아시아불교문화≫, 41.
_____. 2006. 『고려대장경연구』. 경인문화사.
최영호. 2008. 『강화경판 『고려대장경』의 판각사업 연구』. 경인문화사.
_____. 2009. 『강화경판 『고려대장경』의 조성기구와 판각공간』. 세종출판사.

常盤大定. 1913. 「大藏經彫印考」. ≪哲學雜誌≫, 28-322
菅野銀八. 1922. 「海印寺大藏經板に就て」. ≪史林≫, 7-3.
池內宏. 1923. 「高麗朝の大藏經」. ≪東洋學報≫, 13-3. 14-1
大屋德城. 1926. 「朝鮮海印寺經板攷 ― 特に大藏經補板竝に藏外雜板の佛教文獻學的研究」. ≪東洋學報≫, 15-3.
藤田亮策. 1991. 「海印寺雜板攷」. ≪朝鮮學報≫, 138.

4. 고려 불화와 사경

국립중앙박물관. 2010.『고려불화대전』.
기쿠다케 준이치(菊竹淳一)·정우택 책임편집. 1997.『고려시대의 불화』. 시공사.
김리나 외. 2011,『한국불교미술사』. 미진사.
김정희. 2003.「고려불화의 발원자 염승익고(廉承益考)」. ≪미술사학보≫, 20.
_____. 2004.「1306년 아미타여래도의 시주 '권복수' 고(權福壽考)」. ≪강좌미술사≫, 22.
문선희. 2007.「고려 14세기『40화엄경』사경변상도(寫經變相圖) 연구」. ≪불교미술사학≫, 5.
_____. 2009.「고려시대『묘법연화경(妙法蓮華經)』사경변상도(寫經變相圖)의 도상 연구」. ≪미술사학연구≫, 264.
박상국. 1990.『사경』. 대원사.
이승희. 2013.「고려 후기 서복사(西福寺) 관경십육관변상도(觀經十六觀變相圖)의 천태정토신앙적 해석」. ≪미술사학연구≫, 279·280.
_____. 2015.「1323년 지은원 소장 관경16관변상도와 천태관상수행」. ≪불교미술사학≫, 20.
_____. 2016.「고려후기 입상 아미타불도상의 재해석: 천태16묘관수행법의 영향을 통해서」. ≪미술사학연구≫, 289.
_____. 2016.「고려후기 정토문화의 천태적 성격과 영산회상변상도 연구」. ≪미술사논단≫, 42.
이데 세이노스케(井手誠之輔). 1997.「화엄사상과 고려불화의 범주」.『고려시대의 불화』. 시공사.
정우택. 1999.「고려불화의 도상(圖像)과 아름다움: 그 표현과 기법」.『고려시대의 불화』. 시공사.
_____. 2010.「고려불화의 독자성」.『동아시아 불교회화와 고려불화: 제3회 국립중앙박물관 학술미술 심포지엄 자료집』. 국립중앙박물관.
황금순. 2003.「고려 수월관음도에 보이는『40화엄경』영향」. ≪미술사연구≫, 17.

5. 고려시대의 사원 건축

김동욱. 2007.『개정 한국건축의 역사』. 기문당.
김봉렬. 2014.「중세전기 건축, 4 불교 교단의 변화와 불교건축」.『한국건축통사』. 기문당.
김봉렬·박종진. 1989.「고려 가람의 구성형식에 관한 기초적 연구」. ≪대한건축학회논문집≫, 5(6).
김종헌. 2000.「우리나라 사찰건축의 입지와 교통의 관련성에 관한 연구」. ≪건축역사연구≫, 9(2).
김창현. 2002.『고려 개경의 구조와 그 이념』. 신서원.
도윤수. 2020.「불교건축」.『테마 한국불교』8. 동국대학교출판부.
박만홍. 2007.「고려 부도전 형성과 건축변천에 관한 연구」. 명지대학교 건축학과 석사학위논문.
서지은·홍승재. 2004.「고려시대 사찰 주불전의 건축 특성 연구」. ≪대한건축학회논문집: 계획계≫, 20(12).

엄기표. 2003.『신라와 고려시대 석조부도』. 학연문화사.
이병희. 1999.「고려시기 가람구성과 불교신앙」. ≪문화사학≫, 11·12·13.
이정국.「고려시대 사찰건축의 공간구성에 관한 연구: 문헌연구를 중심으로」. 한양대학교 건축공학과 박사학위논문.
_____.1998.「고려시대 불전과 불상의 봉안에 관한 연구」. ≪대한건축학회논문집: 계획계≫, 14(7).
_____.2003.「고대 및 중세 불전의 이용방식에 관한 연구: 문헌연구를 중심으로」. ≪건축역사연구≫, 12(2).
장경호. 1987.「고려가람의 연구」. ≪미술사학연구≫, 175·176.
정병삼. 2020.『한국불교사』. 푸른역사.
최연식. 2013.「고려 사원형지안의 복원과 선종사원의 공간 구성 검토」. ≪불교연구≫, 38.
_____. 2016.「고려시대 원관 사찰의 출현과 변천과정」. ≪이화사학연구≫, 52.
한지만. 2010.「회암사지 일(日)자형 건물지에 관한 연구」. ≪건축역사연구≫, 19(2).
한지만·이상해. 2008.「회암사의 연혁과 정청·방장지에 관한 복원적 연구」. ≪건축역사연구≫, 17(6).
홍병화. 2010.「후리나라 사찰건축에서 봉불과 강설공간의 변화과정」. ≪건축역사연구≫, 19(4).

6. 밀교와 다라니신앙

김수연. 2022.『고려 사회와 밀교』. 씨아이알.
서윤길. 2006.『한국밀교사상사』. 운주사.
강대현. 2021.「고려시대 밀교종파 지념업[총지종] 연구」. ≪한국불교학≫, 98.
김수연. 2017.「14세기 고려의 다라니신앙 경향과 그 성격:『금강경』권말수록 다라니를 중심으로」. ≪한국중세사연구≫, 49.
김수연. 2021.「고려시대 밀교 치유 문화의 양상과 특징」. ≪의사학≫, 30(1).
남권희. 1999.「고려시대 타라니와 만다라류(曼荼羅類)에 대한 서지적(書誌的) 분석」.『고려의 불복장(佛腹藏)과 염직(染織): 1302년 직조(織造)환경과 직물의 특성』. 계몽사.
_____. 2014.「고려시대『밀교대장』권9의 서지적 연구」. ≪서지학연구≫, 58.
박광헌. 2014.「고려본『밀교대장』권61에 관한 서지적 연구」. ≪서지학연구≫, 58.
변동명. 2004.「충숙왕의 밀교대장 금자사경(金字寫經)」. ≪역사학보≫, 184.
엄기표. 2011.「고려-조선시대 범자진언(梵字眞言)이 새겨진 석조물(石造物)의 현황과 의미」. ≪역사민속학≫, 36.
옥나영. 2016.「자운사(紫雲寺) 목조아미타불좌상의 복장(腹藏)「여의보인대수구타라니범자군타라상(如意寶印大隨求陀羅尼梵字軍陀羅像)」의 제작 배경」. ≪이화사학연구≫, 53.
_____. 2020.「고대~고려시대 불정존승타라니(佛頂尊勝陀羅尼) 신앙 경향과 성격」. ≪신라문화≫, 57.

이승혜. 2015.「고려시대 불복장(佛腹藏)의 형성과 의미」. ≪미술사학연구≫, 285.
_____. 2019.「농소고분(農所古墳) 다라니관(陀羅尼棺)과 고려시대 파지옥(破地獄) 신앙」. ≪정신문화연구≫, 155.
임기영. 2014.「고려시대 밀교 문헌의 간행 및 특징」. ≪서지학연구≫, 58.
정병삼. 2011.「『삼국유사』 신주(神呪)편과 감통(感通)편의 이해」. ≪신라문화제학술논문집≫, 32.
종석(全東赫). 1992.「밀교의 수용과 그것의 한국적 전개 (1)」. ≪중앙승가대학 교수 논문집≫, 2.
_____. 1995.「밀교의 수용과 그것의 한국적 전개 (2): 밀교종파 총지종의 형성과 전개」. ≪중앙승가대학 교수 논문집≫, 4.
종석(전동혁). 2003.「고려불교에 있어 밀교가 차지하는 위상」. ≪중앙승가대학교 교수 논문집≫, 10.
한기문. 2000.「고려시대 개경 현성사의 창건과 신인종」. ≪역사교육논집≫, 26.
소렌슨, 헨릭(Henrik Sørensen). 2004.「동아시아 전통의 관점에서 살펴 본 고려시대 밀교의 성격」.『금강대학교 국제불교학술회의 발표문』.
홍윤식. 1980.「삼국유사와 밀교」. ≪동국사학≫, 14.
_____. 1988.「≪고려사≫ 세가편 불교기사의 역사적 의미」. ≪한국사연구≫, 60.
_____. 1994.「불교행사의 성행」.『한국사: 고려 전기의 종교와 사상』16. 국사편찬위원회.

Sørensen, Henrik H. 2005. "On the Sinin and Ch'ongji Schools and the Nature of Esoteric Buddhist Prantice under the Koryŏ." *International Journal of Buddhist Thought & Culture*, 5.
_____. 2010. "Worshipping the Cosmos; Tejaparabha Rituals under the Koryŏ." *International Journal of Buddhist Thought & Culture*, 15.
_____. 2011. "Esoteric Buddhism under the Koryŏ(918-1392)." *Esoteric Buddhism and the Tantras in East Asia*. Leiden; Boston: Brill.

지은이(수록순) ●●

한기문

경북대학교 사범대학 역사교육과를 졸업하고, 동 대학원 사학과에서 박사학위를 받았다. 현재 경북대학교 사학과 명예교수이며, 고려 불교사, 불교 금석문, 고려 지방제도 등에 관심을 두고 연구하고 있다.

저서로 『고려사원의 구조와 기능』(1998), 『고려시대 상주계수관 연구』(2017), 『일연과 그의 시대』(2020), 『고려 불교 금석문 연구』(2023) 등이 있으며, 공저로 『일연과 삼국유사』(2007), 『고려 율령의 복원과 정리』(2009) 등과 역서로 『한국금석문집성(34)』(2013)이 있다.

박용진

국민대학교 대학원에서 「대각국사 의천 연구」로 문학박사 학위 취득했다. 현재 국민대학교 교양대학 교수이다. 전공은 고려시대 불교사이며, 고려 교장(教藏)을 중심으로 동아시아 한문불교문화권의 불교사상과 전적의 교류를 중심으로 연구하고 있다.

저서로 『의천 그의 생애와 사상』(2011), 『고려 초조대장경과 동아시아의 대장경』(공저, 2015), 『고려 재조대장경과 동아시아의 대장경』(공저, 2015), 『불교문명 교류와 해역세계』(공저, 2021) 등이 있으며, 논문으로 「의천 집(集) 『석원사림(釋苑詞林)』의 편찬과 그 의의」(2005), 「고려시대 동아시아 한문불교문화권의 해상 불교교류」(2019), 「고려후기 백련사와 송 천태종 교류」(2022), 「고려시대 국가의 사원 조성과 성격」(2022), 「고려전기 의천 편정(編定) 『원종문류(圓宗文類)』 권1의 서지 및 교감」(2023) 등이 있다.

조명제

부산대학교 대학원 사학과에서 박사학위를 받고, 일본학술진흥회 초청으로 고마자와 대학 불교학부에서 2년간 박사후과정을 이수했다. 현재 신라대학교 교수로 재직하며 한국사상사, 근대 불교사, 동아시아 불교사 등에 관심을 두고 연구하고 있다.

저서로 『고려후기 간화선 연구』(2004), 『선문염송집 연구: 12~13세기 고려의 공안선과 송의 선적』(2015), 『古代東アジアの佛教交流』(공저, 2018), 『불교문명 교류와 해역세계』(공저, 2021) 등이 있으며, 역서로 『한국금석문집성』 24~26(2011), 『조선 불교 유신론』(2014) 등이 있다.

강호선

서울대학교 대학원 국사학과에서 박사학위를 받고, 동국대학교 불교문화연구원 HK연구교수로 활동했다. 현재 성신여자대학교 사학과 교수로 재직 중이다. 고려~조선 전기를 중심으로 한국 불교사, 동아시아 불교사 등에 관심을 갖고 연구하고 있다.

공저로 『고려의 황도 개경』(2002), 『신앙과 사상으로 본 불교 전통의 흐름』(2007), 『한국불교사 연구 입문(하)』(2013), 『고려시대사 2: 사회와 문화』(2017), 『고려 역사상의 탐색: 국가체계에서 가족과 삶의 문제까지』(2017), 『대동금석서 연구』(2020) 등이 있다.

최연식

서울대학교 국사학과에서 박사학위를 받고 목포대학교, 한국학중앙연구원 교수를 역임했다. 현재 동국대학교 사학과 교수로 재직하고 있으며, 한국을 중심으로 한 고대 및 중세 동아시아 불교사상을 연구하고 있다.

저서로 『교감 대승사론현의기』(2009), 『한국불교사 연구 입문』(2013), 『일승법계도원통기』(2016), 『고려 역사상의 탐색』(공저, 2017) 등이 있으며, 역서로 『불교의 중국 정복』(2010), 『새롭게 다시 쓰는 중국 선의 역사』(2011), 『대승불교의 아시아』(2015), 『동아시아 불교사』(2020), 『해역아시아사 연구 입문』(2012) 등이 있다.

김수연

이화여자대학교 사학과에서 박사학위를 받았다. 국사편찬위원회 편사연구사를 지냈고, 현재 이화여자대학교 사학과 조교수로 재직하고 있다. 고려시대 밀교사, 의료사, 사회사상사 및 동아시아 불교 교류사 등에 관심을 두고 연구하고 있다.

저서로는 『고려 사회와 밀교』(2022), 『한국중세밀교사』(공저, 2019) 등이 있으며, 논문으로 「고려~조선 전기 불교계의 전염병 대응과 대민 구료」(2022), 「고려시대 밀교 치유 문화의 양상과 특징」(2021), 「14세기 고려의 다라니 신앙 경향과 그 성격」(2017) 등이 있다.

지은이(수록순) ●●

박윤진

고려대학교 역사교육과를 졸업하고, 동 대학원 사학과에서 박사학위를 받았다. 고려대학교 한국사연구소 연구교수(2009~2017)를 지냈고, 현재 고려대학교, 충북대학교, 한경대학교 강사로 활동하고 있다. 고려시대 불교 제도에서 시작해 종교적 의식에서 기원한 고려시대 사람들의 인식 세계에 관심을 두고 연구하고 있다.

저서로 『고려시대 사람들 이야기』 1~3(공저, 2001~2003), 『고려시대 왕사·국사 연구』(2006), 『고려시대사의 길잡이』(공저, 2007), 논문으로 「고려시대 정토왕생에 대한 믿음과 그 의미의 확장」(2021), 「고려시대 국왕의 전륜성왕 지칭과 불교적 신성화」(2023) 등이 있다.

이병희

서울대학교 사범대학 역사과를 졸업한 뒤, 동 대학교 국사학과에서 박사학위를 받았다. 목포대학교 사학과에서 6년, 한국교원대학교에서 20여 년을 교수로 재직한 뒤 2023년 8월 퇴직했다. 한국 중세의 사원경제, 생태환경 등에 관심을 갖고 있다.

저서로는 『고려후기 사원경제 연구』(2008), 『고려시기 사원경제 연구』(2009), 『농사직설』(2018), 『고려후기 사원경제 연구』 II(2020), 『고려시기 사냥꾼 양수척과 정주 사회』(2022), 『고려시기 생태환경 연구』(2023), 『조선전기 사원경제 연구』(2023) 등이 있다.

구산우

서울대학교 국사학과에서 석사학위, 부산대학교 사학과에서 박사학위를 받았다. 현재 창원대학교 인문대 사학과에 재직하고 있으며, 저서로는 『고려전기 향촌지배체제 연구』(2003)가 있다.

김윤지

고려대학교 대학원 한국사학과에서 박사학위를 받았다. 현재 고려대학교 인문융합연구원 박사후연구원으로 재직하며 고려 불교사, 의례 등에 관심을 두고 연구하고 있다. 논문으로 「고려시대 승려 비직(批職)의 운영과 그 의미」(2020), 「고려시대 왕사·국사 책봉의례와 군신·사자 관계의 구현」(2021), 「고려시대 승려 관고 지급의 기준과 성격」(2022), 「고려전기 왕사·국사 장례 의전의 정비와 특징」(2023) 등이 있다.

최연주

동의대학교 대학원 사학과에서 박사학위를 받고, 현재 동의대학교 교수로 재직하고 있다. 동의대박물관장 등을 역임했다. 고려 불교사, 고려대장경 등을 중심으로 연구하고 있다. 저서로는 『고려대장경연구』(2006), 『왜 고려는 팔만대장경을 만들었을까?』(2011), 『부산의 역사와 문화』(2017), 『국역 고려사』(공저, 2008), 『증산마을 이야기』(공저, 2015), 『동아시아 종교와 마이너리티』(공저, 2018), 『나를 채우는 섬 인문학 강화도』(공저, 2023) 등이 있다.

이승희

홍익대학교 대학원 미술사학과에서 박사학위를 받고, 동아대학교 역사문화학부에서 박사후과정을 이수했다. 현재 순천대학교 연구교수로 재직하면서 고려 및 조선 불화, 동아시아 정토미술과 시왕도, 중앙아시아 미술 등에 관심을 갖고 연구하고 있다.
공저로 『한국불교미술사』(2011), 『불교문명 교류와 해역세계』(2021), 『제주의 불교문화』(2022) 등이 있고, 논문으로 「고려 후기 관경16관변상도의 원류와 독자성」(2019), 「소그드의 여신 나나 도상의 형성과 변천 연구」(2021), 「조선 말기 경탑도(經塔圖)의 조형적 연원과 제작 배경」(2021), 「송·원대 마니교 회화의 구원 도상 연구: 예수와 빛의 처녀 도상을 중심으로」(2022) 등이 있다.

한지만

성균관대학교 대학원 건축학과에서 박사과정 수료 후 일본 도쿄대학 대학원에서 건축학 전공으로 박사학위를 받았다. 현재 명지대학교 건축학부 교수로 재직하면서 한국 건축사, 불교 건축사, 동아시아 건축사 등에 관심을 두고 연구하고 있다.
공저로 『東アジアのなかの五山文化』(2014), 『회암사의 건축』(2017), 『建築の歴史·様式·社会』(2018), 『회암사의 대외교류』(2019), 『건축의 정석』(2021) 등이 있고, 역서로 『호류지를 지탱한 나무』(2021)가 있다.

한울아카데미 2484

한국 불교사 고려

엮은이 | 불교사학회
지은이 | 한기문·박용진·조명제·강호선·최연식·김수연·박윤진·
이병희·구산우·김윤지·최연주·이승희·한지만
펴낸이 | 김종수
펴낸곳 | 한울엠플러스(주)
편　집 | 최진희

초판 1쇄 인쇄 | 2023년 11월 10일
초판 1쇄 발행 | 2023년 11월 30일

주소 | 10881 경기도 파주시 광인사길 153 한울시소빌딩 3층
전화 | 031-955-0655
팩스 | 031-955-0656
홈페이지 | www.hanulmplus.kr
등록 | 제406-2015-000143호

Printed in Korea.
ISBN 978-89-460-7485-9 93910 (양장)
978-89-460-8279-3 93910 (무선)

* 책값은 겉표지에 표시되어 있습니다.
* 무선 제본 책을 교재로 사용하시려면 본사로 연락해 주시기 바랍니다.